改訂６版

リアルタイム
法学・憲法

三浦　一郎著

北樹出版

はしがき

自由な時代である。しかし、その自由さゆえに憲法が保障している本来の自由を私たちが放棄してしまっていることはないだろうか。国家や法があたかも全面的に私たちを幸せに導いていってくれるといった錯覚に社会が陥っていないだろうか。また、それでいて憲法の理念がどこかお題目のように世の中が進んでいないだろうか。

法や憲法を学ぶということは、もちろん知識の習得にほかならないのであるが、そこには個人の尊厳から派生する自由と権利、それに伴う責任、そして、国家や社会との関係の認識が不可欠でないかと思うし、法や憲法のあるべき理想の姿も忘れてはなるまい。

本書の出版にあたっても、日頃の講義で意識的に話してきたこれらの内容を積極的に取り入れ、何よりも、私自身の今まで培ってきた憲法感覚を率直にぶつけていきたいと思う。

そこで、本書のコンセプトであるが、第一に、重要な項目を考慮しつつ、セメスター制の講義期間内で話すことができる内容に限定する。第二に、憲法の条文以外の関連条文、重要判例、用語解説、そして、関連資料といった内容を理解しやすいように一冊にまとめたオールインワン構成に努めた。そして、第三の肝心な内容としては、本書を教科書とする学生諸君が法学と憲法の内容を試験期間中のみの記憶として終わらせず、その後も何らかの形で生活や例えば教員採用試験等でも役立つような実践的なものにすることにこだわった。具体的には最新のニュース等をリアルタイムに取り上げながら、法学では「法と私たちの生活との関わり」、憲法ではその理想を学生諸君が日頃から意識して自分で考えられるような内容を心掛けた。

以上のような方向性での「等身大の学生の目線」に配慮しての構成であるため、本書はすべての論点に触れることはなく、学術的に掘り下げられた内容ではないが、何よりも知識の詰め込みに終始することなく身近に理解できるようなわかりやすさにこだわって本書をまとめたつもりである。

本書が、法や憲法について主体的に考えるきっかけになってくれることを望みたい。

2001年11月３日

改訂６版　はしがき

私は、コロナ禍において、すべての大学で、オンデマンド方式で講義を行っている。今まで以上に、教科書の役割は大きかったと思う。

今回の改訂では、コロナ禍で見えてきた問題を、「コロナ禍と法」というかたちで考察して、学生諸君が今を感じられる法的視点での問題提起を心掛けた。

「コロナ禍に社会がどのように対応していくのか」という問への探求は、法律だけに留まらない、これからの民主的な国民の選択の重要な試金石にもなるだろう。

今回も、版を重ねるにあたり、コロナ禍の厳しい状況でのなか、北樹出版の古屋幾子さんに大変お世話になった。厚く感謝の意を表したい。

本書が、学習が困難なコロナ禍でも、法や憲法を考えるひとつの道標になれば幸いである。

2022年３月１日

白楽の自宅にて　三浦 一郎

目　次

法学セクション

憲法セクション

参考文献等について

参考文献については、私自身が読み込んだ書と、比較的入手しやすく、学生に薦められるごく一部を挙げたにとどまる。次に、本書で引用した政府所有の情報や最新の法令や判例についてはインターネットの各省庁等のＨＰを積極的に利用した。ただし、インターネットの利用は時間や場所に制限されることなく最新の情報が閲覧可能な点で非常に便利であるが、故意に事実と異なる内容を発信しているヘイトサイトなどの存在など一般図書利用以上の注意が求められるといえよう。

また、法や憲法を学ぶにあたって大切なのは知識の習得のみならず自分で考えるということであり、日頃の新聞記事はもちろん文学作品や時には絵画等も、日常生活と法や人権との関わりを学ぶ上で有益な教材となりうることを付け加えたい。例えば、森鷗外の『高瀬舟』が人間の尊厳について、また、ピカソの「ゲルニカ」（ソフィア王妃国立美術館蔵）が平和について考える契機になることもあるのではないだろうか。

文　献

芦部信喜（高橋和之補訂）『憲法（第七版）』岩波書店、2019年
有倉遼吉＝小林孝輔『基本法コンメンタール・憲法（第３版）』日本評論社、1986年
板倉宏『刑法（第５版）』有斐閣、2008年
板倉宏編『目で見る刑法教材』有斐閣、1997年
伊藤正己『憲法（第３版）』弘文堂、1995年
伊藤正己＝加藤一郎編『現代法学入門（第４版補訂版）』有斐閣、2005年
稲垣明博『生活と法律（第３版）』泉文社、2011年
宇賀克也『行政法　第２版』有斐閣、2018年
内田貴『民法Ⅳ　親族・相続（補訂版）』東京大学出版会、2004年
浦部法穂『憲法学教室（全訂第３版）』日本評論社、2016年
小笠原正＝後藤光男編『現代法学と憲法』北樹出版、1999年
大須賀明『社会国家と憲法』弘文堂、1992年
大須賀明編『憲法』青林書院、1996年
片上孝洋『近代立憲主義による租税理論の再考―国民から国家への贈り物』成

文堂、2014年
後藤光男『国際化時代の人権（改訂版）』成文堂、1999年
後藤光男『共生社会の参政権』成文堂、1999年
後藤光男編著『憲法と行政救済法』成文堂、2002年
後藤光男編『地方自治法と自治行政（補正版）』成文堂、2009年
後藤光男編『人権保障と行政救済法』成文堂、2010年
後藤光男編『法学・憲法への招待』敬文堂、2014年
後藤光男・北原仁編『プライム法学・憲法』敬文堂、2007年
櫻井敬子・橋本博之『行政法（第6版）』弘文堂、2019年
佐藤幸治『憲法（第3版）』青林書院、1995年
佐藤幸治＝中村睦男＝野中俊彦『ファンダメンタル憲法』有斐閣、1994年
設楽裕文『刑法（改訂版）』学陽書房、2006年
杉原泰雄『憲法Ⅰ・Ⅱ』有斐閣、1987・89年
末川博『法学入門（第6版補訂版）』有斐閣、2014年
高橋和之『立憲主義と日本国憲法（第5版）』有斐閣、2020年
辻村みよ子『憲法（第7版）』日本評論社、2021年
戸松秀典『憲法訴訟（第2版）』有斐閣、2008年
樋口陽一＝大須賀明編『日本国憲法資料集（第4版）』三省堂、2000年
樋口陽一＝佐藤幸治＝中村睦男＝浦部法穂『注釈日本国憲法（上・下）』青林書院、1984・88年
松井茂記『インターネットの憲法学（新版）』岩波書店、2014年
三浦隆『実践憲法学』北樹出版、1996年
三浦隆＝石川信編『現代法学入門』北樹出版、2004年
宮沢俊義（芦部信喜補訂）『全訂日本国憲法』日本評論社、1978年
山内敏弘＝古川純『憲法の現況と展望』北樹出版、1995年

ＨＰ

議案や制定法律や各院の憲法調査会等について調べる場合
　　衆議院　　http://www.shugiin.go.jp/
　　参議院　　http://www.sangiin.go.jp/
各省庁の提供している行政情報（白書等の内容も含む）を調べる場合
　　電子政府の総合窓口　　http://www.e-gov.go.jp/
裁判所の構成や最高裁判例等を調べる場合
　　最高裁判所　　http://www.courts.go.jp/

法学セクション

法学セクション1

第1章 法とは何か

1 社会あるところ法あり

私たちは普段あまり意識はしないが毎日たくさんの法と関わりながら生活している。例えば、一人暮らしをはじめた人がマンションの部屋を借りることや、コンビニで飲み物を買うこと、また、オンラインで音楽ダウンロード購入したりすることもみな法的な行為である。さらには、就職したり結婚したりすることや保険の加入も法的な行為であるし、警察が交通違反や犯罪を取り締まったりすることももちろん法的行為である。

法的な行為をする場合、例えば契約書をかわしたりすれば専門家でなくてもその行為が法的な行為であることを意識するだろうが、日常生活においては本人があまり意識しないうちに、知らずに法的行為をしていることも多いのである。

第1章では、まず、法とはそもそもどのようなものなのかを学び、みなさんが生活の中で法というものを意識したり、法的なものの見方をできるようにしていきたい。なぜなら、これから学んでいく法はそれなりの効果を伴うもので、一般生活の中で、それを知らないということは大変不便であるし、また、社会人として知らないでは済まされないということがたくさんあるからである。

2 人がつくったルール

では、法とはどのようなものだろうか。簡単にいえばそれは「社会のルール」の一つということができる。ただ、注意すべきはそれは人間がつくった規範であって、水が高いところから低いところに流れるといったような変えようのない自然法則やサル山で一番強いボスザルが他のサルたちを支配するといった弱肉強食の掟ではないことである。

また、人の支配であっても、権力者による恣意的な支配のための秩序や不平等で合理的目的のない掟のようなものは外形的に法の名がついていたとしてもこれから学ぶあるべき法の姿としては認められない。法というからには客観性と内容の適正が求められるからである（法の支配）[1]。

3　法とは何か

ここで、法をもう少し学問的に考えてみると、法とは社会秩序の維持を目的とし、国家権力によって強制される社会的な行為の規範であるといえる。さらに詳しく説明すると次のようになる。

①　**法は規範である**　　法は、まず、人に対して「～しなければならない」とか「～してはいけない」といったようななすべき要求と禁止を定めた社会のルールたる規範であるといえるだろう。この点、例外なく必ずそうなる自然法則である「存在の法則」と比べると、破られる可能性も否定できないことから「当為の法則」と考えられる。

②　**法は目的のある規範である**　　法は、何の目的もなく存在することはない。大きな意味では社会秩序の維持、つまり、たくさんの人が生活する社会において人と人との関係を調整し円滑に社会生活がおくれるようにする規範であるといえるだろう。最近の立法例では、個々の法律の冒頭に立法の具体的な目的を挙げているものが多い。

③　**法は国家的規範である**　　法は、国家的規範である。つまり、通常、日本で考えれば全国で通用するものであって、ある地域だけであるとか特定の人にだけに適用されることはあってはならない。また、法は国家の決められた手続によって制定される[2]のであって、国家の秩序に反するような「やくざの掟」の類がいかに強固なものであったとしても法であるとは認められない。

ただし、法には特定の地域や人に着目されて適用される法がまったくないわ

（1）　法の支配　　専断的な権力者の支配を排し、権力を法によって拘束することにより、国民の権利を擁護することを目的とする原理。

（2）　日本における立法のしくみ→p.204

けではない。そのような法については後で触れていきたい[3]。

④　**法は強制的な規範である**　　イェーリング（1818～1892）が、「法的強制性を欠く法規は、自己矛盾であり、燃えざる火、輝かざる光と同じである」といったように、法は、守りたい人は守り、守りたくない人は守らなくても自由であるという性質の規範ではなく、国家権力によって維持され強制される規範であるといえる。つまり、法の違反に対しては一定の制裁が予定されているのである。例えば、罪を犯した者に対して刑罰が加えられることはみなさんも知っていると思うが、その他にも食中毒患者を出した飲食店が保健所から営業停止処分を命じられるような行政的制裁や民事執行法の強制執行などの民事的制裁も法による強制といえる。

⑤　**法は社会的規範である**　　法は、社会秩序の維持を目的とするようにその目的には社会的な内容が必要とされている。だから、たとえ良いことであっても、早寝早起きや禁酒禁煙のような個人的行為にまで法が規律するということは本来的に好ましいことではない。

また、従来、家庭のあり方のような本来自律を前提にしている領域についても、法は立ち入るべきものでないとされてきた。しかし、児童虐待やドメスティックバイオレンスなどの問題は、従来のように、家庭内のしつけや教育方針の問題、夫婦間や恋人間のコミュニケーションの問題等として片づけることはもはや社会的に許されないこととされ、近年、法律をもって規律する問題になった。→1

⑥　**法は行為の規範である**　　法は、人の内面的な意思、つまり、個人の思想や良心を取り締まることはできない。あくまでも、外部的行為を規律する規範であるといえよう。すなわち、法に触れるようなことをいくら内心で思っていても、現実の行為として現われない限り、取り締まりを受けることはないし、日本においては憲法19条で思想・良心の自由が保障されている。この点で、これから学ぶ、法以外の社会規範である宗教や道徳においては、むしろ、このような人の内心こそが問題になる点で法と大きな違いがある。

1　最近まで個人の領域の問題とされてきたことに関する法律

児童虐待の防止等に関する法律　　2000年成立

（目的）

第１条　この法律は、児童虐待が児童の人権を著しく侵害し、その心身の成長及び人格の形成に重大な影響を与えるとともに、我が国における将来の世代の育成にも懸念を及ぼすことにかんがみ、児童に対する虐待の禁止、児童虐待の予防及び早期発見その他の児童虐待の防止に関する国及び地方公共団体の責務、児童虐待を受けた児童の保護及び自立の支援のための措置等を定めることにより、児童虐待の防止等に関する施策を促進し、もって児童の権利利益の擁護に資することを目的とする。

ストーカー行為等の規制等に関する法律　　2000年成立

（目的）

第１条　この法律は、ストーカー行為を処罰する等ストーカー行為等について必要な規制を行うとともに、その相手方に対する援助の措置等を定めることにより、個人の身体、自由及び名誉に対する危害の発生を防止し、あわせて国民の生活の安全と平穏に資することを目的とする。

※　2013年の改正で新たに電子メールの送信も規制対象になった。

配偶者からの暴力の防止及び被害者の保護等に関する法律　　（DV防止法）　2001年成立

前　文　我が国においては、日本国憲法に個人の尊重と法の下の平等がうたわれ、人権の擁護と男女平等の実現に向けた取組が行われている。

ところが、配偶者からの暴力は、犯罪となる行為であるにもかかわらず、被害者の救済が必ずしも十分に行われてこなかった。また、配偶者からの暴力の被害者は、多くの場合女性であり、経済的自立が困難である女性に対して配偶者が暴力その他の心身に有害な影響を及ぼす言動を行うことは、個人の尊厳を害し、男女平等の実現の妨げとなっている。

このような状況を改善し、人権の擁護と男女平等の実現を図るためには、配偶者からの暴力を防止し、被害者を保護するための施策を講ずることが必要である。このことは、女性に対する暴力を根絶しようと努めている国際社会における取組にも沿うものである。

ここに、配偶者からの暴力に係る通報、相談、保護、自立支援等の体制を整備することにより、配偶者からの暴力の防止及び被害者の保護を図るため、この法律を制定する。

※　2013年の改正で新たに生活の本拠を共にする交際相手も法の摘用対象となった。

（3）　特別法→p.25

法学セクション2

第2章　法と社会規範

1　社会規範は法だけではない

法が社会における規範であることはすでに述べたが、私たちが日常生活において「～しよう」とか「～するのはよそう」と決定する基準は、決して法だけではない。例えば、毎日の服装や髪型などのファッションに関わることや休日をどのように過ごすか何を食べるかなどのライフスタイルに関するような選択は法にコントロールされることなく自分で決定しているはずである。なぜなら、法は社会的な規範であるから個人の領域の選択などは本来的に法によって規律されないのである。

しかし、法的には自由であるはずの領域の決定について、私たちは完全にフリーハンドかというと必ずしもそうではない。例えば、葬式に参列する時の服装を考えてみれば、多くの参列者は誰に強制されるともなく、黒を基調としたそれにふさわしい服装で参列するが、それは法によって定められたことではない。また、正月の初詣でや、盆の墓参り、また、人と人との挨拶などもやはり法で規律されているわけではない。

では、私たちは、法で規律されていないにもかかわらず、なぜ、多くの場面で、同じような行動をとるのであろうか。

それは、私たちが、習俗・慣習や日常の挨拶・礼儀などの法以外の社会規範に日頃から多大に影響を受けているからにほかならず、私たちを規律している社会規範が法だけでないことを意味しているのである。

また、人によっては、日常の食事など生活全般についても信仰している宗教の教義などの戒律に服している場合があるし、宗教によらなくても私たちは、法で禁止されているからではなく、良心、すなわち道徳心で日常的に自発的制止を行うことも多いのではないだろうか。

それでは、私たちが意識することなく多大な影響を受けている法以外の社会規範について個別に考えてみよう。

2 習　　俗

習俗（慣習・風俗・しきたり）とは、人が社会生活をしていく上で所属する社会の人々と同じように反復行動することによって無自覚的に確立されたルールのことである。

法とは以下のような三つの違いが挙げられる。

第一に、習俗は法と違い所属する社会によって異なるのが普通である。所属する社会は、当然、時代や地域によってその規模は変わり、地域に根づいた習俗が、広い地域で定着していることもあれば一部の地域だけにとどまる場合もあろう。つまり、習俗は法と違い全国で厳密に同じ規範である必然はないし、時代によってもそのつど変化してきたものと思われる。例えば、冠婚葬祭のあり方については、現在でも地域によってかなり違いがあるのではないだろうか。

第二に、法は目的をもって制定されるものであるが、習俗は長い年月の中で無自覚的に形成されたものである。つまり、慣習の一部は、その地域の土地や水の使用方法を定めた類のような、現在においても慣習法[(1)]として法的役割をなす場合もあるが、多くは単なる冠婚葬祭のしきたりのように法規範にはなじまないものである。また、それどころか、一部の習俗には姥捨てや間引きのように明らかに法の理念に反するものが存在していたし、しきたりや家族制度のあり方の中には現在の男女平等などの価値概念とぶつかり合う習慣も見受けられる。

第三に、法はそれを守れない者に対しては制裁をもって対処するが、かりに習俗や慣習を守らない者がいたとしても、国家による強制は行われない。もし冠婚葬祭の際にその場に即さない服装をしていったとしたら、おそらく、その

（1） 慣習法→p.19

行為に対してはその内部社会の非難がまっているだろう。また、しきたりを守らなかったことで社会との軋轢が大きい場合は、ことによっては村八分のような事実上のその社会の追放的処分を受けたかもしれない。もっとも、現在では地域の和をみだす者がいたとしても、村八分的対処をすることは逆に法的に許されない場合もある。→[1]

3　宗　　教

有史以来、法と宗教は密接な関係にあったといえる。例えば、モーゼの十戒には「汝、私以外を神としてはならない」という宗教的規範だけでなく、「汝、父母を敬え」というような道徳規範や、「汝、殺すなかれ」というような刑法的規範までもが、未分化の状態で混然としていた。また、世界最古の法典に分類されるバビロニアのハンムラビ法典もハンムラビ王が太陽神シャマシュから法典を授かる浮彫りが残されているように、法が宗教的権威（法神授思想）によって支えられていたことがうかがえる。→[2] [3]

現代の日本においては、宗教的規範が社会生活で法的役割を負うことはないが、宗教はその信者にとっては重要な社会規範として現代でも機能している。とくに信者でなくても、例えば、クリスマスにツリーを飾ったり、七五三の行事など習俗的に私たちの生活に関わっていることも多いといえよう。また、肉が嫌いだったりベジタリアンであるという理由で肉を食さないというのでなく、宗教的理由で牛肉や豚肉を一切口にしない人もいるし、法律で妊娠中絶が認められていたとしても、宗教的理由で妊娠中絶を認めないという人もいるだろう。また、同性婚の是非についても宗教の影響は小さくない。→[4]

このような特定の宗教の厳しい規律は、部外者にはまったく関心がないし、もちろん強制されることもない。しかし、信仰者は誰に強制されるということではなく、自ら宗教を規範として機能させているのである。

4　道　　徳

私たちは、例えば「父母を敬う」・「お年寄りに席をゆずる」・「友達に嘘を

1

「村八分」違法判決

イワナつかみ大会反対したら…ゴミ捨て場使用・キノコ採り禁止

新潟地裁支部

ゴミ捨て場を使えなかったり、回覧板が回ってこなかったり。新潟県関川村の山あいの36戸の集落で「村八分」行為を受けたとして、住民11人が地区長ら3人を訴えた訴訟の判決が27日、新潟地裁新発田支部であった。松井芳明裁判官は「被告らの行為は村八分と呼ぶかどうかはともかく違法だ」と認め、被告側に行為の禁止と計220万円の賠償を命じた。

判決によると、原告の1人が04年4月、集落主催のイワナつかみ取り大会をめぐって「準備と後片付けでお盆をゆっくり過ごせない」「被告の1人がイワナ購入にあたって村の補助金を水増し請求している」との理由を挙げて運営から離脱。被告側は「集落の決定に従わなければ村八分だ」などと迫ったが、最終的に計15人が脱退した。

これを機に被告らは同年6月から集落の山菜・キノコの採取や集落所有物の使用を禁止。ゴミ収集箱に鍵をかけて見張り、役場などの回覧板も回さなかった。

判決は「原告らは大会から脱会しただけで、集落から脱退したわけではない」などと指摘。住民としての権利の侵害に当たると判断した。判決後、原告側は「今後はより良い集落づくりに取り組みたい」と語ったが、控訴する方針の被告側の1人は「もう人の心は変わらない」と話した。

（2007年2月28日　朝日新聞）

2　ハンムラビ法典碑

（ルーブル美術館蔵）

3　モーゼの十戒

あなたは私の他に何ものをも神としてはならない
あなたは自分のために刻んだ像を造ってはならない
あなたはあなたの神，主の名をみだりに唱《とな》えてはならない
安息日を憶えて，これを聖とせよ
あなたの父と母を敬え
あなたは殺してはならない
あなたは姦淫《かんいん》してはならない
あなたは盗んではならない
あなたは隣人について偽証してはならない
あなたは隣人の家をむさぼってはならない

（「旧約聖書」出エジプト記）

つかない」など、法律やその他の社会規範で規律されていなくても、自発的に何かをやったり、また、思いとどまるということがあるはずである。

また、社会には交通マナーや、インターネット上のネチケットなど、法をもち出す以前に道徳とかモラルに期待する場面も多いであろう。このように考えると、道徳の意味もかなり多義的であるし、人によって道徳であるとかモラルの程度は変わってくるものかもしれない。次に、法と道徳の関係をもう少し詳しくみてみよう。

（1）法と道徳の関係

①　法と道徳が一致する場合　　例えば、人を殺したり、他人の物を盗んだりすれば当然、刑法によって罰せられるが、このように強制されなくても多くの人はこのような行為は道徳的に思いとどまり、そのようなことはしないであろう。この点、法と道徳の内容の多くが重複することは、共に社会秩序の維持という目的を有し、道徳的に許されない事柄のいくつかを法文化してきたという経緯からしてみれば、むしろ当然といえるかもしれない。ただし、すでに述べたように道徳感は人によって違うし、時代の流れと共に変わることもありえるわけで、当初は一致していた内容に齟齬が生じることもありえるのである。

例えば、人を殺すことは悪いことであるが、その相手が自分の親だったらどうだろうか。おそらく、道徳的には一般の殺人よりさらに厳しい非難がなされるのではないだろうか。実際、1995年まで、刑法の条文に尊属殺を一般の殺人よりも重罰にする刑法200条(2)が存在していた。

ただし、この条文は1973年の尊属殺重罰規定違憲判決(3)において「刑法200条は、尊属殺の法定刑を死刑または無期懲役刑のみに限っている点において、その立法目的達成のための必要な限度を遥かに超え、普通殺に関する刑法199条の法定刑に比して著しく不合理な差別的取扱いをするものと認められ、憲法14条１項に違反して無効であるとしなければならず」というように、憲法上の平等原則違反で違憲の判断を受けている。

もっとも、最高裁は違憲判決から、刑法200条は法と道徳の不一致の例とす

（2）刑法旧200条　　自己又ハ配偶者ノ直系尊属ヲ殺シタル者ハ死刑又ハ無期懲役ニ処ス
（3）最大判昭和48年４月４日刑集27巻３号265頁

ることも多いのだが、最高裁判決では尊属殺に刑を加重すること自体は法の平等にただちに反しないとしている点で、ある意味、道徳と一致した判例ともとれる。実際、この条文は、違憲判決から20年以上も削除されずに存在していた(ただし、裁判で適用されることはなかった)。

また、妻にのみ貞操義務を負わせる刑法旧183条姦通罪は、男女平等の概念に反するとして、1947年に削除されている。

②　法と道徳が相反する場合　書面によらない贈与[(4)]は、各当事者によって取り消すことができる（民法550条）[(5)]。この規定は、「約束は守らなければならない」という道徳的概念とは相容れない。しかし、法は社会を円滑にして秩序を維持することが目的なので結論が道徳的発想と違うことも時として認められる。なぜなら、法は客観性や後日の紛争にそなえた明確性を求めるものであるからである。

また、ある通行人が急病で倒れたとしよう。もし、他の通行人がいたにもかかわらず、誰も助ける者がいなかったなら、みてみぬふりをした他の通行人に対しては道徳的には非難が向けられるであろう。しかし、法においては、倒れた通行人を助ける義務が認められなければ、罰せられることはないのである（刑法218条保護責任者遺棄罪）[(6)]。ここでは、法は現実的で道徳はある意味理想的な結果を求めるものであるという違いが見出せよう。

③　法と道徳が無関係の場合　車を運転していて、初心者マークのドライバーに道をゆずるとか歩行者のために車を停止したりすることは交通道徳といえるかもしれない。しかし、赤信号では止まれ、青信号で進めのような形式的規則とか、空いている道を現実的でない法定速度まで速度を落として走行したりすることなどは、決められた交通規則だから多くの国民が機械的に守っているのであって、道徳とは関係がないといえるであろう。

（4）書面によらない贈与　贈与契約書などの書面によらないで当事者の一方が無償で相手方に財産を与える契約。

（5）民法550条　書面によらない贈与は、各当事者が撤回することができる。ただし、履行の終わった部分については、この限りでない。

（6）刑法218条　老年者、幼年者、身体障害者又は病者を保護する責任のある者がこれらの者を遺棄し、又はその生存に必要な保護をしなかったときは、三月以上五年以下の懲役に処する。

また、各種の手続内容や方法を定めたり、国の組織などを定めた法の類はやはり、道徳とは無関係である。

④　**これからの問題**　近年の科学進歩の結果生じた、クローン人間・代理母・尊厳死のような生命倫理に関する問題を今後どのようにしていくのかは、まさに、道徳やモラルと密接に関わる問題といえるが、個人の自己決定権にも深く関わる問題でもあり、社会のコンセンサスを得るのはむずかしい。→[4] [5] [6] [7] [8] [9]

また、同性間の婚姻の是非や嫡出子と非嫡出子の相続差別[7]のような問題は、戦前の旧封建的道徳観等から脱却した現代にふさわしい人権概念による再検討がなされている。

（2）　法と道徳の区別

では、法と道徳の違いとは何であろうか。ここで、いくつかの説を紹介する。法と道徳の違いを考えることにより、法の本質が改めて明確になるのではないかと思う。

①　**領域説**　法も道徳も規律する領域は同じであるが、その領域は、道徳は法よりも広い。つまり、不法は常に不道徳であるが、不道徳は必ずしも不法にはならないというような関係であるとする考え方である。道徳は人に対して広く倫理性を要求するが、法が要求するのは実行可能性をもつ最小限度の倫理性にとどまり、法は「最小限度の道徳」であるとする。しかし、現実の法の中

（7）　民法旧900条　同順位の相続人が数人あるときは、その相続分は、左の規定に従う。
　一　子及び配偶者が相続人であるときは、子の相続分及び配偶者の相続分は、各二分の一とする。
　二　配偶者及び直系尊属が相続人であるときは、配偶者の相続分は、三分の二とし、直系尊属の相続分は、三分の一とする。
　三　配偶者及び兄弟姉妹が相続人であるときは、配偶者の相続分は、四分の三とし、兄弟姉妹の相続分は、四分の一とする。
　四　子、直系尊属又は兄弟姉妹が数人あるときは、各自の相続分は、相等しいものとする。ただし、嫡出でない子の相続分は、嫡出である子の相続分の二分の一とし、父母の一方のみを同じくする兄弟姉妹の相続分は、父母の双方を同じくする兄弟姉妹の相続分の二分の一とする。
　※　2013年の最高裁の違憲判断を受けて、下線部分が削除された。

④　同性婚の容認

同性婚容認 米30州に拡大へ

【ワシントン＝井上陽子】米連邦最高裁は6日、同性婚を禁じる州法が合憲かどうかが問われた裁判で、同性婚を認めた下級審の判決を不服としていた5州の政府による上告を棄却した。これにより判決が確定し、同性婚が認められる州が拡大する。

禁止法 新たに違憲確定

上告が退けられたのは、ユタ、オクラホマ、ウィスコンシン、インディアナ、バージニアの5州。米メディアによると、同様の裁判の判断が保留となっているコロラド、カンザス州など6州でも認められる可能性が高く、この結果、同性婚が認められるのは全米50州のうち30州と、首都ワシントンに拡大する見通しとなった。

米国では憲法に結婚の規定がないため、州が独自に定めている。同性婚を巡っては昨年6月、連邦最高裁が、結婚を「男女間のもの」と限定する連邦法「結婚保護法」を違憲と判断していた。

（2014年10月7日 読売新聞夕刊）

※連邦最高裁判所は、2015年6月26日に同姓婚を認める判断を示した。

婚姻自体をジェンダーレスとする国（成立年）　オランダ（2000年）、ベルギー（2003年）、スペイン（2005年）、カナダ（2005年）、ノルウェー（2008年）、スウェーデン（2009年）、ポルトガル（2010年）、アイスランド（2010年）、アルゼンチン（2010年）、デンマーク（2012年）、フランス（2013年）、ウルグアイ（2013年）、イギリス（2014年）、ルクセンブルク（2014年）、フィンランド（2014年）、アメリカ（2015年）、グリーンランド（2015年）、ドイツ（2017年）、スイス（2021年）等

パートナーシップ法等がある国（成立年）　イタリア（2004年）

には、技術的な法など道徳と領域を異にするものも少なくない。

②　**目標説**　道徳は社会的献身を理想として掲げるが、法は個人に強制的に社会的献身を求めることはない。なぜなら、法の目標は社会秩序の維持という現実的内容であり、道徳の目標たる理想的な個人の人格完成ではないからである。つまり、法が求めるのは平均的な人間が守れる範囲での現実的な規制にとどまるということができる。

③　**対象説**　道徳は人の内面的なあり方を規律するのに対して、法は人の行為として現われた行動を規律するものである。道徳的には犯罪を行うことを

5

生きものは死ぬ時には自然に死ぬもんだ……
それを人間だけが……
無理に生きさせようとする
どっちが正しいかねブラック・ジャック
また会おう！

Dr. キリコはブラックジャックに対して積極的に「安楽死」の正当性を主張する。

（手塚治虫『ブラックジャック』「ふたりの黒い医者」）

米で代理出産、出生届

「不受理」最高裁確定

米国での代理出産で生まれた双子の出生届が、日本で受理されなかったのは不当だとして、関西地方在住の日本人夫婦が不受理処分の取り消しを求めた家事審判で、最高裁第一小法廷（才口千晴裁判長）は24日、夫婦側の請求を退けた大阪高裁決定を支持し、特別抗告を棄却する決定をした。出生届の不受理が確定した。日本国内では代理出産が認められていないことから、不妊に悩む夫婦が海外の代理母に依頼して子をもうける例は少なくないが、今回は、こうしたケースに対する最高裁の初判断で、影響を与えそうだ。

この夫(55)と妻(57)は、国内で不妊治療を試みたが妊娠しなかったため、夫の精子を凍結保存し、2002年4月、アジア系米国人女性から提供された卵子を使って体外受精した。受精卵は「代理母」となる別の米国人女性の子宮に移され、同年10月に双子が生まれた。

米国では、夫婦を双子の父母とする出生証明書が発行された。夫婦は03年2月に帰国し、出生届を提出したが、居住する自治体が04年2月、不受理としたため、夫婦が家裁に取り消しを求めた。家裁は同年8月にこれを却下し、大阪高裁も今年5月、抗告を棄却した。双子は米国籍として外国人登録されている。

高裁決定は、①女性は妊娠し、出産することで母性をはぐくむから、子の福祉の観点からも、出産した女性を母とすることに合理性がある②代理母による出産は第三者に多大な危険を負わせるうえ、依頼者と代理母の間で子を巡る争いが生じかねず、出生届の受理はこうした医療を容認するのに等しい――と指摘した。第一小法廷も高裁判断を「是認できる」とした。

今回と同様のケースで生まれた子が、今後、日本国籍を取得するには、夫が代理母との間でもうけた非嫡出子として認知し、帰化させるか、戸籍上実子と同様に扱う特別養子縁組をするなどの手段が必要になる。

代理出産を巡っては、子宮の摘出手術を受けたタレントの向井亜紀さんが、受精卵を米国人女性の子宮に移植して出産したが、出生届を不受理とされた例がある。民間団体によると、代理母を依頼するため海外に渡ったケースは、100件以上あるという。

6

（2005年11月25日　読売新聞）

7

50代「孫」を代理出産

国内初　娘夫婦の受精卵使い

子宮を摘出して子供を出産できなくなった30歳代の娘に代わって、50代後半の母親が娘夫婦の卵子と精子を使って妊娠、出産していたことが15日、分かった。諏訪マタニティークリニック（長野県下諏訪町）の根津八紘《ひろ》院長が同日、東京都内で記者会見し明らかにした。

根津院長はこれまでに姉妹間、義姉妹間の代理出産2例を明らかにしていたが、祖母が孫を産む形の代理出産は国内で初めて。日本産科婦人科学会は会告（指針）で代理出産を禁じており、姉妹間よりもさらに複雑な代理出産の実施で、改めて議論を呼びそうだ。

同院長によると、体外受精させた娘夫婦の受精卵を平成16年、50代の女性の子宮に移植。昨年春に約2400グラムの子供を出産し、子供は健康に育っているという。子供の性別は明らかにしていない。

生まれた子供は、女性の子供として出生届が出されたあと、戸籍上の姉で、遺伝子上の母である娘夫婦の養子となった。

30代の娘は、20代後半で子宮がんのために子宮を摘出していて、妊娠、出産できなかった。数年前、「娘に代わり代理出産したい」と50代の女性が、夫、娘夫婦と来院し申し出た。

女性は閉経し更年期を過ぎ、卵巣も子宮も萎縮《いしゅく》していたが、人間ドックで精密な検査を実施したところ健康上の問題がなかった。院内の倫理委員会の承認を経て実施を決定。女性ホルモンを投与したうえで、女性に受精卵を子宮に移植したところ、1回目で着床し妊娠した。妊娠中の経過は順調だったという。

出産直後は、急激に更年期障害になったが、女性ホルモンを減らしながら投与することで、現在は健康上の問題はなくなったという。

また、このほかに、昨年末までに、姉妹間での代理出産が公表していた以外に2例あることも明らかにした。

根津院長は親子間の代理出産について「姉妹や第三者に比べ、親子間なら新生児の取り合いにはならないし、金銭的なトラブルも起こらない。既成概念からすれば奇異なことだが、子供を産みたい娘の気持ちを親の協力で解決できる。母親が代理母となることがベストだと思う」としている。

（2、31面に関連記事）

代理出産　病気で子宮を摘出するなどして子供を持てない夫婦が、別の女性に子供を産んでもらうこと。夫婦の精子と卵子を体外受精させる場合と、別の女性の卵子を使う場合がある。ドイツやフランスでは法律で禁止されているが、米国の一部州では合法。日本からも100組以上が渡米し代理出産で子供を得ているとされる。書類上代理出産か区別できないため、帰国時に実子として届け、受理されているとみられる。法務省は出産した女性が母親との立場。

（2006年10月16日　産経新聞）

凍結精子で誕生の男児

最高裁 父子関係認めず

父の死後 体外受精

「民法規定なし」

父親の死後、凍結保存精子を使った体外受精で生まれた男児が、民法上の父子関係の確認（認知）を国に求めた訴訟の上告審で、最高裁第2小法廷（中川了滋裁判長）は4日、父子関係を認めた2審判決を破棄し、請求を棄却した。現行法が想定していない死後生殖が国内で明らかになった初のケースだったが、判決は「立法がない以上、法的父子関係は認められない」との初判断を示した。生殖補助医療や親子関係を巡る法整備の議論に影響を与えそうだ。

（3面にクローズアップ、25面に判決要旨）

民法などの規定によると、父母が死亡している場合でも、死後3年以内なら国に認知を求めることが出来る。だが、死後生殖で生まれた子供の認知の可否については規定がなく、死後生殖を禁じる法律もない。

松山地裁は03年11月に請求を棄却したが、高松高裁は04年7月に「認知には血縁的親子関係と父の生前同意が必要」との基準を示し、今回のケースはこの要件を満たしているとして、同種訴訟で初めて請求を認めた。

これに対し、第2小法廷は「父は死後に親権者になり得ず、男児は監護、養育、扶養を受けることはなく、相続人にもなり得ない」と判断。「親子関係を認めるかは新たな立法によって解決されるべき問題」と指摘し、現行法では父子関係は認められないと結論付けた。

判決は4人の裁判官全員一致の意見。滝井繁男、今井功両裁判官は「法整備が望まれる」との補足意見を付けた。

父親は精子を凍結保存して99年に病死。死後の体外受精で01年に男児が誕生。母親は結婚している夫婦間の子供（嫡出子）として出生を届け出たが、父親の死後300日経過していたため、嫡出子と認められなかった。非嫡出子としての出生届は受理され、男児は亡父の戸籍に入っているが、父親欄は空欄になっている。

【木戸哲】

8

（2006年10月16日 産経新聞）

心の中で思うだけでも非難に値するが、法は犯罪の構成要件に該当する行為をしなければ罪に問われることはない。つまり、道徳の対象は人の内面的な意思であり、法の対象は外部的行為であるといえよう。ただし、法においても、例えば、一般の殺人[8]と交通事故などによる過失致死[9]とでは罪状が違うように、「故意・過失」といった人の内面的意思が法に深く関わっている場合[10]もあり、人の内面的意思が法と無関係であるとはいい切れない。

④　**強制説**　　道徳は国家に強制されることはないし、反する行為をした場合でも、社会的非難や良心の呵責を負うにとどまり、刑罰を受けることはない。しかし、法は国

(8)　刑法199条　　人を殺した者は、死刑又は無期若しくは三年以上の懲役に処する。

(9)　刑法211条　　業務上必要な注意を怠り、よって人を死傷させた者は、五年以下の懲役若しくは禁錮又は五十万円以下の罰金に処する。重大な過失により人を死傷させた者も、同様とする。

(10)　刑法38条　　罪を犯す意思がない行為は、罰しない。ただし、法律に特別の規定がある場合は、この限りでない。

2　重い罪に当たるべき行為をしたのに、行為の時にその重い罪に当たることとなる事実を知らなかった者は、その重い罪によって処断することはできない。

3　法律を知らなかったとしても、そのことによって、罪を犯す意思がなかったとすることはできない。ただし、情状により、その刑を減軽することができる。

家によって強制される規範であり、守らない場合は制裁を受ける場合もある。この強制力の有無が、法と道徳の大きな違いであるとするのが本説の主張であるが、法にも強制力を伴わない法もある。

9

安楽死 合法化

オランダ下院通過

12歳以上に権利 一定の条件下

【ハーグ28日＝三井美奈】オランダ下院は二十八日、医師による安楽死を認める刑法改正を盛り込んだ安楽死法案を賛成多数で可決した。上院での可決も確実で、年内にも成立する見込み。国家レベルで安楽死が合法化されるのは世界初。オランダではすでに安楽死が事実上、広範囲に認められているが、これまでは形式上、医師も嘱託殺人で書類送検されていた。また同法案は十二歳以上の未成年者にも安楽死の権利を認めており、これは世界的に類例がない。同法施行は来年後半とみられるが、今後、安楽死合法化をめぐる国際的論議に影響を与えそうだ。

16歳以上は親の同意不要

オランダの安楽死法案は、①患者の自発的意思②耐え難い苦痛③治癒の見込みがない④担当医師が第三者の医師と相談――などの条件を満たす安楽死について、医師の刑事訴追免除を刑法で定めるといった内容。また、こん睡状態などで意思表示が出来なくなる事態に備え、患者が事前に安楽死希望を表明すれば、医師は原則として、患者の希望に従わねばならないことも条文化されている。

さらに、未成年者（オランダでは十八歳から成年）の安楽死についても、十二―十五歳では親の同意が必要、十六歳以上は親の同意がなくても安楽死できるようになる。

オランダでは九四年施行の改正埋葬法で、今回と同様の条件があれば、安楽死の措置をとった医師に対し、嘱託殺人容疑で書類送検されるものの、刑事責任を問わないことが法的に可能になった。今回の安楽死合法化についても、世論調査で92％が支持している。ただ、現行制度では、安楽死させた医師は形式的とはいえ例外なく容疑者にされるため、医師の反発も強く、無届けの安楽死も多かった。

世論の支持があるため、下院での審議の焦点は、改正の是非よりも、「子供や意思表明ができない痴ほう老人にも安楽死を許容すべきか否か」に絞られた。労働党を中心とする連立与党は当初、「患者の自己決定権」尊重の立場から、十二歳以上の子供も親の同意なしに安楽死できる権利を盛り込んだ。しかし議会に約一万通の反対の投書が殺到したため、十二―十五歳は親の同意を条件に加える修正を行った。

痴ほうについては、政府は今月初旬、「病気と診断された場合に限る」との法解釈を示し、アルツハイマー病患者への安楽死を事実上認める立場をとった。司法では九四年、最高裁判決で精神病患者への安楽死が事実上容認されている。

安楽死合法化は、州レベルでは、オーストラリア北部準州（一九九五年）や米国オレゴン州（九七年）で成立した。このうちオーストラリアは九七年に連邦議会が州法を無効とする議決を行っている。

末期がんのため、17歳で安楽死を選択した娘のアルバムを見るオランダのデメルスさん夫妻。父親は「自分の意思で死を選んだ娘を誇りに思う」と話す＝三井美奈撮影

（2000年11月29日
読売新聞）

法学セクション3

第3章　法の分類

1　成文法と不文法

法はどのようなかたちで存在するのだろうか、最初にその形式によって法を大きく二つに分類してみたい。

（1）成　文　法

成文法とは、文書によって表現されている法のことである。一定の形式および手続により制定されるので、制定法と呼ばれることもある。成文法は、その形態により、さらに、憲法・法律・命令・規則・条例・条約などに分類される。

①　憲　法　　憲法とは、国家の統治組織などの統治体制の基礎を定めた法のことである。ただし、フランス人権宣言16条が「すべての権利の保障が確保されず、権力分立が定められていない社会は、憲法をもつものではない」というように、近代的意味の憲法は、「人権保障」と「権力の分立」がその内容に含まれる立憲主義の思想に基づくものでなければならない。

つまり、憲法とは、その国が、人権尊重を含めてどのような国を目指すのかという点で「その国の地図」であり、三権分立を内容とした国の統治のかたちを明示するという点で「その国の設計図」といえるのである。

詳しくは憲法セクションにおいて説明していきたい。

②　法　律　　私が人から「大学で何を教えているのですか」と質問を受けた時に「法律です」と答える場合の「法律」の意味は、広義の法一般を指す場合である。しかし、ここで学ぶ成文法の一類型としての法律は、狭義の特定の法形式を指す場合である。すなわち、ここでの法律とは、国会で制定された法令のみを指す。例えば、六法と呼ばれる六つの法典から憲法を除いた刑法・民法・商法・刑事訴訟法・民事訴訟法はすべて法律である。

なお、法令は狭義においては法律と命令をさすが、規則や条例を含んで使われる場合もある。

③　**命　令**　　国会の議決を経ずに、もっぱら行政機関によって制定される法令を広く命令と呼ぶ。内閣が制定する政令、内閣府が制定する内閣府令、各省庁が制定する省令などがある。命令は、民主的な国会の議決を経ない法令であるので、法律の個別的委任がある場合の委任命令や法律を具体的に執行するための執行命令のように法律の根拠がなければ制定することはできないし、法律の委任がなければ罰則を設けることもできない。また、人事院規則も、人事院が内閣の所轄の機関であるので分類としては命令ということになる。

④　**規　則**　　本来、国会以外の実質的意味の立法は許されない（憲法41条）が、憲法は、権力分立の見地から国会の両院と最高裁判所に規則制定権をそれぞれ認めた（憲法58条２項・77条）。

問題なのは、規則制定権の範囲内の事項について法律と規則が競合した場合にどちらに優越権が認められるのかということである。例えば、議院規則に関しては、各議院の固有の所管に属する議院内部の事項についてまで別に国会法が制定されているし、最高裁判所規則に関しては、裁判所の自律権に関わる「裁判所の内部規律」のみならず、一般国民にも関係がある「訴訟に関する手続き、弁護士、司法事務処理に関する事項」についても規則制定権が認められ、裁判所法などとの抵触が問題になる。

通説は、法律優位説を妥当とするが、固有の自律権に関わる内部事項（規則の専属的所管事項）は三権分立の見地から規則が優先されるべきであろう。

⑤　**条　例**　　条例とは、地方公共団体（都・道・府・県・市・町・村）がその自治権に基づいて、その議会の議決によって制定する自主法である。条例は、一定の要件の下に、２年以下の懲役等の罰則を設けることができるが（地方自治法14条３項）[(1)]、法律に違反するものは認められない（憲法94条）。

地方公共団体の長がその権限に属する事務について制定する規則（地方自治法15条）[(2)]とは異なる。

⑥　**条　約**　　条約とは、国家間もしくは国家と国際機関の文書による合意

のことである。条約には、「条約」と呼ばれるもの（狭義の条約）のほか、憲章・宣言・規約・覚書・協定・議定書なども含まれる。

（2） 不　文　法

不文法とは、文書によらない法のことで、正式な手続で制定されたものでないので、非制定法とも呼ばれる。慣習法・判例法・条理が不文法にあたるが、成文法中心主義の日本では補充的役割しか認められていない。

① **慣習法**　　慣習法とは、公序良俗に反しない慣習が法的価値をもつにいたり、国家によって法的効力を認められたものである。ただし、その効力は、法令の規定により認められたもの又は法令に規定されていない事項に関するものに限り認められる（法の摘用に関する通則法3条）(3)。

例えば、一定の地域の住民が一定の場所において薪などを採取する慣習的ルールである入会権（民法263条・269条）や商法に規定のない商慣習（商法1条）についてそれぞれ民法に優先することを明記している。

もっとも、これらの法令は、旧法例や民法の規定は明治31年、商法の規定は明治32年に施行されて以来の規定（明治政府による新法の混乱なき普及が一要因として当時制定されたと考えられる）であり、「不文法から成文法へ」の流れの中で日本では慣習法の役割は少なくなっていくと思われる。

（1） 地方自治法14条　　普通地方公共団体は、法令に違反しない限りにおいて第二条第二項の事務に関し、条例を制定することができる。

2　普通地方公共団体は、義務を課し、又は権利を制限するには、法令に特別の定めがある場合を除くほか、条例によらなければならない。

3　普通地方公共団体は、法令に特別の定めがあるものを除くほか、その条例中に、条例に違反した者に対し、二年以下の懲役若しくは禁錮、百万円以下の罰金、拘留、科料若しくは没収の刑又は五万円以下の過料を科する旨の規定を設けることができる。

（2） 地方自治法15条　　普通地方公共団体の長は、法令に違反しない限りにおいて、その権限に属する事務に関し、規則を制定することができる。

2　普通地方公共団体の長は、法令に特別の定めがあるものを除くほか、普通地方公共団体の規則中に、規則に違反した者に対し、五万円以下の過料を科する旨の規定を設けることができる。

（3） 法の摘用に関する通則法第3条　　公の秩序又は善良の風俗に反しない慣習は、法令の規定により認められたもの又は法令に規定されていない事項に関するものに限り、法律と同一の効力を有する。

②　**判例法**　　判例法とは、裁判所が具体的事件で判断した判決の累積した判例が事実上の拘束力をもつにいたったものである。ただし、わが国は法的に判例に対して制度的拘束力を与えていないし、上級審裁判所の判決は下級審裁判所の当該事件についてのみ拘束力をもつにすぎない（裁判所法４条）(4)。

しかし、通常、裁判所は同じような事例についての裁判において、すでにある判例をまったく無視することは考えられず、下級裁判所は最高裁判所の判例に沿う場合が多いといえる。また、最高裁判所は大法廷判決によって判例変更は可能である（裁判所法10条）(5)が、軽々しく判例の変更はなされておらず、有力な判例については社会的に法と同じような対応がなされていると思われる。つまり、判例の拘束力は事実上きわめて大きいのである。

③　**条　理**　　条理とは、世の中の道理やあるべき道筋のことで、「社会通念・公序良俗・信義誠実の原則」などの名称で表現されることもある。

条理が不文法として認識される理由は、例えば、民事裁判において裁判所は、適用する法律や慣習法がなくても判決を下さないわけにはいかないが、このような場合は最終的に条理を裁判上の基準にせざるを得ないからである。いささか古いが、明治８年施行の太政官布告３条も、「民事ノ裁判ニ成文ノ法律ナキモノハ習慣ニ依リ習慣ナキモノハ条理ヲ推考シテ裁判スヘシ」とある。

この点、スイス民法１条２項が、「この法律に規定がないときは、裁判官は、慣習法に従い、慣習法もないときは、自己が立法者であったら法規として規定したであろうところに従って裁判しなければならない」としているように、条

（4）　裁判所法４条（上級審の裁判の拘束力）　　上級審の裁判所の裁判における判断は、その事件について下級審の裁判所を拘束する。

（5）　裁判所法10条（大法廷及び小法廷の審判）　　事件を大法廷又は小法廷のいずれで取り扱うかについては、最高裁判所の定めるところによる。但し、左の場合においては、小法廷では裁判をすることができない。

一　当事者の主張に基いて、法律、命令、規則又は処分が憲法に適合するかしないかを判断するとき。（意見が前に大法廷でした、その法律、命令、規則又は処分が憲法に適合するとの裁判と同じであるときを除く。）

二　前号の場合を除いて、法律、命令、規則又は処分が憲法に適合しないと認めるとき。

三　憲法その他の法令の解釈適用について、意見が前に最高裁判所のした裁判に反するとき。

理は法の欠缺を補う役目を果たす場合もある。

2　公法・私法・社会法

（1）公　　法

公法とは、国家や地方公共団体と国民との間を規律する「縦の法」であると同時に、国家と地方公共団体等などの権力相互間の関係や、国家などの組織や活動を定めた法でもある。

憲法、刑法、行政法、刑事訴訟法、民事訴訟法、行政事件訴訟法、地方自治法、国家行政組織法、国際公法などが、公法に分類される。

（2）私　　法

私法とは、国民相互間を規律する「横の法」のことである。

民法、商法や手形法などが、私法に分類される。

なお、近代の私法大系やその時代の法全体の形態を市民法と呼ぶ場合がある。

近代資本主義社会発展の過程で私法は、自由で平等を原則とする私人間の法律関係を規律する法規範であるため、「所有権絶対」、「契約自由の原則」、「過失責任主義」が絶対的な原則とされ、国家的干渉をできるだけ排除することが良しとされた。

しかし、近代資本主義の発展は、貧富の差の拡大など多くの社会的矛盾を露呈し、機械的な自由・平等の貫徹は、搾取する大資本の企業と権利侵害を受忍させられる労働者の関係のように絶対的な強者と弱者の格差の助長にほかならない面も否定できなかった。そこで、現代社会においては、世界恐慌などの反省を踏まえて、市民法の三大原則を修正して、むしろ国家が、場合によっては私法の領域にも積極的に関わることを認めるにいたった。

（3）社　会　法

社会法とは、資本主義の高度化と共に生じた弊害を修正（市民法の三大原則の修正）するために、本来は私法的領域に国家の積極的な関与（私法の公法化）を認めた、国家が国民相互間を一部強制して規律する法のことである。

通常は、労働法・経済法や社会福祉に関する法の分野の法が、社会法に分類される。以下具体的事例をいくつか述べる。

①　**「契約自由の原則」の修正に関する例（1）**　雇用する企業と雇用される労働者の関係は、平等とはいい難く、そのままの形式的自由な状態での雇用契約は明らかに労働者にとって不利であろう。つまり、時間外労働や低賃金等を労働者が受忍せざるをえない不当な状態を改善するためには、自由な雇用契約を放任するのではなく、少なくとも最低労働条件等は国が定め、その条件を満たした上での雇用契約を法が規律すべきことになる。また、国は、雇用後についても、労働条件の改善等についての話し合いについて両者の関係が実質的に平等になるように努めなければならない。→労働基準法・最低賃金法・労働組合法など

②　**「契約自由の原則」の修正に関する例（2）**　私たちは日常生活において、各種の契約をしなければ生活が成り立たない。しかし、私たち消費者は、事業者と比べて商品知識などの情報力や契約に関する法的知識は対等の関係とはいえず、交渉力の差や法的不知が原因の契約上のトラブルが後を絶たない。このようなケースにおいても、契約自由の名目の放任は実質的に多くの消費者にとって非常に不利益であるといえ、従来の民法による対応の限界を改善し、契約の取消しを容易にするなどの総合的な消費者被害救済の必要性が生じた。→消費者契約法など

③　**「所有権絶対」の修正の例**　所有権が絶対ということは、私有財産については、その使用方法や処分は絶対的なはずである。しかし、自分の土地であったらどのような利用をしてもよいかというと、当然、近隣の住民に迷惑がかかるような建築物や不許可の廃棄物放置のような環境上の問題を抱える利用は許されない。→民法234条[6]　建築基準法・産業廃棄物処理法など

④　**「過失責任主義」の修正の例**　もし、欠陥商品のテレビが発火して火災が発生してしまった場合に、被害者はテレビのメーカーに損害賠償請求ができ

るのであろうか。確かに民法709条により救済されることは文言上可能であるが、被害者がメーカーの過失を証明することは実際には非常に困難であるといわざるをえない。この場合、消費者安全の徹底の視点から過失の有無は問わず製造物の欠陥と使用したことによって生じた損害との間に因果関係が認められれば損害が補償されるようになった。→製造物責任法（ＰＬ法）

（４）　公法・私法・社会法の区別の意義

公法と私法の区別は、元来、フランス・ドイツなどのヨーロッパ大陸法系諸国における裁判所の管轄権分配のために必要とされてきた。日本においては、旧憲法下のような行政裁判所制度は、憲法上認められない（76条）ため、両者を区別する意義はあまりないとの指摘もある。しかし、公法と私法は法の性格を異にすることが多いし、そもそも、現状において行政法規に関する事件が存在しなくなったわけではなく、むしろ、行政法規の正当な適用を争う行政事件訴訟法上の係争は今後も増加が予想されるのであり、公法と私法の区別は意義を失っていないといえよう。

ただし、日常生活において厳密な公法・私法・社会法の区別にこだわる必要はあまりないかもしれないし、公法と私法の区別の基準も以下のようにいくつか説がある。

①　**利益説**　　治安維持などの公益の保護を目的にする法が公法、債権の確保など私益の保護を目的とする法が私法であるとする。しかし、環境に関する事例など、公益か私益かの区別が明確でない場合も考えられる。

②　**主体説**　　法律関係の一方もしくは双方の主体が国や地方公共団体などの場合を規律する法が公法で、婚姻など私人が双方の主体である場合の法が私法であるとする。しかし、役所が備品を民間業者から購入する場合など国家と

（6）　民法234条　　建物を築造するには、境界線から五十センチメートル以上の距離を保たなければならない。

前項の規定に違反して建築をしようとする者があるときは、隣地の所有者は、その建築を中止させ、又は変更させることができる。ただし、建築に着手した時から一年を経過し、又はその建物が完成した後は、損害賠償の請求のみをすることができる。

いえども私人と同じ立場で規律するべき場合は私法の問題であるといえよう。

③　**法律関係説**　　国が犯罪者を罰するような権力関係を規律する法を公法、婚姻など対等関係の法を私法とする。

3　実体法と手続法

（1）　実　体　法

実体法とは、権利義務の発生・変更・消滅などの実質的内容を定めた法のことである。具体的には、憲法、刑法、民法、商法などがある。

刑法でいえば、「～した（罪）者は、～（罰）に処する」といったような内容が実体を規定していることになる。

（2）　手　続　法

手続法とは、実体法上の権利義務関係の実現方法についての手続を規定した法のことである。具体的には、刑事訴訟法や民事訴訟法などが手続法である。

刑法でいくら刑罰を定めていても、犯人の捜査・逮捕に公判などの一連の手続がきちんと整備されていなければ刑法の規定は絵に描いた餅になってしまうように、実体法と手続法の双方が完備されて権利の実現・救済が実現されるといえよう。

また、いくら適正な実体法が完備されていても手続法の内容が不適当だったら、結果的に国民の権利は大きく侵害されてしまう。そういった意味でも、手続法は単に形式的手続を定めればよいものではなくその内容自体も重要である。

4　一般法と特別法

（1）　一　般　法

一般法とは、人、地域、事項によって制限されることなく、広く一般に適用される法のことである。

刑法や民法などは、通常、日本であれば、誰にでも、どこででも適用されるから一般法である。

（2）特　別　法

特別法とは、法の効力が、人、場所、事項などによって制限されて適用される法のことである。

例えば、特定の人としては、皇室典範の皇族、公務員倫理法の公務員、医師法の医師などが挙げられる。特定の場所としては、憲法95条により制定された地方特別法の地方公共団体が考えられる。

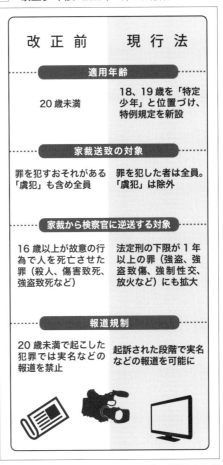

特定の事項としては堕胎に関する刑法と母体保護法の関係が挙げられる。また、私法の分野の商事に関する事項に着目すると、商法は民法の特別法といえる。しかし、商事に関する事項の銀行業務に着目すると、商法が一般法で銀行法が特別法といったように、一般法と特別法の関係は相対的であるといえる。

1　改正少年法（2022年4月1日施行）

	改正前	現行法
適用年齢	20歳未満	18、19歳を「特定少年」と位置づけ、特例規定を新設
家裁送致の対象	罪を犯すおそれがある「虞犯」も含め全員	罪を犯した者は全員。「虞犯」は除外
家裁から検察官に逆送する対象	16歳以上が故意の行為で人を死亡させた罪（殺人、傷害致死、強盗致死など）	法定刑の下限が1年以上の罪（強盗、強盗致傷、強制性交、放火など）にも拡大
報道規制	20歳未満で起こした犯罪では実名などの報道を禁止	起訴された段階で実名などの報道を可能に

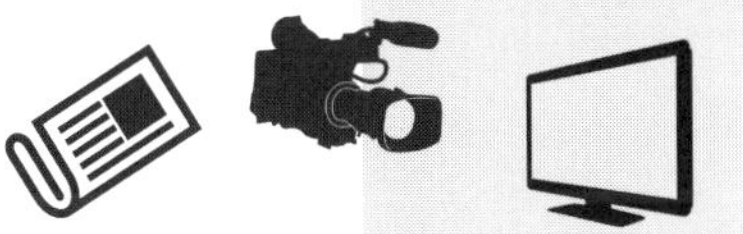

（2021年2月20日　朝日新聞より作成）

（3）一般法と特別法を区別する意味

例えば、15歳の少年が罪を犯した場合に刑法と少年法のどちらを適用すればよいのだろうか。少年法は刑法や刑事訴訟法の特別法であるが、この場合少年法が適用される。なぜなら、特別法に該当する人・地域・事項については、一般法と特別法の両者が重なり合うような場合は常に特別法が適用されるというように、「特別法は一般法に優先する」のである。→1

5　強行法規と任意法規

（1）強 行 法 規

強行法規とは、当事者の意思に関係なく適用される法のことである。具体的には、憲法・行政法・刑法や刑事訴訟法など公法の領域に多いといえる。例えば、刑法に規定があれば、被害者と和解したとしても、ある一定の犯罪については、法が適用される。また、民法であっても画一的に定める必要のある法律関係であるとか婚姻や親子関係に関する家族法の多くは強行法規である。

強行法規には、効力規定と取締規定とがある。効力規定に反する行為は、無効・取消しなどを受ける。また、取締規定に反する行為は、無効とならないが、違反者に対しては一定の制裁等が科せられる。

（2）任 意 法 規

任意法規とは、当事者の異なった意思表示によって適用を排除することのできる法のことである。例えば、民法900条で法定相続分が定められているけれども、法の趣旨は、必ずその通りしなければいけないということでなく、家族全員で他の合意があれば、そちらが優先されるということになる。

（3）任意法規の強行法規化

「私法の公法化」により、利息制限法など社会的弱者保護を念頭に任意法規から強行法規への転換傾向がうかがえる。例えば、借地借家法9条は「この節の規定に反する特約で借地権者に不利なものは、無効とする」と借地権の存続期間等について強行規定であることを明記している。

法学セクション４

第４章　法の効力

1　法の効力の意味

私たちはなぜ法に従うのだろうか。それは、まさに、法が機能しているからにほかならないのだが、法が機能している状態、すなわち、広い意味での法の実効性の概念を法の効力ということがある。しかし、ここでは、二つの法がぶつかり合った場合にどちらの法が優先するのかであるとか、法はいつ・どこでその役目を果たすことができるのかというような、法の形式的限界・範囲についての規範の拘束力としての法の効力について考えていきたい。

2　法の形式的効力

法の形式的効力とは、種類を異にする法形式の間における効力の優越関係のことである。つまり、どの法がどの法に優越するかという法体系のことであり、結論からいうと、上位の法が下位の法に常に優越することになる。

具体的には、憲法は最高法規であり（憲法98条）、いかなる国内法よりも優越する。その他の法に関しては、法は命令に優越し、命令の中では、政令が省令よりも優越する。また、規則と法律の関係については意見が分かれているが、私見では内部事項に関することは規則が優越すべきと考える。

条例については法律だけでなく法令にも違反することができない。

3　憲法と条約

問題は、憲法と条約のどちらが優越するかである。以下両説の主張である。

（１）　憲法優位説

①憲法の国際協調主義は条約の優位を意味づけるものではないこと。

②憲法98条１項が条約を挙げていないことをもって条約優位と決めつけるのは早計であること。

③憲法98条2項の条約の遵守義務に定められたのは、理論的に合憲の条約と考えられること。

④条約は憲法に定められた内閣の権限（憲法73条）に基づいて締結されたにすぎないこと。

⑤憲法改正手続は条約の締結より厳格（憲法96条）であり、条約をもって憲法改正を可能にすれば硬性憲法(1)の意味がなくなること。

⑥憲法尊重擁護義務を負う（憲法99条）内閣および国会が憲法違反の条約を締結するのは背理で許されないと考えられること。

（２） 条約優位説

①憲法全体が国際協調主義に立脚していること。

②憲法98条１項が条約を挙げていないこと。

③憲法98条２項に条約の遵守義務が明記されていること。

④国民は自国の主権を侵害するような条約の締結は容易に認めず、その自覚の下に条約が締結されるであろうこと。

⑤マーストリヒト条約など、世界的なボーダーレス化時代を迎え個別国家の国内法としての憲法大系では律しきれない事態が予想されること。

思うに、人権尊重の思想実現や環境問題解決などのより一層の実現のためにも、わが国の国際協調主義は何よりも尊重されるべきものである。ただし、国際協調が主権の放棄になることは許されず、憲法の精神に反するような条約は認められないし、そのような条約を結ぶ権限も憲法上ありえないと思われる。とくに、憲法の戦争放棄の内容を柱とする平和主義が、条約によって歪められてしまうようなことは、国民の多数が賛成したとしても、絶対に許されない。

（1） 硬性憲法→p.80

4　法の時間的効力

現代社会で犬を虐待する事件が発生したとして、江戸時代の生類憐れみの令（1687）が適用されると思う人はいないだろう。なぜなら、江戸時代の法令が現代にも効力が及ぶなどと考える者はいないからである。しかし、イギリスにさらに500年近く以前につくられたマグナ・カルタ[2]という法があるが、当然にもう効力がない法であるかというと、実はまだ立派に現役の法律である。すなわち、古いということをもって、法の時間的効力を計ることは適切でなく、法はいつからいつまで効力をもつのかということを明らかにするのが法の時間的効力の話なのである。

（1）　法の効力発生時期

法律は国会の議決によって成立する（憲法59条）。しかし、よほどの重要法案でない限り、一般の国民がある法律の成立自体を知ることもないだろう。だから、法が成立すると、国民に対して法令を知ることができる状態におく公布という作業をまず行う。ちなみにわが国では、公布は天皇が行い（憲法7条）、公布は通常、官報[3]をもって行われる。

では、公布によって法がすぐに効力をもつかというと、そうではない。なぜなら、法律によっては公布されてすぐに効力をもつと国民に混乱が生ずる場合や一定の準備期間が必要な法律もあるからである。例えば、日本国憲法の場合は、昭和21年11月3日に公布されて施行期日はそれから6ヶ月後の昭和22年5月3日であった[4]。

（2）　マグナ・カルタ：Magna Carta；Magna Charta　　イギリス王ジョンが、封建貴族たちとこれを支持する市民に対して与えた特許状。元来は、ジョン王の専制に反対する貴族たちに対して、古来の封建法上の国王と封臣の関係を維持することを約束するという性格のものであったが、その成立の経緯から、商人の保護のための規定なども含まれていた。

この1215年のマグナ・カルタは、1216年、1217年、1225年にそれぞれ修正の上再発布される。今日、現行の法律中最古のものとされるのは、この1225年のものである。元来はイギリス人の自由の「大憲章」的な意味のものではなかったが、クック（Coke）がこれに加えた解釈により、「イギリス憲法の源泉」と称され、憲法史上も重要な文章となった。

（3）　官報　　国の公告のための機関紙。法令の公布が慣習法上行われている。

現実に法がその効力を発揮する法の効力の始期は、施行の時からである。

また、施行期日は、当該法令自体や他の法令にゆだねられることが多いが、規定のない場合は法の適用に関する通則法により、公布の日から起算し満20日を経て施行される。

（2）　法の効力消滅時期

法がその効力を失うのは、その法が廃止または変更された時である。

（3）　法の不遡及の原則

法の不遡及の原則とは、法はその施行後に生じた所定事項についてのみ適用され、施行前の事項については遡って適用されることは許されないという原則である。その趣旨は、国民に対して予期せぬ法の適用を避け、法的安定を保障するためである。とくに刑罰法規に関しては、人権侵害等を防ぐ意味ももち合わせている。なぜならば、行為をした時に適法であった行為が、その後の立法で罰せられる事態は国民の予見可能性を奪うばかりか権力の恣意的な刑罰権の濫用を招く危険性が否定できないからである。

ただし、人権侵害のおそれのない国民救済立法など、遡っての適用がむしろ国民の利益になるような場合については遡及適用が認められる場合もある。

5　法の場所的効力

「私たちは、どこの法の適用を受けているのだろうか」という問いに対して、多くの人はあたり前のように「日本である」と答えられるだろう。日本国内において日本人はもとより外国人であっても日本の法が適用され、外国においては、日本人であっても、その国の法が適用されることは専門家でなくても周知の事実ではないだろうか。つまり、法の効力を考えるにあたり場所に注目して、

（4）　憲法100条　この憲法は、公布の日から起算して、六箇月を経過した日から、これを施行する。
2　この憲法を施行するために必要な法律の制定、参議院議員の選挙及び国会召集の手続並びにこの憲法を施行するために必要な準備手続は、前項の期日よりも前に、これを行ふことができる。

1

中絶航海

オランダのNGO船 アイルランドへ出航

【ハーグ11日＝三井美奈】人工妊娠中絶が禁じられている国の出産を望まない妊婦を対象に、公海上で中絶処置を施す〃妊娠中絶船〃が十一日、オランダのスヘベニンゲン港からアイルランドに向け出航した。ダブリンでは反対派の抗議デモが予定されており、混乱も予想される。

11日、ハーグ郊外のスヘベニンゲン港を出航する人工妊娠中絶船＝三井美奈撮影

「安全な処置で悲劇防ぐ」

船を運営するのは、オランダ人産婦人科医らで二年前に結成された民間団体「ウイメン・オン・ウエーブズ」。同団体は「世界の人工妊娠中絶禁止国で毎年、危険な非合法中絶が二千万件行われ、妊婦七万人が死亡している。我々の目的は、国内法の制約のない公海上で医師が安全な処置を取り、悲劇を防ぐこと」と説明している。

船は全長約三十五㍍。オランダ医療法に基づく産婦人科設備を整えてある。産婦人科医と看護婦が乗船し、妊娠十二週間以内の希望者に、欧米で解禁が進む経口人工妊娠中絶薬「RU486」を投与する。出航費用約二十万㌦（約二千四百万円）は、民間の寄付で賄われた。

ダブリン港の沖合に十三日間、停泊し、希望者を乗船させる。反対派のテロを警戒し、その後の行き先は明らかにされていない。アイルランドと同様にカトリック国で中絶が禁止されているポーランドやマルタなど欧州諸国が行き先となる。将来的にはアフリカやアジアにも活動を広げる予定という。

(2001年6月12日　読売新聞夕刊)

※アイルランドは2018年国民投票で人工中絶が認められるようになった。

日本においては日本の法が適用されるのが場所的効力にほかならない。

(1)　属地主義

属地主義とは、法の適用範囲について土地、すなわち、どこの国の主権に属するかを基準に考え、その国の領域内の行為については国籍の区別なく、その国の法が適用される原則のことである。刑法1条1項は「この法律は、日本国内において罪を犯したすべての者に適用する」としている。では、公海上の日本の船舶内でアメリカ人がインド人に傷害を負わした場合は、どこの法が適用されるのだろうか。刑法1条2項は「日本国外にある日本船舶又は航空機内において罪を犯した者についても、前項と同様にする」としていて、日本の法が適用される。つまり、日本の船舶や航空機内も日本のいわば区域内とみなしているのである。→1

(2)　属人主義

属人主義とは、法の適用範囲について人の国籍を基準に考え、国民がどこにいても、自国の法が適用されるとする原則のことである。刑法3条は「この法律は、日本国外において次に揚げる罪を犯した日本国民に適用する」として、殺人罪、強盗罪等の特定の犯罪については、犯人が日本国民であるということで日本の刑法が適用されるという属人主義をとっている。

また、児童買春･児童ポルノ禁止法も国外犯も罰するものとしている。

（３）　保護主義

保護主義とは、法の適用にあたって自国の利益を基準に考え、主権や国籍を問わずに自国の法を適用する考え方をいう。刑法２条は「この法律は、日本国外において次に揚げる罪を犯したすべての者に適用する」として内乱罪や通貨偽造罪など日本の存立に関わる国家的利益や社会的利益を侵害する行為については、誰がどこで行っても刑法を適用して重要な保護法益を保護するものとしている。また、2003年８月より殺人などの重大犯罪についても日本国民が被害者になった場合の処罰規定（刑法３条の２）が新設された。

（４）　場所的効力の例外

日本国内に滞在する外国の外交官やその公館や個人的住宅での行為に対しても本来ならば日本の法が適用されるはずであるが、条約で認められた外交官特権により、日本の法の効力はそれらの人や場所に及ばない。

２（2014年８月28日　読売新聞夕刊）

ガーナ大使 離任へ

バカラ賭博、捜査終結

駐日ガーナ大使名義で借りたビルの一室でバカラ賭博が行われていた事件で、警視庁から事情聴取を受けた同国のエドモンド・デー大使(55)が今月下旬、ガーナに帰国していたことが、捜査関係者らへの取材でわかった。ガーナ政府は外務省に対し、別の大使を後任として派遣すると説明しており、大使への捜査は事実上、終結するとみられる。

同省によると、ガーナ大使館から同省に「大使が8月21日に帰国する」との連絡があった。

デー大使名義で契約された東京都渋谷区の雑居ビルの一室では、違法なバカラ賭博が行われていたことが判明し、警視庁が3月、日本人従業員らを賭博開帳図利容疑などで逮捕。4月にはデー大使から任意で事情聴取していた。

デー大使は「フロアは契約したが、賭博については知らない」と関与を否定したが、従業員は同庁の調べに「月200～300万円を謝礼として大使に渡していた」と供述しているという。

また、日米安保条約による日米地位協定によっても日本の法の適用が制限されている。ただし、日本の一般市街地での米兵による犯罪に対しての日米地位協定のあり方は、「容疑者引渡しの制限」など不平等条約的側面が否定できず、地位協定を改正して問題解決すべきであろう。→[2] [3] [4] [6]

[3]（2003年9月29日　朝日新聞夕刊）

仏疑獄 逮捕の男、アンゴラの公使に

【パリ＝国末憲人】フランスのミッテラン前大統領の家族や側近を巻き込んだ疑獄事件「アンゴラへの不正武器輸出」の中心人物として、いったん仏当局に逮捕されたフランス人の元実業家ピエール・ファルコン容疑者が、アンゴラ政府から在パリの国連教育科学文化機関（ユネスコ）代表部全権公使に任命され、騒ぎとなっている。

同容疑者は仏当局の監視下におかれていたが突然、外交特権を盾に堂々と出国。事件の鍵を握る人物にみすみす逃げられた形となった捜査関係者に驚きと怒りが広がっている。

ファルコン容疑者は93～94年、仏政府の許可を得ないまま5億ドル（約600億円）以上の武器をアンゴラに売却したとして密貿易、背任などの容疑に問われた。ところが今年6月、同容疑者をかばうアンゴラ政府が突然、彼をユネスコ公使に任命し、アンゴラの旅券を発給。同国の法制度では外国人であっても外交官に任命できる。同容疑者は仏国内でアンゴラの外交官として扱われることになった。

特権タテに堂々と出国
怒る仏

同容疑者は「アンゴラにいる家族に会う」と今月21日に出国。容疑者の弁護士は「合法的な行動」と説明する。

仏司法官組合は「捜査対象者に抜け道を与えた」と任命を批判。ユネスコの松浦晃一郎事務局長も24日、アンゴラの大使を招いて抗議した。これに対しアンゴラ側は「任命は国家の主権に関すること」と述べたという。

[4]（2001年7月19日　朝日新聞夕刊）

日米地位協定
運用改善推進で合意
外相会談　改定論議に歯止め

【ローマ19日＝藤崎優朗】田中真紀子外相は18日夜（日本時間19日未明）、パウエル米国務長官とローマ市内の迎賓館で約30分間、会談した。両外相は沖縄県で起きた女性暴行事件で容疑者の米兵引き渡しが難航したことを踏まえ、日米地位協定の運用改善協議を推進することで合意した。ただ、迅速な引き渡しについてパウエル長官は、米兵の人権を配慮する立場を強調。協議が早期に進展するかどうかは不透明だ。（2面に関係記事）

田中外相は「今回の容疑者引き渡しについては長官の尽力に感謝する」と表明した上で、起訴前の日本の身柄拘禁権を制限する日米地位協定について「国会を含め、国内で改定を求める機運が高まっている」と説明、「起訴前の拘禁移転をはじめとする地位協定の運用改善に関する米国との協議を推進したい」と提案した。長官は協議推進には同意したが、日本側に米軍人が引き渡された場合の権利保護の必要性を強調した。

沖縄県をはじめ与党内にも改定論が強まっており、衆院外務委員会も「見直しを早急に検討すべきだ」とする決議を採択している。運用改善協議の推進で合意した背景には、地位協定改定に慎重な両政府が一定の歯止めをかける狙いがある。

ローマでの日米外相会談を日本外務省は18日に設定する方向で調整していたが、日程が合わず断念。19日のサミット外相会合の合間に設けることで再調整していたが、18日夜の外相会合後、パウエル長官が田中外相に話しかけ、成立した。

5

クローズアップ2007

代理処罰 ブラジル公判開始

日本で犯罪を犯し母国に逃亡した外国人容疑者を、その国が裁く「代理処罰」（国外犯処罰）。1日、ブラジルでこの制度に基づく裁判が始まった。「逃げ得」を許さないため設けられた制度だが、相手国の司法当局に刑罰の判断を委ねるため、判決の日まで日本の遺族には「日本より軽い刑罰になるのではないか」という不安が残る。犯罪を巡る国の壁の現状を追った。　【遠山和彦、望月和美】

（社会面参照）

容疑者の主な推定逃亡先（06年末現在）

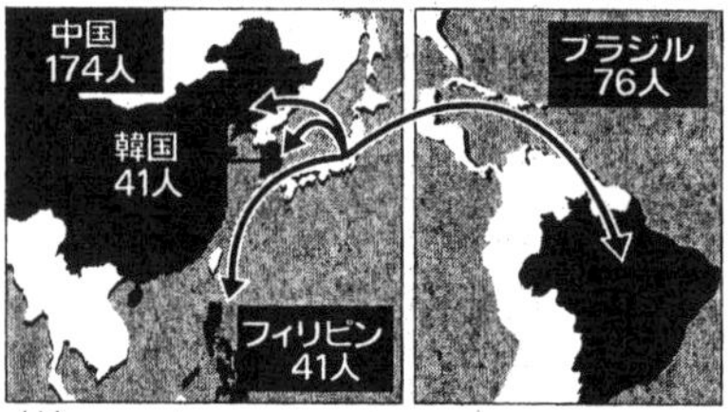

国外逃亡外国人容疑者等の推移

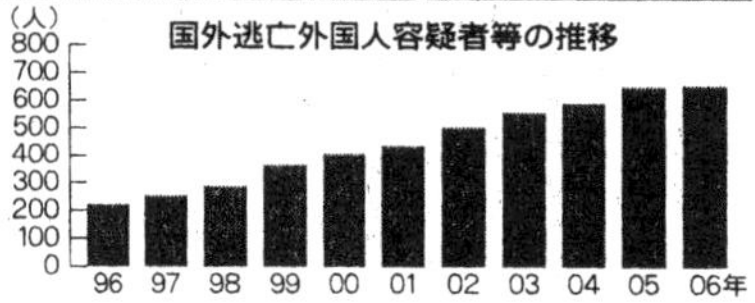

「逃げ得」に包囲網

中国では19人適用

静岡県浜松市で05年に起きたレストラン店主強盗殺人事件。母国、ブラジルに逃亡した日系ブラジル人、アルバレンガ・ウンベルト・ジョゼ・ハジメ被告(35)は代理処罰により、ブラジル司法当局に強盗殺人罪などで起訴された。1日、ミナスジェライス州裁判所で公判が始まった。

強盗殺人容疑での国際手配から1年余り。殺された三上要さん（当時57歳）の妻利江子さん(52)は、起訴を受け「やっと思いが届いた。この目で、しっかりと裁判の行方を見届けたい」と話した。

同被告は39人目の代理処罰対象。これまで中国、ブラジル、韓国、セルビア・モンテネグロ、タイ、台湾の6カ国・地域で適用された。

日本の警察は、国外逃亡の容疑者について国際刑事警察機構（ICPO）を通じるなどして、所在地の把握に努める。米国、韓国とは犯罪人引き渡し条約を結んでいるため、両国で身柄が確保されれば、引き渡しを求めることができる（米国とは78年、韓国とは02年締結）。

しかし、ブラジルのように憲法で、自国民の引き渡しを禁じている国との間では、代理処罰しかない。警察庁は現在、群馬県太田市で01年に起きた殺人事件で、ペルーとの間でも代理処罰ができないか協議している。

中国とは99年以降、15件19人に適用された。03年6月に起きた福岡市東区の衣料品販売業者（当時41歳）の一家4人殺害事件も適用され、実行グループ3人のうち2人の中国人が、帰国後に身柄を確保され、1人は死刑が執行された。

しかし代理処罰に懸念を示す遺族も多い。静岡県湖西市の山岡宏明さん(43)と妻理恵さん(40)は05年10月、ブラジル人の運転する車と衝突、長女を失った。ブラジル人は帰国。「被告に都合の良い情状が裁量され、日本での裁判より刑が軽くなるのではないか。日本にいる遺族や被害者が蚊帳の外で進んでいくのでは」と、身柄引き渡しを求めて活動を続けている。

逃亡外国人656人 昨年末現在

警察庁によると、国内で犯罪を犯し、国外に逃亡している外国人容疑者は、昨年末現在で656人。毎年増加を続けており、昨年中に約40人が国外に逃亡した。

警察は、もちろん国外に逃亡する恐れがある場合には、出入国管理局に手配するなどして出国前の検挙に努める。昨年は国内の空港や港で逃亡寸前の8人を逮捕した。

同庁が04年末の時点で国外に逃亡した容疑者のうち、出国年月日が判明した212人について調査したところ、事件を起こした当日に出国した容疑者が8人、翌日に出国したものが19人、事件から10日以内に87人が出国していた。半数以上が10日以内の早期出国を図っていた。

事件当日に出国も

また、容疑者によっては海外に逃亡しても再び日本に舞い戻る可能性もあり、帰国を待ち受ける捜査手法がとられることも多い。昨年1年間では日本に再入国した際などに35人を逮捕した。

推定逃亡先国・地域別では、中国が174人で最も多く、ブラジルは76人で2番目に多い。次いで韓国41人、フィリピン41人。国外に逃亡したブラジル人容疑者は96年時はゼロだったが、その後増加を続け、昨年は92人に上った。

（2007年3月2日　毎日新聞）

6 法の場所的効力の例外に関する条約

外交関係に関するウィーン条約　（1964年7月8日施行）

第22条

1　使節団の公館は、不可侵とする。接受国の官吏は、使節団の長が同意した場合を除くほか、公館に立ち入ることができない。

2　接受国は、侵入又は損壊に対し使節団の公館を保護するため及び公館の安寧の妨害又は公館の威厳の侵害を防止するため適当なすべての措置を執る特別の責務を有する。

3　使節団の公館、公館内にある用具類その他の財産及び使節団の輸送手段は、捜索、徴発、差押え又は強制執行を免除される。

第29条

外交官の身体は、不可侵とする。外交官は、いかなる方法によつても抑留し又は拘禁することができない。接受国は、相応な敬意をもつて外交官を待遇し、かつ、外交官の身体、自由又は尊厳に対するいかなる侵害をも防止するためすべての適当な措置を執らなければならない。

第30条

1　外交官の個人的住居は、使節団の公館と同様の不可侵及び保護を享有する。

2　外交官の書類、通信及び、第三十一条3の規定による場合を除くほか、その財産も、同様に、不可侵を享有する。

第31条

1　外交官は、接受国の刑事裁判権からの免除を享有する。外交官は、また、次の訴訟の場合を除くほか、民事裁判権及び行政裁判権からの免除を享有する。

(a)　接受国の領域内にある個人の不動産に関する訴訟（その外交官が使節団の目的のため派遣国に代わつて保有する不動産に関する訴訟を含まない。）

(b)　外交官が、派遣国の代表者としてではなく個人として、遺言執行者、遺産管理人、相続人又は受遺者として関係している相続に関する訴訟

(c)　外交官が接受国において自己の公の任務の範囲外で行なう職業活動又は商業活動に関する訴訟

2　外交官は、証人として証言を行なう義務を負わない。

3　外交官に対する強制執行の措置は、外交官の身体又は住居の不可侵を害さないことを条件として、1(a)、(b)又は(c)に規定する訴訟の場合にのみ執ることができる。

4　外交官が享有する接受国の裁判権からの免除は、その外交官を派遣国の裁判権から免れさせるものではない。

（5）　適用範囲と統治権の及ぶ範囲の違い

日本の刑法に触れる行為をした犯人が、日本にいる場合は、日本の警察によ

り逮捕されて、日本の裁判所で裁判を受けることに問題はない。しかし、外国に犯人がいる場合は、ただちに、逮捕して日本で裁判にかけることは不可能である。なぜなら、刑法の適用範囲と捜査権や裁判権の行使範囲は必ずしも一致しないからである。日本の統治権が及ばない海外の犯人に対しては、その所在国からの犯人の引渡しが不可欠である。

通常、犯人引渡しに関しては双方の国による犯人引渡し条約等を結ぶことになる。例えば日本が結んでいる条約としては、「日本とアメリカ合衆国との間の犯罪人引渡しに関する条約」があり、引渡しの請求を受けた場合の引渡し手続を定めた国内法として「逃亡犯罪人引渡法」がある。→5

（6）　これからの法の場所的効力

法の場所的効力については刑法的内容を中心に説明してきたが、さらに付け加えるなら、犯罪についても薬物やテロ行為などの犯罪は一国だけの問題ではもはや解決できるものではなく、犯罪の国際化については国家間の協力が不可欠である。そうであるならば、国際的犯罪を取り締まる場合などは、一国の場所的効力にこだわらない国際法の運用が望まれる。

また、犯罪にかかわらず、環境や軍縮などの世界共通の課題に対応する条約の台頭やEU諸国の試みなども元来の法の場所的効力の根幹（国家の主権）を問うものであるといえるのではないだろうか。

法学セクション5

第5章　法の適用

1　法の適用

法の適用とは、具体的な事例に対して、法をあてはめて、一定の法的判断を導き出すことである。法の適用には、事実関係を確定する事実の認定という作業と抽象的な法の意味内容を明らかにする法の解釈という二つの作業が必要である。

2　事実の認定

どうして事実の認定という作業が必要なのだろうか。それは、そもそも、当該事実が存在したかということはもちろん、事実関係がはっきりしなければ、適用すべき法が選択できないからである。すなわち、誰かが人を殺したという事例においても、故意をもった殺人であるのか、はたまた交通事故によるのかでは法をあてはめるにしても大きな違いがあるのである。

では、事実の認定は誰がどのように行うのだろうか。法律上の事実の認定は、裁判官と裁判員が提出された証拠に基づいて行うことになっている。

（1）　刑事裁判と民事裁判

次に、証拠を提出すべき者、すなわち、裁判における立証責任を誰が負うのかという問題であるが、それは、裁判の形態が刑事裁判か民事裁判によって違ってくる。

まず、刑事裁判と民事裁判の違いについてであるが、刑事裁判とは、犯罪行為に対して刑事法を適用して刑罰を科すための裁判であり、刑罰を科すには、たとえ、犯人が罪を認めたとしても裁判手続をはぶくことはできない。

民事裁判とは、私人間の紛争・衝突を法律的に解決するための裁判のことである。当事者間で解決が可能な場合は国家が強制的に介入することはない。ただし、裁判において、一定の金銭の交付や物の引渡し、また、一定の法的地位の確保などが認められれば、国家の強制によって判決通りの実現が図られる。

例えば、ある人が交通事故を起こして人を死なせてしまった場合、過失運転致死罪等に該当するかどうか審理するのは刑事裁判であり、遺族が損害賠償請求などを争うのは民事裁判ということになる。この場合、前述のように、刑事裁判を省略して過失運転致死罪の刑罰を科すことは許されないが、当事者間で示談[(1)]が成立したのであれば、民事裁判を経る必要はない。→1

1

藤沢の女性死亡

民事「有罪」被告に無罪

地裁判決　殺害認定に疑い

神奈川県藤沢市で93年12月、宝石店店員飯島美穂さん（当時25）が焼けた自宅アパートから遺体で見つかった事件で、殺人と現住建造物等放火の罪に問われ、無期懲役を求刑された同市大庭、元会社員[redacted]被告(30)に対し、横浜地裁の矢村宏裁判長は2日、無罪判決を言い渡した。飯島さんの両親が起こした民事裁判の判決（確定）では、被告が飯島さんを刺して無理心中を図ったと認定されており、刑事と民事で判断が分かれた。

（15面に関係記事）

被告は93年12月14日午前、同市内の飯島さんのアパートで、飯島さんの首を2度刺したうえ、灯油をまいて火を付けたとされた。しかし、一貫して「飯島さんが自ら首を刺し、無理心中を図った」と主張していた。

飯島さんの交際相手だった被告について、横浜地検は98年6月、不起訴処分（嫌疑不十分）にしたが、遺族が起こした民事訴訟で00年7月、横浜地裁が殺害を認定したのを機に再捜査し、01年2月に逮捕し、翌月に起訴した。殺人容疑事件で不起訴判断が覆るのは極めて異例で、公判では、逮捕・起訴の根拠とした遺体の一部の再鑑定などの信用性が争点になった。

検察側は、心臓組織の再鑑定で、飯島さんが首に傷を受けた後、40分以上生きていたことが判明し、放火できたのは被告だけだったと主張していた。判決は「再鑑定が着目した組織の状況は、熱作用で生じた可能性が否定できない」などとして傷を受けた後、しばらく生きていたとする再鑑定の信用性を否定した。

一方、飯島さんは同居していた被告から虐待を受けていたうえ、事件前夜に別れ話がまとまっており、「自殺の動機は乏しかった」とも認定。「飯島さんが無理心中を図った」という被告の供述は信用性が低いと述べた。

そのうえで「被告が飯島さんの首を刺し、灯油をまいた蓋然《がいぜん》性は認められるが、関係証拠からは行為の前後関係を判断できず、これらの行為を被告がしたのか、被告が強要して飯島さんが行ったのか、分担したのか確定不可能だ」と指摘。被告を放火殺人の犯人と認定するには「合理的疑いをいれる余地がある」と結論づけた。

民事裁判で、横浜地裁判決は「被告が飯島さんを刺して放火し、無理心中を図った」とし、被告に総額約9700万円の支払いを命じた。東京高裁も地裁判決を支持。01年9月、最高裁で被告の敗訴が確定した。

(2003年6月2日　朝日新聞夕刊)

（2）　刑事裁判の立証責任

刑事裁判において、どのような犯罪が行われたのかを立証するのは検察官である。わが国においては、刑事事件について裁判所に対して審判を求める公訴の提起を行う公訴権を検察官が独占している。この点、検察の不起訴処分に問題がある場合に、国民からくじで選ばれた検察審査会が起訴すべきとの議決をした場合、起訴するかどうかを再考しなければならない。そして、これまでは議決に法的拘束力はなかったが、起訴相当の議決の後、検察官が起訴しない場

（1）　示談　　民事上の紛争に関する裁判外の和解契約。

合は再審査となり、11人中８人以上が賛成で「起訴すべき」と再び議決されれば、裁判所から指定された弁護士が検察官に代わって起訴するというように裁判員制度開始に合わせ、法的拘束力を持つようになった。→2

（３）　民事裁判の立証責任

民事裁判においては、原則としてその事実を主張する者の側が自ら証拠を提出しなければならない。例えば、金を返して欲しいと訴える者は、通常、金を貸した事実や返済期限が明らかにされている文書を証拠として提出する。私たちは、日常生活におけるいろいろな場面で書面による契約書を作成するが、契約書は民事裁判においては重要な証拠として機能するのである。

しかし、私たちは社会生活のすべての場面において契約書をかわしたりすることは不可能であるし、一定の事実が不明確な場合もある。また、いちいち立証する煩わしさを避ける必要性もあるだろう。そうした理由で、法は一定の事項について証明がなくとも事実を推定したり確定する場合を予定している。

①　**事実の推定**　　事実の推定とは、一定の事実が必ずしも明確でない場合に、いちいちの立証の煩わしさを避けるために、一般通常の事情に沿って一応事実関係を推定して、一定の法的効果を与えることである。民法32条の２(2)の同時死亡の推定や民法772条(3)の嫡出子の推定など、「～と推定する」と表現されている条文がこれにあたる。

前者の場合は、死亡の前後は相続に大きく影響するが、その証明は、通常、困難である。また、後者の場合は、夫婦間で子どもが誕生するたびにDNA鑑定などを義務づけるのは煩わしい制度になってしまうであろう。

事実の推定は、法による推定にすぎないので、事実の推定と異なる事実の証明がなされれば、推定は覆される。

（２）　民法32条の２　　数人の者が死亡した場合において、そのうちの一人が他の者の死亡後になお生存していたことが明らかでないときは、これらの者は、同時に死亡したものと推定する。

（３）　民法772条　　妻が婚姻中に懐胎した子は、夫の子と推定する。

２　婚姻成立の日から二百日後又は婚姻の解消若しくは取消の日から三百日以内に生まれた子は、婚姻中に懐胎したものと推定する。

[2]　**刑事事件の流れ**

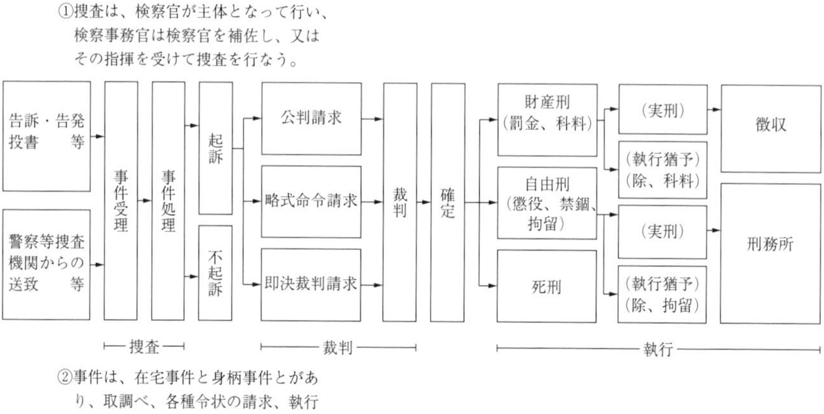

（法務省のHPより）

②　**事実の擬制**　　事実の擬制とは、ある事実が不明確だったり事実がそうでない場合でも、法がこうだと決めてしまうことである。例えば、民法31条(4)の普通失踪と危難失踪についての失踪宣告の効力や民法753条(5)の婚姻による成年擬制など「みなす」と表現されている条文がこれにあたる。

前者の場合は、行方不明者の生死がいつまでも不確定の状態にあると、残された家族など関係者は相続等の問題がいつまでも決められず問題である。また、後者の場合は、夫婦として独立して社会生活をしていくのに未成年(6)で行為能力が認められない(7)のは不都合があると法が事実を擬制するのである。

（4）民法31条　　前条第一項の規定により失踪の宣告を受けた者は同項の期間が満了した時に、同条第二項の規定により失踪の宣告を受けた者はその危難が去った時に、死亡したものとみなす。

（5）民法753条　　未成年者が婚姻をしたときは、これによつて成年に達したものとみなす。※2024年3月31日に削除。

（6）民法４条　　年齢二十歳をもって、成年とする。※2022年4月1日より18歳。

（7）民法５条　　未成年者が法律行為をするには、その法定代理人の同意を得なければならない。ただし、単に権利を得、又は義務を免れる法律行為については、この限りでない。

２　前項の規定に反する法律行為は、取り消すことができる。

３　第一項の規定にかかわらず、法定代理人が目的を定めて処分を許した財産は、その目的の範囲内において、未成年者が自由に処分することができる。目的を定めないで処分を許した財産を処分するときも、同様とする。

事実の擬制は、法による擬制であって、前者の場合は生死は不明な状態であるし、後者の場合は事実と違うのであるが、社会的利益を考慮して法が確定的に決めているので、成年擬制が覆ることはない。

また、失踪者の生存の判明等で失踪宣告が取り消された場合でも、善意の相続者はその利益が残っている限度で失踪者に返還すればよい（民法32条）。

3　法の解釈

（１）　法の解釈の必要性

法の解釈とは、抽象的・一般的な実定法[8]の意味内容を具体的に明らかにすることである。法の適用において、法を個々の具体的な事例に適用するためには、以下のような理由で法の解釈が必要である。ただし、法解釈は慣習法についても必要な場合があるが、以下は、主に成文法を念頭に考えていきたい。

①　**法文の字句の難解性・抽象性**　成文法は、文書により表わされているので、不文法と比べて明確性に優れ、とくに具体的な数字で表現されている箇所は恣意的な運用の危険性は少ない。しかし、法文には、字句が難解な場合や抽象的ではっきりしない場合があるのも事実である。例えば、刑法103条[9]の「蔵匿」であるとか「隠避」という言葉の意味の違いがわかる人はあまりいないだろうし、刑法175条[10]の「わいせつ」という言葉は非情に抽象的であり、人によってそのイメージは違うであろう。

思うに、文学や芸術の分野であるならば、人によって、さまざまな解釈が成り立つことがすばらしいことであるかもしれない。しかし、法において求められるのは、統一的な解釈であり、裁判においては、全国どこでも難解な字句や

（8）　実定法　人間の行為によってつくられ、一定の社会や時代に実効性をもっている法。時代や社会を超越する不変的な自然法に対する概念。

（9）　刑法103条　罰金以上の刑に当たる罪を犯した者又は拘禁中に逃走した者を蔵匿し、又は隠避させた者は、二年以下の懲役又は二十万円以下の罰金に処する。

（10）　刑法175条　わいせつな文書、図画その他の物を頒布し、販売し、又は公然と陳列した者は、二年以下の懲役又は二百五十万円以下の罰金若しくは科料に処する。販売の目的でこれらの物を所持した者も、同様とする。

抽象的な字句についても一定の解釈が求められる。実際、そのような裁判にあたっては、判例等の積み重ねによって、法文の意味内容について一定の解釈がなされている。

ただし、法文の字句の意味内容を明らかにするのみでは解釈が役割を果たさない場合もある。例えば、民法770条[11]の「その他婚姻を継続し難い重大な事由があるとき」などという記述は、言葉の定義づけ以上の裁判官によるその都度の解釈を条文自体が期待しているということができる。

② **法文と社会との調和**　法は現在と一定の未来を想定して制定されているが、刻々と変化している実社会の現状と必ずしも法が適合しなくなる場合がある。このような場合に法と社会との乖離を法の解釈をもって回避する必要性が生ずる。

3

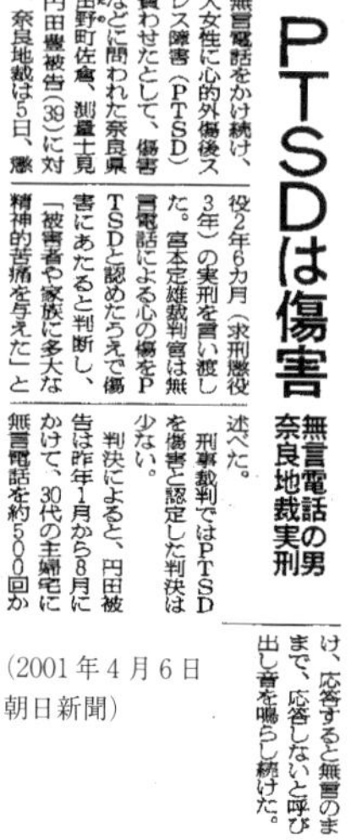

PTSDは傷害

無言電話の男　奈良地裁実刑

無言電話をかけ続け、知人女性に心的外傷後ストレス障害（PTSD）を負わせたとして、傷害罪などに問われた奈良県菟田野《うだの》町佐倉、測量士見習円田豊被告（39）に対し、奈良地裁は5日、懲役2年6カ月（求刑懲役3年）の実刑を言い渡した。宮本定雄裁判官は無言電話による心の傷をPTSDと認めたうえで傷害にあたると判断し、「被害者や家族に多大な精神的苦痛を与えた」と述べた。

刑事裁判ではPTSDを傷害と認定した判決は少ない。

判決によると、円田被告は昨年1月から8月にかけて、30代の主婦宅に無言電話を約500回かけ、応答すると無言のまま、応答しないと呼び出し音を鳴らし続けた。

(2001年4月6日
朝日新聞)

例えば、文書の原本のコピーが原本と同じように社会的機能と信用性をもつ現状を考慮してコピーを偽造した場合も文書偽造の罪にあたるとする解釈[12]や、有価証券にテレフォンカードがあたるとする解釈[13]などは、科学技術の進歩に見合った現状に対処するための法の解釈といえるであろう。

また、刑法204条[14]の傷害罪の「傷害」とは「他人の身体に対する暴行によ

---

(11)　民法770条1項　　夫婦の一方は、左の場合に限り、離婚の訴を提起することができる。
　一　配偶者に不貞な行為があつたとき。
　二　配偶者から悪意で遺棄されたとき。
　三　配偶者の生死が三年以上明かでないとき。
　四　配偶者が強度の精神病にかかり、回復の見込がないとき。
　五　その他婚姻を継続し難い重大な事由があるとき。

(12)　最判昭和51年4月30日刑集30巻3号453頁

(13)　最決平成3年4月5日刑集45巻4号171頁

(14)　刑法204条　　人の身体を傷害した者は、十年以下の懲役又は三十万円以下の罰金若しくは科料に処する。

(15)　最判昭和27年6月6日刑集6巻6号795頁

りその生活機能に傷害を与えること」と解釈されているが、昭和27年の判例[15]は「暴行によらずに、梅毒を他人に感染させる場合」についても傷害罪を成立させているし、最近ではPTSD（外傷後ストレス傷害）について傷害罪の成立を認めている判例も登場している。これらは、社会一般の状況に現実的な対処をした法の解釈といえるだろう。→③

但し、法が意図するであろう範囲を逸脱した法の解釈は、新たな人権侵害のおそれを含んでいて許されない。とくに刑罰を伴う法については、新法の成立や法改正などの立法的解決がなされるべきである。

（2）　法解釈の方法

法の解釈の方法は、まず、二つに大別することができる。すなわち、文理解釈と論理解釈である。

文理解釈とは、法文の字句や文章を中心になされる解釈のことである。字句そのものの意味、字句の配列やつながり、文章の構成などを形式的に検討して、法文全体の文理的な意味を明らかにする解釈である。成文法を解釈する場合に不可欠な重要な方法であるが、字義だけにこだわりすぎると、法が本来もち合わせたはずの目的や趣旨を見誤る可能性がある。

例えば、憲法14条1項は「法の下の平等」を定め、後段において許されない差別を列挙しているが、憲法の趣旨からすれば、列挙されたものは限定的なものでなくて単なる例示と考えられる。すなわち、ここに規定されていない身体障害者等への差別も当然許されるものではないと考えられる。さらに、「法の下の平等」についても、法の執行に際しての国家による差別的取扱いのみにとどまらず、法そのものの内容の平等が要請されていると考えるべきであろう。

論理解釈とは、文理解釈を基調としつつ、法の目的や趣旨など論理的意義に従ってなされる解釈のことである。論理解釈はその方法によって文理解釈の意味を広げたり狭めたりすることになるが、さらに、次のように分類される。

①　**拡張解釈**　　拡張解釈とは、文理解釈では狭すぎて真に法の意図を達せられない場合に、その文理を本来予定されている範囲内で広げて解釈すること

である。例えば、刑法218条の「病者」に「高度の酩酊者」を含めたり、刑法261条[16]の器物損壊罪の「損壊」に、単なる文理上の物理的破壊のみならず「事実上又は感情上その物を本来の目的に供しえなくするとき」として飲食器への放尿も含めるといった具合である。

②　**類推解釈**　類推解釈とは、法文に明記されていない事項について、それと類似の事項を規定した法を適用して、同じ法的効果を認める解釈のことである。しかし、憲法31条と憲法39条にも関連する罪刑法定主義の要請で、行為者に不利益になる類推解釈は認められない。

例えば、刑法134条[17]の秘密漏示罪の主体たる「医師、薬剤師、医薬品販売業者、助産婦、弁護士、弁護人、公証人又はこれらの職にあった者」に看護師を含めるような類推解釈は許されないのである。

では、法の解釈として許される拡張解釈と、許されない類推解釈の違いはどこにあるのだろうか。両者の区別は、拡張解釈が法の予定する範囲の目的論的解釈であるのに比べて、類推解釈は法の予定しない範囲に法を適用することにより、いわば新たな法を創造する解釈であるところに違いがあるとされている。

ただし、両者の区別には時として非常にむずかしい判断が必要とされる。例えば、旧刑法時代の大審院判決で電気も人の「所有物」と解釈して盗電に窃盗罪の適用を認めたものがあったが、電気は有体物を指す「物」とはいえないので、許されない類推解釈であるとの批判があった。

思うに、法の目的に沿う現実的な解釈は必要であるが、国民に刑罰を科す刑罰法規に関しては人権上の要請からも国民の予測可能性を越えないように厳格な解釈が求められるべきで、安易な解釈による解決は許されない。

---

(16)　刑法261条　前三条に規定するもののほか、他人の物を打壊し、又は傷害した者は、三年以下の懲役又は三十万円以下の罰金若しくは科料に処する。

(17)　刑法134条　医師、薬剤師、医薬品販売業者、助産婦、弁護士、弁護人、公証人又はこれらの職にあった者が、正当な理由がないのに、その業務上取り扱ったことについて知り得た人の秘密を漏らしたときは、六月以下の懲役又は十万円以下の罰金に処する。

2　宗教、祈禱若しくは祭祀の職にある者又はこれらの職にあった者が、正当な理由がないのに、その業務上取り扱ったことについて知り得た人の秘密を漏らしたときも、前項と同様とする。

なお、前述の例について補足すると、現刑法においては、「電気」を「財物」とみなす刑法245条があり、結局のところ解釈ではなく立法的解決が図られた。

また、文書毀棄などの罪の「文書」に、ＰＣなどを使用すれば視覚可能な文書になる「電磁的記録」を含めることも実態に即した拡張解釈であるといえるが、刑法は昭和62年の一部改正において電磁的記録の不実記載、不正作出・供用、毀棄を罰することを条文化し、電子的記録も法的に定義して(18)、やはり、立法的解決を図った。

③　**縮小解釈**　　縮小解釈とは、文理解釈では広すぎて真に法の意図を達せられない場合に、その文理を限定的に解釈することである。

例えば、「財物」には動産と不動産が含まれるが、窃盗罪の客体たる「財物」には不動産を含まないといった解釈である。

④　**反対解釈**　　反対解釈とは、法律に規定されている事項から、その反対面の規定されていない事項についての法的判断を導き出す解釈のことである。

例えば、民法737条１項(19)の「未成年の子が婚姻をするには、父母の同意を得なければならない」という規定から「『成年の婚姻』には父母の同意が必要ない」ということを導き出す解釈である。

⑤　**勿論解釈**　　勿論解釈とは、法律に規定されている事項の趣旨からみて、直接に規定のない類似の事項に対して当然に同趣旨の法的判断をする解釈のことである。

例えば、他人のペットを傷つけた場合は、刑法261条の器物損壊罪に該当するのであるが、条文にない「殺害」した場合も、当然、本条が適用されるとする解釈である。

---

(18)　刑法７条の２　　この法律において「電磁的記録」とは、電子的方式、磁気的方式その他人の知覚によっては認識することができない方式でつくられる記録であって、電子計算機による情報処理の用に供されるものをいう。

(19)　民法737条１項　　未成年の子が婚姻をするには、父母の同意を得なければならない。
２　父母の一方が同意しないときは、他の一方の同意だけで足りる。父母の一方が知れないとき、死亡したとき、又はその意思を表示することができないときも、同様である。

第6章 裁判と法

1 裁判による法の実現と法的救済

憲法32条は「何人も、裁判所において裁判を受ける権利を奪はれない」として、裁判を受ける権利を保障している。裁判を受ける権利とは、より具体的には、裁判の判決以外で刑罰を科されることがないことと、裁判の当事者として手続的に問題がなければ裁判を拒まれることはないことを意味する。

そして、裁判により有罪か無罪かという刑罰を科すかどうかであるとか、具体的な争訟が裁定される。つまり、裁判により、公的に社会のルールとしての法の実現がなされたり、社会的紛争が解決され個人の救済が図られるのである。

そして、審判をするのは裁判所であり、裁判所とは公正な司法権の裁判所でなくてはならず、行政権に属するような特別裁判所は認められないのである。

また、一部の刑事裁判については2004年5月に成立した裁判員の参加する刑事裁判に関する法律により2009年5月21日に国民から事件ごとに無作為に選ばれた裁判員が裁判官とともに審理に参加する裁判員制度が開始されることとなった。

2 訴訟の種類

(1) 民事訴訟

民事訴訟は、私人間の紛争の解決や法律関係の確認のために裁判官が当事者双方の言い分を聞き、証拠調べ等の後に判決によって解決を図る手続である裁判のことである。民事訴訟は、私人間の貸金の返還、不動産の明渡しや人身損害に対する損害賠償などの紛争を解決するための通常訴訟、手形・小切手金の支払を求める手形小切手訴訟、離婚や認知の訴えなどの家族関係についての紛争に関する訴訟である人事訴訟などに分類される。

1　少額訴訟とは

民事訴訟は、私人間の紛争の解決の手段としては一定に強制力も伴い、有益であることは間違いないのであるが、裁判に費やす時間や費用を考えると少額な請求の場合は訴えを躊躇する場合も考えられる。そこで、市民間の規模の小さなもめごとを少ない時間と費用で迅速に解決することを目的として、1998年に少額訴訟手続きが新設された。少額訴訟手続は、60万円以下の金銭の支払を求める訴訟を起こすときに，原告がそのことを希望し、相手方である被告がそれに異議を言わない場合に審理が進められ、原則として1回の審理でもめごとを解決する特別の手続である。

少額訴訟は、原則として、最初の期日に裁判が終わるため、簡易裁判所は最初の期日に当事者双方の言い分を聞いたり、証拠を調べたりして判決をする。

そのため、事前に双方が答弁書を提出し、契約書・領収書・覚書のほか、交通事故の場合の事故証明などの即時性のある証拠書類や当事者本人の供述などの証拠を最初の期日に準備することになる。

なお、少額訴訟判決に対する不服は異議申立てに限られる。

また、1998年からは簡単で速い裁判の手続により60万円以下の金銭の支払を求める裁判である少額訴訟も行われるようになった。　→1

（2）　刑事訴訟

刑事訴訟とは、犯罪を認定して刑罰を科すための手続きである。具体的には、刑事裁判は罪を犯した疑いのある被疑者を検察官が起訴することによって始まり、裁判所は、起訴状に書かれた事実が本当にあったかどうかを証拠に基づいて判断し、被告人が有罪かどうか、どういう刑罰を科すかを決定するのである。

裁判の前の捜査段階を含めて、その手続きは、人権侵害がないように適正な手続であることが憲法上の要請として規定されている。→p.141人身の自由

（3）　行政訴訟

行政訴訟とは、元来、戦前の行政裁判所によって裁判される訴訟を意味したが、現在は、行政庁の公権力の行使に関する紛争や、その他行政法規の解釈に関する紛争についての司法裁判所によって裁判される行政上の訴訟を意味し、行政事件訴訟ともいう。

憲法76条2項で行政裁判所などの「特別裁判所」が禁止され、行政事件も司法裁判所の管轄に属する現在、行政事件と民事事件を区別する意義はないようにも思えるが、行政事件が行政事件訴訟法の適用を受けて、訴訟手続上は民事訴訟と区別されるので概念を区別する意義はある。

また、行政訴訟には個人の権利保護を目的とする主観訴訟のみならず、客観的な法秩序の維持を目的とする客観訴訟も認められているので、この点も、民事訴訟とは区別されよう。

行政事件訴訟法は、①抗告訴訟、②当事者訴訟、③民衆訴訟および④機関訴訟を行政事件訴訟として挙げている。

① **抗告訴訟**　行政庁の不作為を含む公権力の行使に関する不服の訴訟であり、行政庁の処分の取り消しを求めるケースがその典型である。

行政事件訴訟法3条は、抗告訴訟として、「処分の取消しの訴え」、「裁決の取消しの訴え」、「無効等確認の訴え」、「不作為の違法確認の訴え」の4種を挙げているが、他にも法律で規定されていない「無名抗告訴訟」が認められる余地がある。

無名抗告訴訟とは、前述の法定抗告訴訟のいずれにも該当しない「認可をしろ」というような特定の行政処分の給付を求める義務づけ訴訟や「税金で○○の土地を買うな」というような違法処分の事前差止めを求める予防訴訟などが考えられるが、その許容性については説が分かれている。

② **当事者訴訟**　公権力の行使の違法性でなく、もっぱら、権利主体相互間の紛争解決が目的であるような、土地収用の裁決の補償に関する不服の訴えや公務員の給与の支払請求訴訟などがこれにあたるが、行政庁の訴訟参加など若干の内容以外は民事訴訟と異なるところはあまりない。

③ **民衆訴訟**　民衆訴訟とは「国又は公共団体の機関の法規に適合しない行為の是正を求める訴訟で、選挙人たる資格その他自己の法律上の利益にかかわらない資格で提起するもの」(行政事件訴訟法5条) であり、選挙の立候補者でなくても選挙人ならば提起できる選挙無効や当選無効の訴などの選挙訴訟や地方公共団体の住民による住民訴訟などが該当する。

しかし、訴えの提起の可能な原告や内容は無制約ではなく、選挙民や住民というような何らかの関係が見出せ、法律に明文規定がある場合に限られている。

④　**機関訴訟**　　機関訴訟とは、「国又は公共団体の機関相互間における権限の存否又はその行使に関する紛争についての訴訟」（行政事件訴訟法６条）のことであるが、本来、行政組織の内部での組織相互の争いは指揮監督の系統で解決すべきことなので、地方公共団体の首長と議会の間の紛争がある場合など法律に明文がある場合に限られる。

（４）　憲 法 訴 訟

憲法81条は「最高裁判所は、一切の法律、命令、規則又は処分が憲法に適合するかしないかを決定する権限を有する終審裁判所である」と憲法保障のための違憲審査権を規定している。

では、仮に法律自体の内容が憲法に反する規定であるような場合、その法律はどのような方法で審査されて、改正や削除といった具体的な憲法保障がなされるのであろうか。なぜこのような疑問が生ずるかというと、日本においては憲法保障をするために、ドイツのような憲法の疑義を解決する抽象的違憲審査制の憲法裁判所は存在しないのである。

この点、日本における違憲審査制は、通常の司法裁判所が、訴訟事件を審理判断する前提として、適用法令の合憲性を必要性がある場合のみ審査する付随的違憲審査制が採用されているとされている。つまり、日本においては、何らかの憲法問題が争われる憲法訴訟は存在するが、憲法訴訟制度というような特別な訴訟形態は存在しないのである。

より具体的に憲法訴訟の場を挙げると、民事訴訟で、被告が適用法令の違憲性を主張する場合、刑事訴訟で、被告人が適用法令の違憲性を主張する場合、行政訴訟では、行政処分の取消し請求をする原告による行政処分自体、また、処分の根拠法令の違憲性の主張をする場合などである。

また、客観訴訟である民衆訴訟は、具体的な憲法訴訟制度がない状況においては、違憲行為の客観的な是正を請求できる点で憲法訴訟の有効な手段と考えられるし、国家賠償請求訴訟の国家行為による損害を認定する前段階での国家行為自体の違憲性の判断に注目すると、国家賠償訴訟に「違憲確認訴訟」としての代替機能を見出すことができよう。　→2

ただし、いずれのケースも、ある意味、国民が違憲状態によって何らかの被害を受けた後の救済であるので、被害発生前、すなわち、法律成立時の憲法判断の手段である抽象的違憲審査制の実現が必要であると思われる。この点、日本国憲法においても法的に抽象的違憲審査制を実現しても憲法上は問題ないと思う。

3　裁判員制度

裁判員制度は、これまで法律の専門家であった裁判官が行っていた事実認定や量刑を、必ずしも専門的知識を持たない国民が、裁判官と一緒に評議し、評決するという司法上の大きな変化を伴う制度である。　→3 4

この点、日本においても、過去に、1923年に陪審法が制定され、1943年に「陪審法ノ停止ニ関スル法律」によって陪審制が停止されるまで陪審員制度が行われたことはあるが[(1)]、事実上、多くの国民にとっては初めての制度といえよう。

裁判員制度の導入により、裁判の進め方やその内容に国民の視点や感覚が反映されることにより、裁判全体に対する国民の理解が深まり、司法がより身近なものとして信頼も一層高まることが期待されるが、憲法上、①裁判官による裁判でないことは、実質的に憲法32条の「裁判を受ける権利」が保障されないことになるのではないか、②裁判員は基本的に辞退が認められないので、他人を裁くという行為を絶対にしたくないという国民にとって思想・良心の自由が侵されることになるのではないか、③裁判員についての義務が憲法上規定されていないように、そもそも、裁判員制度を憲法が想定していないのではないか

（1）なお、陪審法ノ停止ニ関スル法律の附則第3項は「陪審法ハ今次ノ戦争終了後再施行スルモノトシ其ノ期日ハ各条ニ付勅令ヲ以テ之ヲ定ム」と規定している。

最高裁 憲法判断せず

遺族の敗訴確定 法的利益 侵害しない

小泉純一郎首相の靖国神社参拝は政教分離を定めた憲法に違反し、精神的苦痛を受けたとして、日韓の戦没者遺族ら二百七十八人が国と小泉首相らに損害賠償を求めた訴訟の上告審判決が二十三日、最高裁第二小法廷であった。

小泉首相靖国参拝訴訟

今井功裁判長は「参拝で原告らの法的利益が侵害されたとはいえない」として原告の上告を棄却した。原告敗訴の二審大阪高裁判決が確定した。参拝の公私の別や憲法判断はしなかった。

歴代首相の靖国参拝をめぐる訴訟で最高裁判決は初めて。損害賠償請求の前提となる「被害」が否定され、同様の訴訟で今後、地・高裁が憲法判断に踏み込まない傾向が強まりそうだ。

小泉首相は二〇〇一年以降、靖国神社に年一回のペースで参拝し、今回の訴訟は〇一年八月十三日の参拝が対象。首相は公用車を使い、秘書官らを伴って靖国神社に赴き「内閣総理大臣小泉純一郎」と記帳した。

判決理由で今井裁判長は「人が神社に参拝する行為自体は他人の信仰生活に圧迫、干渉を加える性質のものではない」と指摘。その上で「他人の参拝で宗教上の感情が害されたり不快の念を抱いたりしても直ちに賠償を求めることはできない」との判断を示した。

判決は四裁判官全員一致の意見で、滝井繁男裁判官は「他人の行為で心の平穏を害されても、当該行為が過度にわたった場合、初めて法的保護を求めうる」などとの補足意見を述べた。

原告は二〇〇一年十一月に提訴。〇四年二月の一審大阪地裁判決は〝公的参拝〟と認定したが、憲法判断は回避。さらに「戦没者をどのように祭祀するのか、公権力の干渉を受けず、自由に決める権利を侵害された」との原告側の主張を「法的に保護される権利といえない」として退けた。

昨年七月の二審判決は参拝の公私の別も憲法判断も示さず、一審判決の結論を支持した。

第二小法廷は原告の上告のうち違憲を理由とした部分は受け付けず、十三日付で棄却を決定していた。

小泉首相の靖国参拝をめぐる訴訟では、これまでに計十二件の地・高裁判決があり、福岡地裁判決（〇四年四月）と今回とは別の訴訟の大阪高裁判決（昨年九月）が「違憲」との判断を示している。

靖国参拝訴訟の最高裁判決で敗訴が確定し、「逃げる最高裁　憲法判断せず」と書かれた紙を掲げる原告側関係者＝23日午前、東京都千代田区

2（2006年6月20日　神奈川新聞）

裁判員判決 最高裁見直し

求刑の1.5倍「根拠不十分」と減刑

裁判員裁判の判決で市民感覚を反映させるにしても、他の裁判結果との公平性を著しく欠いたものは許されない。最高裁は24日、傷害致死事件の判決で、裁判員裁判の量刑判断のあり方について初の判断を示した。求刑の1・5倍の懲役刑を言い渡した一、二審判決を破棄し、量刑を減らした。最高裁が裁判員裁判の結論を自ら見直したのは初めて。▼38面＝市民感覚どう生かす

第一小法廷（白木勇裁判長）の裁判官5人全員一致の意見。裁判員制度は、裁判に市民感覚を取り入れる目的で導入され、この日の判決もその趣旨が尊重されることはあらためて確認した。だが、2009年に制度が始まって以降、「厳罰化」が強まっており、量刑を決める評議のあり方に注文をつけた。

この事件は、大阪府寝屋川市の自宅で1歳の娘の頭を殴り、床に打ち付けるなどの暴行を加えて死なせたとして、父親の岸本憲(31)と母親の美杏(32)両被告が傷害致死罪で起訴されたもの。一審・大阪地裁での裁判員裁判は「本件のような重大な児童虐待には今まで以上に厳しい罰を科すことが社会情勢に適合する。法定刑の上限に近い量刑が相当だ」として、懲役10年の求刑に対して、両被告に同15年を言い渡した。二審・大阪高裁も支持した。

弁護側は無罪を主張。そのうえで裁判員裁判の判断を「量刑の均衡を甚だしく欠く」と批判していた。

最高裁はまず、裁判員裁判での量刑判断について「過去の傾向に従うことは求められてはいない」としながら、他の裁判との公平性を保つ必要性があると強調。仮に過去の量刑の傾向から大きくかけ離れた判断をする場合には「その事情を具体的に説得力をもって説明すべきだ」とした。

そのうえで、この判断基準に基づいて今回の事件を検討。「懲役15年を言い渡すことについて、具体的で説得力のある根拠は示されていない」と判断し、「甚だしく不当な量刑判断だ」と批判した。憲被告を懲役10年、美杏被告を懲役8年にそれぞれ減刑した。

（西山貴章）

■最高裁判決の骨子

- 裁判員裁判といえども、他の裁判との公平性が保たれなければならない。
- これまでの量刑傾向から踏み出す判断をする場合は、具体的で説得力のある説明が必要だ。

■白木勇裁判官の補足意見

- 裁判員裁判を担当する裁判官は、量刑判断に必要な事柄を裁判員に丁寧に説明し、理解を得ながら評議を進めることが求められる。

3（2014年7月25日　朝日新聞）

等問題点が指摘されている。

また、制度的にも、①裁判員制度が一審のみであること、②多数決による評決の場合、裁判員だけでは有罪とすることはできず、裁判官1人以上が多数意見に賛成していることが必要なこと、③法律による辞退事由[2]以外の辞退が認められるケースが明確といえないこと等が問題となる。

もっとも、裁判員制度の開始に伴い①取調べ時の録音・録画といった取調べの可視化の動き、②被害者が希望した場合に法廷で意見を述べるといった刑事裁判への被害者参加制度の開始、③裁判の迅速化といった、今までの懸案事項への対応が促進された側面の指摘も重要であろう。　→5

もちろん、裁判の迅速化や公判前に争点を絞り込む公判前整理手続制度で被告人の裁判を受ける権利や裁判の公開が形骸化したりすることは許されない。いずれにしろ、裁判員制度を注視する必要があろう。

（2）裁判員の参加する刑事裁判に関する法律16条　次の各号のいずれかに該当する者は、裁判員となることについて辞退の申立てをすることができる。

一　年齢七十年以上の者

二　地方公共団体の議会の議員（会期中の者に限る。）

三　学校教育法第一条、第百二十四条又は第百三十四条の学校の学生又は生徒（常時通学を要する課程に在学する者に限る。）

四　過去五年以内に裁判員又は補充裁判員の職にあった者

五　過去三年以内に選任予定裁判員であった者

六　過去一年以内に裁判員候補者として第二十七条第一項に規定する裁判員等選任手続の期日に出頭したことがある者（第三十四条第七項（第三十八条第二項（第 四十六条第二項において準用する場合を含む。）、第四十七条第二項及び第九十二条第二項において準用する場合を含む。第二十六条第三項において同じ。）の 規定による不選任の決定があった者を除く。）

七　過去五年以内に検察審査会法（昭和二十三年法律第百四十七号）の規定による検察審査員又は補充員の職にあった者

八　次に掲げる事由その他政令で定めるやむを得ない事由があり、裁判員の職務を行うこと又は裁判員候補者として第二十七条第一項に規定する裁判員等選任手続の期日に出頭することが困難な者

イ　重い疾病又は傷害により裁判所に出頭することが困難であること。

ロ　介護又は養育が行われなければ日常生活を営むのに支障がある同居の親族の介護又は養育を行う必要があること。

ハ　その従事する事業における重要な用務であって自らがこれを処理しなければ当該事業に著しい損害が生じるおそれがあるものがあること。

ニ　父母の葬式への出席その他の社会生活上の重要な用務であって他の期日に行うことができないものがあること。

4　**裁判員制度における手続**

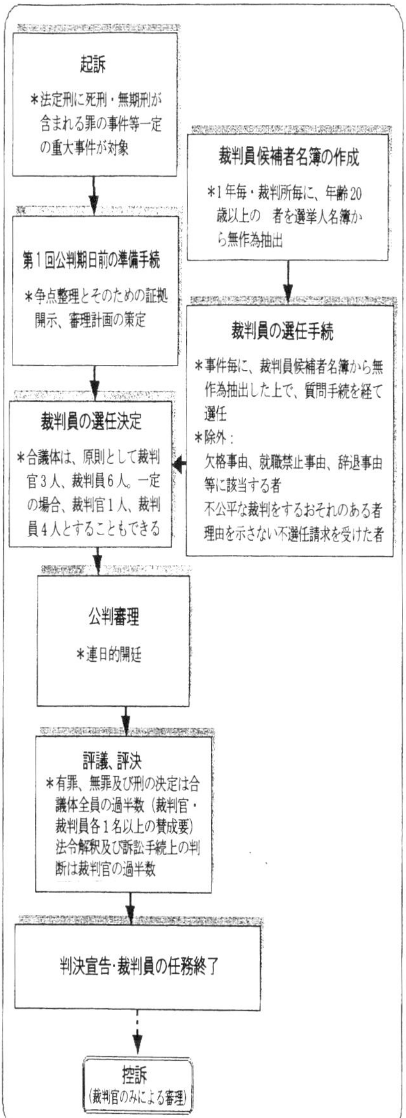
起訴
＊法定刑に死刑・無期刑が含まれる罪の事件等一定の重大事件が対象
裁判員候補者名簿の作成
＊1年毎・裁判所毎に、年齢20歳以上の　者を選挙人名簿から無作為抽出
第1回公判期日前の準備手続
＊争点整理とそのための証拠開示、審理計画の策定
裁判員の選任手続
＊事件毎に、裁判員候補者名簿から無作為抽出した上で、質問手続を経て選任
＊除外：
欠格事由、就職禁止事由、辞退事由等に該当する者
不公平な裁判をするおそれのある者
理由を示さない不選任請求を受けた者
裁判員の選任決定
＊合議体は、原則として裁判官3人、裁判員6人。一定の場合、裁判官1人、裁判員4人とすることもできる
公判審理
＊連日的開廷
評議、評決
＊有罪、無罪及び刑の決定は合議体全員の過半数（裁判官・裁判員各1名以上の賛成要）
法令解釈及び訴訟手続上の判断は裁判官の過半数
判決宣告・裁判員の任務終了
控訴
（裁判官のみによる審理）

（最高裁判所のHP「あなたも裁判員」より）

5

「即決裁判」きょう開始

比較的軽い罪で起訴された被告について、初公判のその日に判決まで終わらせる「即決裁判」手続きが2日から始まる。万引きや外国人の不法残留、初犯の薬物使用などへの適用が想定されており、被告が有罪を認めれば、起訴から14日以内に判決というスピード審理が実現することになる。09年5月までに裁判員制度が始まるのを控え、「合理化」で浮いた時間や人、法廷を裁判員による裁判に回し、手厚く対応する狙い。長引きがちだった被告の身柄拘束日数を短縮して負担を減らす効果も見込んでいる。

（大島大輔、西川圭介）

判決 起訴から14日以内に

万引きなど対象

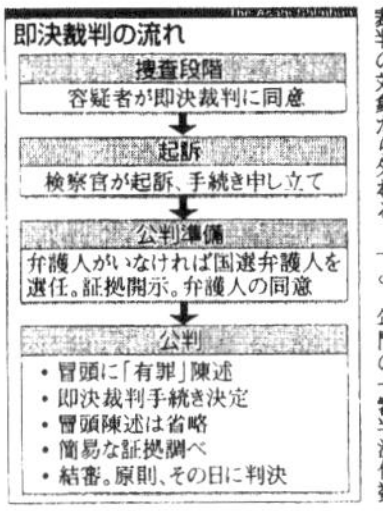
The Asahi Shimbun
即決裁判の流れ
捜査段階
容疑者が即決裁判に同意
起訴
検察官が起訴、手続き申し立て
公判準備
弁護人がいなければ国選弁護人を選任。証拠開示。弁護人の同意
公判
・冒頭に「有罪」陳述
・即決裁判手続き決定
・冒頭陳述は省略
・簡易な証拠調べ
・結審。原則、その日に判決

死刑や無期懲役はもちろん、1年以上の懲役や禁固にあたる事件は即決裁判の対象から外れる。

また、実刑判決はなく、懲役・禁固には必ず執行猶予が付く。ここ3年ほど、年間の一審判決件数は約13万件。その1割の1万3千件程度が即決裁判の対象となる試算だ。

手続きの流れとしては、まず捜査段階で容疑者が即決裁判にすることに同意することが前提だ。同意があれば、検察官が起訴時に裁判所に手続きを申し立てる。弁護人の同意も必要で、弁護人がいない場合には裁判所が速やかに選任。さらに、起訴から14日以内に公判期日を指定する。

公判当日。冒頭に、被告が「自分は有罪だ」と認めると、正式に即決裁判に移行する。通常の刑事裁判のような検察側の冒頭陳述もなく、証拠調べも簡略化した方法で進む。原則としてその日のうちに判決が出る。

いったん即決裁判を選ぶと、判決に不服があっても事実誤認を理由にした控訴はできず、量刑に限って控訴審での審理を求めることができる。

1日10件・各30分　東京地裁想定

05年度に約1万4千人の起訴を受理し、刑事裁判の件数が全国最多の東京地裁のシミュレーションでは、公判は1件30分で終わらせる。1日に審理すると想定している即決裁判は10件。裁判官1人で担当する。休日前の金曜日は起訴が集中する傾向があり、予備も含め3人を充てる。

刑事裁判を担当する19裁判部のうち、令状審査担当の部を除いた18部が持ち回りで担当。制度がスタートする2日は刑事4部が東京地検から即決裁判の起訴を受ける「当番」だ。14日後に法廷を確保し、想定通り10件以内で収まれば1日ですべての判決を終える。事件が予想よりも多い時は担当部が責任を持って空き時間に審理する。

刑事裁判の経験が長い裁判官は「手続きは簡略化しても判断を手抜きしていいわけではない。そこが、難しいところだ」と話す。

（2006年10月2日　朝日新聞）

法学セクション7

第7章　犯罪と法

法には強制力があり、守らない者に対しては、法に定められた制裁が下される場合がある。「どのような行為が犯罪になり、どのような刑罰が科されるか」を定めた法を、一般に刑法と呼び、刑法は、法が誕生した当初から存在していた法ということができる。

1　刑法の機能

刑法は、社会統制の手段として機能しているのであるが、具体的には、次のような機能がある。

①　**秩序維持機能**　　刑法は、一定の行為を犯罪とし、犯罪を犯す者があれば、その規定を適用して、実際に処罰する。つまり、個人や社会に害悪をもたらすものは処罰されるということを周知徹底することにより社会秩序の維持がなされるのである。ただし、刑法が適格に機能していても犯罪がなくなることはないし、刑法の補充性・謙抑性からあらゆる秩序を維持するために刑法が利用されることも好ましいことではない。また、刑法上の犯罪が、道徳上の禁止事項と重なる場合も多いが、刑法は、社会倫理を強制することを独自の目的としているのではない。→[1]

②　**法益保護機能**　　刑法は、法益（法によって保護される利益）侵害行為を処罰することから、法益を保護する役割が認められる。「法益なければ規範なし」といわれるように、法益保護と無関係に刑法が定められることはあってはならない。

刑法が保護する法益としては、生命・身体・名誉・財産といった個人的法益、公共の安全などの社会的法益、また、国家の作用などの国家的法益の三つが挙げられる。

③　**自由保障機能**　　リスト（1851～1919）が「刑法は犯人のマグナ・カルタ」といったように、刑法は、一定の行為は処罰するが、刑法に触れるような行為をしなければ罰せられることはないし、犯人といえども法定以上の刑罰は科せられないというように、恣意的な刑罰権の発動によって国民の自由が脅かされないことを保障するものでもある。

また、刑法の自由保障機能が実質的に機能するには、近代刑法の基本原理である罪刑法定主義や責任主義が徹底されている必要がある。

2　刑　　罰

（1）　刑 罰 と は

刑罰とは、犯罪が行われたことを理由に、個人や法人に対し、国家によって強制的に科せられる制裁のことである。

刑罰権は、近代法治国家においては国家が独占し、国民の多数決によっても法によらない刑罰は絶対に許されない。

この点、戦争犯罪や国際的テロのような従来の国家論では対処しきれない犯罪の刑罰権の法治的あり方が国際社会に問われているといえよう。

（2）　刑罰の本質

慎重を期して発動されるにしろ、国民の生命・自由・財産といった法益を強制的に奪う刑罰の本質とは何であろうか。このことは、刑罰とはどうあるべきかという問題に起因するが、刑法思想は、大別すると、応報刑論と教育刑論が挙げられる。

①　**応報刑論**　　応報刑論とは、刑罰は、罪を犯したことに対する応報であるとする考え方である。ハンムラビ法典の「目には目を」の思想にみられるように、古来から現代まで続く刑罰思想である。

応報刑論は、さらに、刑を科すということ自体に意味を認める絶対的応報刑論と応報としての刑罰を科すことは、一般の人が犯罪をすることを防止するための効果（一般予防）がある時に限られるとする相対的応報刑論に分けられる。

②　**教育刑論**　　教育刑論とは、刑罰は応報ではなく、犯罪が行われないようにするために犯人を教育・改善し（教育刑論）、その社会復帰を図り（社会復帰の重視）、犯罪者が再び犯罪に陥ることを予防（特別予防）するものであり、目的刑論とも呼ばれる。

教育刑論のみから刑罰のあり方をとらえると、死刑制度は認められないことになるが、社会復帰の可能性のない絶対的無期懲役までは否定されていない。また、軽微な罪状であっても累犯の場合は、応報刑論による場合に比べて、重い罰を科されることも考えられる。

つまり、刑罰のあり方については、応報刑論、教育刑論の二者択一的にとらえるべきでなく、凶悪な犯罪には重たい罰を科すという社会の納得が得られる応報的ルールに教育刑的プログラムを加味し、犯人の社会復帰を後押し、再犯防止に努めるべきであろう。→2　※死刑廃止論については→p.150

（3）　刑罰の種類

日本の刑法は、死刑、懲役、禁錮、罰金、拘留および科料を主刑とし、没収を付加刑としている（刑法9条）。懲役は義務的な刑務作業に服さなければならないが、禁錮はそのような強制がない（いずれ自由刑は、「拘禁刑」に一元化）。罰金は1万円以上とされているが、科料は1,000円以上1万円未満とされている。

また、鞭打ちのような身体刑は認められない（憲法36条）。→3

3　刑法の基本原則

（1）　罪刑法定主義

罪刑法定主義とは、「どのような行為が犯罪となり、どのような刑罰を科せられるのか」をあらかじめ明文で法規に定め、国民に明らかにしておかなければならないという刑法の基本原則である。

「法律がなければ犯罪はない、法律がなければ刑罰はない」という言葉に集約される罪刑法定主義が刑法の原則なのは、恣意的な権力による刑罰権の発動によって国民の人権が侵害されないようにするためである。また、罪刑法定主

1

検挙率 日本が最下位

刑法犯2000年 先進5か国

「官民協力が重要」

犯罪白書

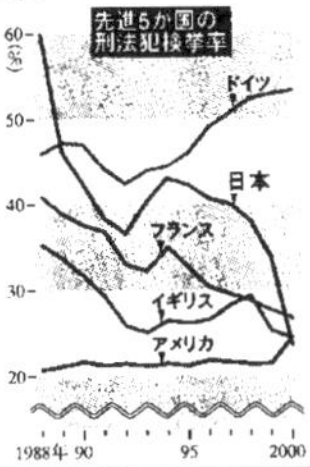

二〇〇二年版「犯罪白書」が十九日午前の閣議で了承された。それによると、二〇〇〇年の刑法犯（交通関係を除く）の検挙率は23・6％で、先進五か国（米、仏、英、独、日）では米英の24・4％を下回り、八八年の調査開始以来、初めて最下位となった。一方、刑法犯の件数は二〇〇〇年に二百四十四万三千件、二〇〇一年には二百七十三万五千件と過去最悪を更新し続け、増加する犯罪に捜査が対応しきれない現状を浮き彫りにした。

白書では、犯罪増加の背景について「地域社会での相互の監視や関心、学校や家庭の教育機能低下など、犯罪抑止機能が低下している」ことを指摘。検挙率を上げるには「公的機関のみの対応では限界。官民の協力体制の構築が重要」と分析している。

すでにまとまっている国内分の二〇〇一年データを見ると、窃盗が刑法犯の八割以上を占め、強盗、暴行、強制わいせつなど「暴力的犯罪」はおおむね一％前後。これに対し、検挙率は前年をさらに下回る19・8％で過去最低だった。このうち、窃盗は15・7％、強盗、暴行、強制わいせつはいずれも40％台だった。

元最高検検事の土本武司・筑波大名誉教授（刑事法）は、「よく『検挙に勝る防犯なし』と言われるが、心配な数値だ。不況による窃盗犯の件数増などが検挙率低下につながっている。検挙率アップには警察官の増員など早急な対策が必要だろう」と指摘している。

一方、白書をまとめた法務総合研究所は、最近の刑法犯増加について「家庭内暴力（DV）、児童虐待など、〝新たな犯罪〟が表面化してきたことも大きい」との見方を示している。

小泉首相は十九日、首相官邸で、検挙率の低下について、「心配している。かつて世界一安全な国といわれた日本だから、どういう状況なのか、安全神話を取り戻すためにどうしたらいいのか、真剣に検討しなければいけない」と語った。

（2002年11月9日　読売新聞夕刊）

※警察庁の犯罪統計資料によれば令和２年１月～12月分の検挙率は45.5％である。

3

イラン

むち打ち刑公開

保革で論争

【テヘラン10日＝久保哲也】イランの保守派が支配する司法府が、ハタミ政権が二期目に入った八月から、従来非公開だったむち打ち刑の公開実施に乗り出し、その是非が、保革両勢力の間の論争になっている。改革・自由化がイラン社会の大きな流れとなるなかで、イスラム規範の緩みを危惧する保守派は、むち打ち刑の公開で見せしめ効果を生み出し、存在感を示したい狙いとみられる。これに対し、改革派は、社会の現状に逆行する動きとして強く反発、ハタミ政権に対する保守派のなりふりかまわぬ嫌がらせと見て警戒を強めている。

国営通信などによると、これまで公開処罰された犯罪者は約二百人。北東部の宗教都市マシャドでは七日、男性五人が飲酒のうえ、住民にけがを負わせたなどとして処分を受けた。

イランでは、一定量を超える麻薬所持や姦通《かんつう》などは重罪と見なされ、公開で行われる絞首刑や石打ち刑など処刑の対象とされてきた。一方、むち打ち刑は軽罪に適用され、本人に罪を反省させ改悛《かいしゅん》を促す目的で、本来非公開で行われる。

ところが、保守派の牙城《がじょう》である司法府は、八月に入り、なし崩し的に近年広まる飲酒や異性との交際までを対象にし、組織的な処罰公開に踏み切った。

司法府はこの時期に公開し始めた理由を明らかにしていないが、ある地元記者は「自由化を進めるハタミ大統領への警告が込められている」と政争のにおいも指摘する。

議論を過熱させたのは、ドリナジャファバディ前情報相の先月三十一日の発言だ。「（アフガニスタンのイスラム原理主義勢力）タリバンは、厳罰主義で市民の安全を確保するのに成功している。我々が同じことをできないのはなぜか」と、イスラム教の戒律を恣意《しい》的に解釈し、イランでは異端視されるタリバンまでも公開処罰の根拠に持ち出した。

これに対し、ハタミ大統領は、今月一日の会見で、むち打ち刑に対する直接の評価は避けながら、「我々はタリバン式のイスラム教も治安対策も選択しない」と強い口調で反論した。

だが、司法府側は、刑公開について「最高指導者ハメネイ師の了解を得ている」と正当性を強調、あくまで公開を続ける姿勢を崩しておらず、時ならぬむち打ち論議は尾をひきそうだ。

（2001年９月11日　読売新聞）

2

子供189人殺害犯 懲役1000年？

——59件中32件で相次ぎ判決◆すでに合計「835年」——

＊コロンビア

【リマ26日＝藤原善晴】南米コロンビアで昨年十月末、子供約百四十人の連続殺害を自供したルイス・クビリョス被告の二十六日までの裁判で、実際に殺害した人数が六歳から十四歳まで百八十九人に上り、すでに宣告された実刑年数は計八百三十五年に達したことが分かった。同被告の公判は発生時期や場所によって五十九件に分離されているが、うち三十二件で懲役二十二年から同四十八年の実刑を宣告された。残る二十七件で下される刑を合算すると、最終的に懲役千年を超えるのは確実と見られる。

検察当局によると、同被告は九二年から全国を放浪、飲酒した上で子供を縛り、拷問や性的暴行を加えて殺害していた。被害者の大半は路上の物売りの男の子だったという。

地元アルメニア市の司法当局や地元メディアの報道によると、収監中の同被告の食事には何度も毒が混入されていたため、司法当局は被告の警備を厳重にし、食事も特別に管理している。同被告自身は「自分が抑えられない。罪を繰り返さないよう、殺してくれ」と漏らしている。

（2001年８月３日　読売新聞夕刊）

義が実質的に機能するには、①罪刑の法定、②罪刑の明確性、③実体と手続の適正な法定、④事後法の禁止、⑤類推解釈の禁止などが求められる。

（2）　責 任 主 義

責任主義とは、刑罰を罪となるべき事実を発生させただけでは科すことができず、有責性を必要とする原則である。具体的には、行為者に責任能力がありそのような結果を生じさせるにいたった過程に故意か過失がなければ刑罰を科せられない。

また、刑法39条は、「心神喪失者の行為は、罰しない」とし、刑法41条は「14歳に満たない者の行為は、罰しない」としている。

この点、殺人や放火など重大な事件を引き起こし、心神喪失などが理由で刑事責任が問えない心神喪失者等に裁判官と医師の合議で治療の必要があるとの結論が得られれば、裁判所が入院・通院を命令できる「心神喪失等の状態で重大な他害行為を行った者の医療及び観察等に関する法律」が2003年７月に成立した。しかし、この心神喪失者処遇法は、心神喪失者等に対しての治療の必要性と再犯の防止を理由にした事実上の犯罪予防的な不定期の拘禁との批判がある。もっとも、従来の司法の関与のない都道府県知事による行政処分としての「措置入院」についてもその実効性の問題が指摘されていた。

4　犯罪の成立要件

犯罪とは、構成要件に該当する違法で有責な行為である。

①　**構成要件該当性**　　構成要件とは、立法者が、刑罰を科すべきと選び出した、処罰に値する行為の類型である法的可罰行為の定型のことである。例えば、「人を殺した」という行為は、刑法199条の殺人罪の構成要件である。

②　**違法性**　　違法性は、交錯する現代社会においてその実体が何であるかはむずかしいが、社会的相当性の限界を逸脱した法益侵害とし、行為の結果面のみならず態様も考慮して論ずるべきであろう。

また、構成要件に該当し、違法性の推定がなされる行為について、違法性がないとする事由を違法性阻却事由という。違法性阻却事由には、①法令行為・正当業務行為[1]（私人による現行犯逮捕〈刑事訴訟法213条[2]〉、医師の手術・ボクシングの試合など）、②正当防衛[3]、③緊急避難[4]などが刑法上認められ、その他にも、社会的相当行為や超法規的違法性阻却事由が認められる場合もある。

③　**責　任**　　責任とは、行為者に対する非難可能性のことである。また、違法な行為をした者でも、そのような行為をせざるをえないような具体的事情がある場合は、法的には行為者を非難できない。また、行為者を非難するには、行為者が行為の是非を弁別し、行動することができるという責任能力がなければならない。

すなわち、責任があるというためには、責任能力者が、適法行為を期待できる状況下で、故意または過失によって構成要件に該当する行為をしたのでなければならないということになる。→④

④

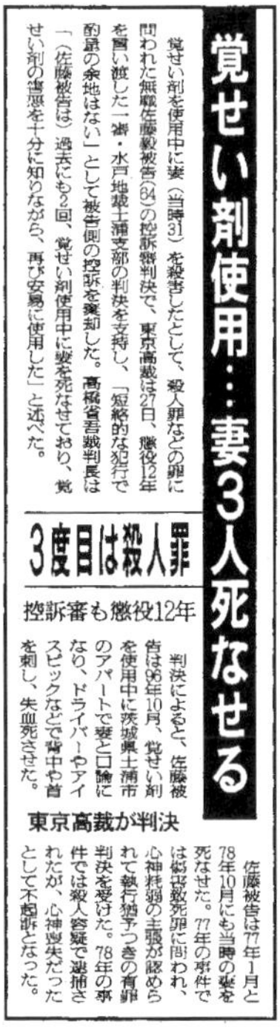

覚せい剤使用…妻3人死なせる

3度目は殺人罪

控訴審も懲役12年

東京高裁が判決

覚せい剤を使用中に妻（当時31）を殺害したとして、殺人罪などの罪に問われた無職佐藤毅被告(64)の控訴審判決で、東京高裁は27日、懲役12年を言い渡した一審・水戸地裁土浦支部の判決を支持し、「短絡的な犯行で酌量の余地はない」として被告側の控訴を棄却した。高橋省吾裁判長は「（佐藤被告は）過去にも2回、覚せい剤使用中に妻を死なせており、覚せい剤の害悪を十分に知りながら、再び安易に使用した」と述べた。

判決によると、佐藤被告は96年10月、覚せい剤を使用中に茨城県土浦市のアパートで妻と口論になり、ドライバーやアイスピックなどで背中や首を刺し、失血死させた。

佐藤被告は77年1月と78年10月にも当時の妻を死なせた。77年の事件では傷害致死罪に問われ、心神耗弱の主張が認められて執行猶予つきの有罪判決を受けた。78年の事件では殺人容疑で逮捕されたが、心神喪失だったとして不起訴となった。

（2001年8月27日朝日新聞夕刊）

---

(1)　刑法35条　　法令又は正当な業務による行為は、罰しない。

(2)　刑事訴訟法213条　　現行犯人は、何人でも、逮捕状なくしてこれを逮捕することができる。

刑事訴訟法214条　　検察官、検察事務官及び司法警察職員以外の者は、現行犯人を逮捕したときは、直ちにこれを地方検察庁若しくは区検察庁の検察官又は司法警察職員に引き渡さなければならない。

(3)　刑法36条　　急迫不正の侵害に対して、自己又は他人の権利を防衛するため、やむを得ずにした行為は、罰しない。

2　防衛の程度を超えた行為は、情状により、その刑を減軽し、又は免除することができる。

(4)　刑法37条　　自己又は他人の生命、身体、自由又は財産に対する現在の危難を避けるため、やむを得ずにした行為は、これによって生じた害が避けようとした害の程度を超えなかった場合に限り、罰しない。ただし、その程度を超えた行為は、情状により、その刑を減軽し、又は免除することができる。

2　前項の規定は、業務上特別の義務がある者には、適用しない。

法学セクション8

第8章 家族と法

1 婚　　姻

（1） 事実婚ではなく法律婚

憲法24条が「婚姻は、両性の合意のみに基いて成立し」というように二人の合意で婚姻するのであるから、その成立に法律がいちいち口を出す必要がないように思えるかもしれないが、日本は婚姻に法律的手続を要求する法律婚主義を採用している。つまり、教会で神の前で愛を誓ったり、盛大な結婚披露宴を開いたとしても婚姻届が届出されていなければ法律的に二人は婚姻したことにはならないのである。

では、法はなぜ、夫婦の実体があればよいという事実婚主義ではなく法律婚主義を採ったのだろうか。それは、婚姻が成立すると、場合によっては日常家事債務の連帯責任（民法761条）(1)のような第三者の利害もからむ法的効果が発生するため、形式的な届出という明確な要件がある方がよいと判断されたからである。また、そのような形式的要件がないと、場合によっては、当事者間で婚姻意思の合致の確認が取れていないケースも考えられる。

（2） 婚姻の成立

婚姻の成立にはすでに述べたように形式的要件である届出が必要であるが、「当事者に婚姻をする意思がないとき」は「婚姻は無効になる」（民法742条1項）とされているように実質的要件として「婚姻意思の合致」が必要である。また、民法は婚姻の実質的要件として次のような婚姻障害事由を定めている。

（1） 民法761条　夫婦の一方が日常の家事に関して第三者と法律行為をしたときは、他の一方は、これによつて生じた債務について、連帯してその責に任ずる。但し、第三者に対し責に任じない旨を予告した場合は、この限りでない。

①男は満18歳、女は満16歳という婚姻適齢に達していなければならない（民法731条）※2022年4月1日より男女ともに18歳

②重婚でないこと（民法732条）

③再婚禁止期間を過ぎていること（民法733条１項）（※2016年改正）→ｐ.176註（１）

④一定の近親間の婚姻でないこと（民法734条～736条）

⑤未成年者は父母の同意があること（民法737条）※2022年4月1日に削除

また、民法に婚姻の当事者は異性でなければいけないという明確な条文はないが、憲法24条の条文などからも婚姻は男女間を予定している。すなわち、日本において、現状では同性間の婚姻は認められない。※各国の同性婚→p.13

問題は、性同一性障害の治療としての性別適合手術を受けた人の扱いであるが、最高裁判所は戸籍の性別の変更を認めてこなかったが、2003年に性同一性障害者特例法が成立して、一定要件における戸籍上の性別の変更が認められ、性別適合後の性別の婚姻も認められることとなった。

（３） 婚姻の効果

①　**同居・扶助の義務**　　民法752条[2]を根拠に同居を家庭裁判所に訴えることは可能である。しかし、現実問題として同居義務を強制することは出来ないとされている（大決昭和５年９月30日民集９巻929頁）。では、協力義務についてもいえることであるが、この規定は無意味かというと、拒否続ける場合は離婚要素として裁判上で考慮されることになる。

また、明文規定はないが、夫婦には貞操義務があるものとされ、配偶者から不貞行為の相手へ不法行為として慰謝料の請求が認められるケースもある[3]。しかし、婚姻が破綻してしまった後の不貞行為の不法行為の成立は否定されるし、場合によっては、不貞行為の相手側から夫婦の当事者に対しての慰謝料請

（２）民法752条　　夫婦は同居し、互に協力し扶助しなければならない。

（３）例えば最判昭和54年３月30日民集33巻２号303頁

求が認められたこともある(4)。

②　**法定夫婦財産制**　　法律上の夫婦になると、他人同士とは違った効果が生じるが、届出前に夫婦財産契約という法律で定められる内容と違った契約をすることも可能である。もっとも、その内容は、婚姻の届出前に登記しておかなくてはならず、日本においてはほとんど利用されていない。

法定の夫婦財産制度としては、婚姻費用の分担（民法760条）(5)、日常家事債務の連帯責任（民法761条）や夫婦別産制・帰属不明財産の夫婦共有の推定（民法762条）(6)が定められている。

婚姻費用の分担とは、衣食住を含めた生計費や子どもの養育費などである。問題は、夫婦関係が破綻した後の婚姻費用分担義務についてであるが、たとえ、別居していたとしても、一方が経済的に困窮している場合などは、その義務は生じていると考えられる。

③　**親族関係の発生**（民法725条）

④　**氏の共通**（民法750条）

⑤　**成年擬制**（民法753条）※2024年3月31日に削除

⑥　**相続**

⑦　**生命侵害に対する慰謝料請求権**（民法711条）(7)

２　離　　婚

（１）離婚をめぐる考え方

離婚も婚姻と同じで本来は当事者の離婚意思の合致があれば、国がそのことを止める理由はない。しかし、いったん婚姻した以上は、法的にも倫理的には

（4）例えば、最判昭和44年９月26日民集23巻９号1727頁

（5）民法760条　　夫婦は、その資産、収入その他一切の事情を考慮して、婚姻から生ずる費用を分担する。

（6）民法762条　　夫婦の一方が婚姻前から有する財産及び婚姻中自己の名で得た財産は、その特有財産とする。

２　夫婦のいずれに属するか明かでない財産は、その共有に属するものと推定する。

（7）民法711条　　他人の生命を侵害した者は、被害者の父母、配偶者及び子に対しては、その財産権が侵害されなかった場合においても、損害の賠償をしなければならない。

相手方への一定の責任があるし、まして、子には何も責任がない。

そのため、法は、協議離婚する時に未成年の子がいる場合は、父母の一方を親権者として定めなければならないとしている。この点、婚姻破綻に責任がある有責配偶者からの一方的な離婚は、昭和27年のいわゆる「踏んだり蹴ったり判決」[8]により認められていなかったが、昭和62年の最高裁判例の変更により、条件付きで認められるようになった[9]。

（2） 離婚の方法

①　**協議離婚**　　夫婦において離婚の合意が成立すれば、届出さえすれば裁判手続などを経なくても離婚することができる。このような離婚全体の9割をしめる離婚の形式を協議離婚という。この場合も、当然、離婚の意思という実質的要件は必要であり、知らない間に離婚届が出されてしまった場合などのために不受理申出制度がある。しかし、離婚の意思の内容をどのように考えるかは時にむずかしく、判例は「債権者からの強制執行を免れるための離婚」のようなケースも離婚は有効としている[10]。

②　**調停離婚**　　離婚の協議が成立しない場合は、裁判で離婚判決をもとめることになるが、家事審判法18条によってまず、調停にかけられる。調停は、当事者の合意を基礎とするものであるが、積極的な離婚合意の形成ではなく離婚回避の道筋も検討される。離婚の調停が成立すると確定判決と同じ効力を生じる。

なお、家庭裁判所は、双方に離婚の合意はあるが、条件等で調停がまとまらないような場合などに職権による審判離婚も可能であるが、異議が申立てられ

（8） 最判昭和27年2月19日民集6巻2号110頁

（9） 最大判昭和62年9月2日民集41巻6号1423頁は「有責配偶者からされた離婚請求であつても、夫婦の別居が両当事者の年齢及び同居期間との対比において相当の長期間に及び、その間に未成熟の子が存在しない場合には、相手方配偶者が離婚により精神的・社会的・経済的に極めて苛酷な状態におかれる等離婚請求を認容することが著しく社会正義に反するといえるような特段の事情の認められない限り、当該請求は、有責配偶者からの請求であるとの一事をもつて許されないとすることはできないものと解するのが相当である」とする。

⑽ 例えば大判昭和16年2月3日民集20巻70頁

内　縁

内縁とは、婚姻届のない婚姻の社会的実体のある男女の関係である。家制度の下での妻が出産するまで届出がなされなかった風習のケースから法律にしばられたくないという確信的ケースまでその態様はさまざまである。届出がない以上法的保護を一切与えないというのが形式的に導き出せるが、判例は氏の変更や、子の嫡出性、姻族関係の発生や相続権の発生等など以外の財産分与権、慰謝料請求権、死亡退職金の受給権や扶養義務等をケースよっては認めている。ただし、主義としての内縁について婚姻と準じて扱う必要性があるのかどうかなど、戸主の承諾の必要性など家制度に由来する制度的阻害要因がない現在、どこまで内縁の保護が必要であるかはむずかしい問題である。

るとその審判の効力は失われるので、その例は少ない。

③　**裁判離婚**　　調停で相手方が離婚に同意しない場合、離婚原因が認められれば、判決による離婚という裁判離婚がなされる。また、裁判離婚が使われるケースはこのほかにも、離婚の同意はあるが、財産分与や子どもの監護権等でもめている場合や相手方の主張する離婚理由に承服できない場合なども考えられる。民法770条は裁判離婚における５つの離婚原因を挙げているが、このような事由があった場合に必ず離婚が認められるわけではなく、裁判官の裁量に服せしめられている。→[5]

（３）離婚の効果

①　**婚姻の効果の解消**　　具体的には同居・協力義務などが消滅し、姻族関係も終了し、再婚も自由になる。ただし、子がいる場合は、婚姻費用のうちの養育費については、親であることには代わりがないのであるから免責されない。また、後述する財産分与請求権には離婚後生活に困窮する配偶者の扶養の意味合いも含まれていると考えられる。

②　**財産分与請求権**　　清算、扶養、損害賠償（慰謝料）。

③　**氏の扱い**　　婚姻の効果として氏の共通があり、本来なら、婚姻によって氏を改めた夫または妻は婚姻前の氏に戻るはずである。しかし、1976年に民法767条が改正されて「前項の規定によつて婚姻前の氏に復した夫又は妻は、

1

遺族年金の受給権訴訟

内縁の妻 勝訴確定

私立学校教職員共済に加入していた男性が死亡し、別居中の戸籍上の妻（75）と、神奈川県内で同居していた内縁の妻（56）のどちらに遺族共済年金の受給権があるかが争われた訴訟の上告審判決で、最高裁第一小法廷（泉徳治裁判長）は二十一日、内妻に受給権を認め、日本私立学校振興・共済事業団の不支給裁定を取り消した一、二審判決を支持し、同事業団の上告を棄却した。内妻の勝訴が確定した。

判決理由で同小法廷は、男性と戸籍上の妻は①長期間別居していた②生活費の負担など扶養・被扶養関係がなかった③婚姻関係を修復する努力をしていなかった――ことなどから「婚姻関係は実体を失って修復の余地がないほど形がい化していた」と指摘。一方、内妻については「夫婦同然の生活をしながら男性の収入で生計を維持していたうえ、男性が死亡するまで看護し続けた」として、内妻を年金支給対象の「遺族」と認定した。

判決によると、大学教員だった男性は一九五六年に妻と結婚したが、七八年ごろから別居。一方、内縁の妻は八四年ごろから男性と同居し、二〇〇一年に男性が死亡するまで生計を共にした。内縁の妻は同年二月、遺族年金の支給を請求したが、同事業団は同年十月に不支給の裁定をし、戸籍上の妻に支給した。

判決は裁判官五人のうち四人の多数意見。ただ横尾和子裁判官が反対意見として、別居後も戸籍上の妻らを大学宿舎に住まわせ宿舎料を支払っていたことから「婚姻関係が形がい化していたとはいえない」と述べた。

（2006年４月21日
日経新聞夕刊）

2

別居妻の生活費不足▼夫の将来収入差し押さえ

「開業医の診療報酬も可能」

最高裁 初判断

別居中の妻が生活費に困った場合、夫がサラリーマンなら将来の給与を一括して差し押さえられるが、開業医の診療報酬収入はどうなのか――。こんな問題が争われた裁判で、最高裁第3小法廷（藤田宙靖《ときやす》裁判長）が、「給与と同じく、診療報酬収入も差し押さえが可能」とする初判断を示していたことが分かった。

別居中の生活費や離婚後の養育費は毎月必要になるものだが、以前は、そのつど少額ずつしか差し押さえられず、手続き上の負担が大きかった。このため、政府の司法制度改革審議会が2001年に制度の改善を求め、04年施行の改正民事執行法で、将来分の給与を一括して差し押さえられる規定が設けられた。ところが、開業医の将来分の診療報酬収入についての規定はなく、法の〝空白〟となり、下級審では差し押さえを認めない例も多かった。

訴えていたのは、栃木県内で開業している歯科医の妻。05年2月、別居中の夫に対し、生活費を毎月5万2000円支払うよう命じた裁判所の決定が確定したものの、夫が支払いを拒んだため、将来分の診療報酬の差し押さえを求めた。

しかし、宇都宮地裁と東京高裁は、「診療報酬は患者との個別の契約が積み重なったもので、（給与のように）継続的な収入ではないから、前もって差し押さえられない」との決定をしたため、妻側が抗告した。

これに対し、第3小法廷は05年12月6日付の決定で、「保険医療機関に指定されていれば継続的に診療報酬を請求でき、定期的に支払いを受けられるから、給与と同じと見なせる」と指摘し、地裁、高裁の決定を破棄。差し押さえの命令を出すため、宇都宮地裁に差し戻した。

民事執行に詳しい裁判官によると、改正法の施行後、各地裁では将来分の診療報酬の差し押さえが問題となるケースが頻発していたという。妻側の中島章智《あきのり》弁護士は「最高裁は、診療報酬が医師にとって安定した収入となっている実態を直視して、社会通念にかなった判断をした。今後の差し押さえの実務に与える影響は大きい」と話している。

（2006年１月１日　読売新聞）

離婚の日から三箇月以内に戸籍法の定めるところにより届け出ることによつて、離婚の際に称していた氏を称することができる」という２項が追加された。ちなみに、離婚した妻の三分の一以上がこのような手続をしている。

→1　2　3

3　親　　子

（１）生物学的親子と法律学的親子

親子関係は、時に、法律的な関係であるといえる。例えば、子は親が死亡した場合の相続人としての地位を取得するし、親は親権者として未成熟の子の面倒をみるべき一義的な義務を負う。そして、親子関係としては、出産によるところの生物学的親子が、まず、連想されるであろう。

しかし、養子のように生物学的に親子でなくても法律学的に親子とされる場合もあるし、場合によっては、生物学的に親子であるのに法律学的にはただちに親子とされない場合も存在する。→6

法律的親子を大別すると、血のつながりを基礎として、法律上の婚姻から生まれた子を嫡出子、法律上の婚姻から生まれていない子を非嫡出子、そして、血のつながりを基礎としない養子の三つが挙げられる。

（2）嫡　出　子

嫡出子とは婚姻中の夫婦から生まれた子のことである。そして、婚姻中に妻が懐胎した子は夫の子である蓋然性が高く、立証の煩わしさを避けるために民法772条によって嫡出子と推定される。

また、婚姻後200日以内に生まれた子には本来なら民法772条の推定は及ばないはずであるが、戸籍上は嫡出子として扱われる（推定されない嫡出子）。

ただし、懐胎時期に夫が長期海外赴任中だったような嫡出推定が外観的に不自然な場合については、判例は推定が及ばないケース（表見嫡出子）を認めるが、その認定には慎重である。その理由としては、家庭の平和や父子関係の早期安定による子の養育が挙げられ、現実問題として、夫の意思に反してまで真実の血縁関係を明らかにすることに慎重な意見も多い。しかし、子どもには出生の事実を知り、法的に真実の親子関係の下で生活する権利があると思う。この点、DNA鑑定により父子関係不存在が明らかであるのに、嫡出推定の不存在確認を認めなかった平成26年7月17日の最高裁判決は問題があろう。→4

また、婚姻前に父が認知していた子は、父母の婚姻によって嫡出子たる身分を取得する。このことを婚姻準正という。また、婚姻後に認知した場合でも認知準正といって嫡出子たる身分を取得する。

（3）非 嫡 出 子

非嫡出子とは、父と母の間に婚姻関係がない子のことである。非嫡出子であ

3

結婚してない「パートナー関係」
「破棄の責任問えぬ」
最高裁　慰謝料請求認めず

子供はもうけたが、互いに束縛しないよう法律上の結婚はせず、住まいも生計も別にして好きなときに行き来する――。こんな関係にあった男女の片方が一方的に別れを告げた場合、もう一方は慰謝料を請求できるかが争われた訴訟の上告審判決が18日あった。最高裁第一小法廷（横尾和子裁判長）は「婚姻やこれに準じるもの（内縁）と同じように法的に保護する必要は認められない」と指摘。一方の意思で関係が解消されたとしても当事者に法的義務は発生しないとの初判断を示した。

当事者の男女は自分たちの関係について「パートナーシップ」などと呼び、新たな関係のあり方としてマスコミでも紹介されていた。結婚観が多様化する中、最高裁の法的な判断は注目される。

原告は大学教員の女性(47)、被告は会社員の男性(49)。一、二審判決によると、2人は85年以来、合意の上で「パートナーシップ」の関係を続けてきた。互いの家の合鍵を持ちあうことはなく、共有する財産もなかった。男性の希望で2子をもうけ、嫡出子とするために一時的に婚姻届を出したが、すぐに解消。養育責任はすべて男性側がもつことになっていた。

その後、男性は知り合った別の女性との結婚を考えるようになり、01年に関係解消を通告したため、女性は慰謝料を求めて提訴。一審は「関係の継続は強制できない」と請求を棄却したが、二審は「女性は関係継続の期待を裏切られた」として100万円の賠償を命じ、男性側が上告していた。

上告審判決で同小法廷は、2人は共同生活をしたことが全くない▽双方がこうした関係を将来にわたって続けることまで合意していた形跡はない――などと指摘。「一方的に関係を解消されたことで不満を抱くことは理解できるが、それをもって慰謝料請求権が発生する不法行為とは評価できない」と認定し、二審判決を破棄した。

別居2年4カ月　離婚請求認めず
最高裁判決

別居期間が2年4カ月では夫婦関係が破綻したとはいえず、有責配偶者（夫婦関係を壊す原因をつくった側）からの離婚請求は認められない。最高裁第一小法廷（横尾和子裁判長）は18日、こんな判断を示した。離婚訴訟では近年、有責配偶者からの請求でも事情に応じて認める方向が強まっているが、同小法廷は個々のケースを慎重に検討して判断すべきだという姿勢を改めて示した。

この訴訟では、広島市の夫(34)が別居中の妻(34)との離婚を求めて提訴。一審は請求を棄却したが、二審は夫の訴えを認め、妻側が上告した。同小法廷は二審判決を破棄し、夫の請求を退けた。

同小法廷は、夫について、他の女性と関係をもっていたとした一、二審の判断に従い、有責配偶者と認定。夫婦の同居期間が6年7カ月であるのに対し、その後の別居期間が2年4カ月しかない点をとらえ、「別居が相当の長期に及んでいるとはいえない」と述べた。

（2004年11月18日
朝日新聞夕刊）

4

「300日問題」一部救済へ
妊娠時期、胎児測り特定
「離婚後」なら現夫の子

「離婚後300日以内に生まれた子は前夫の子」と推定する民法772条を巡り、法務省は7日、妊娠した時期は離婚後と医師が証明できれば、300日以内に生まれた子でも裁判や調停なしに「現夫の子」として戸籍窓口で届けられるようにする民事局長通達を出した。超音波で胎児の頭から尻までの長さを測って妊娠した時期を特定する。21日から窓口で届け出を受け付ける。

21日から受け付け

300日以内に生まれた子は年間3千人とされ、通達で救済できるのは1割程度という。与党は議員立法案で救済できる範囲を広げようと検討しているが、法務省は「この対応で不十分とは思っていない」としている。

通達では、出生届を市町村に提出する際、医師が作成した「懐胎時期に関する証明書」の添付を求めている。医師は妊娠8週から11週と6日の段階で、胎児の頭から尻までの長さの「頭殿長《とうでんちょう》」を測ったうえ、「排卵した日と推定される日」を計算して妊娠した時期を特定。前後それぞれ約14日の幅を持たせて「○月×日から△月□日まで」と証明書に記載する。

他の算出方法をとることもできるが、医師の診断が遅れると算出できなくなる可能性がある。専門家によると、頭殿長の計測に基づく方法での誤差は約1週間におさまる。

民法の規定では、前提となる妊娠期間は約300日だが、平均的妊娠期間は250〜290日程度。前夫と法的に離婚してすぐ妊娠した場合や早産の場合に規定にかかりやすく、離婚の増加や医療技術の進歩でこうした例が増えているという。

今回の通達は、別居などで事実上の離婚はしているものの、裁判が長期化したり、家庭内暴力などの問題で法的離婚ができなかったりする人たちにとっては救済策にならない。このため、与党のプロジェクトチームでは、DNA鑑定などでこれらのケースを救済する特例新法を検討していたが、「不倫の子を認めることになる」などの反対論が噴出し頓挫。特定の事情がある場合のみ離婚前の妊娠でも現夫の子と認めたり、裁判手続きを迅速化したりする新たな立法案を検討しているが、国会提出の時期などの見通しは立っていない。

法務省通達で救済できる範囲

	法務省通達	当初の与党PT案	今後検討する与党案
離婚後に妊娠した場合	○（医師の証明書）	○（医師の証明書）	○（法務省通達を前提）
離婚前に妊娠した場合	×	○（DNA鑑定や陳述書など）	△（長期間別居の証明などを条件に。裁判の迅速化なども）

（2007年5月8日　朝日新聞）

※2016年に民法733条が改正されて、重複が推定されない場合は、即時に再婚可能となった。

っても両親と血縁関係はあるのであるが認知がなされないと法的な親子関係は当然には発生しない。この点、民法779条は「嫡出でない子は、その父又は母がこれを認知することができる」としているが、母子関係については分娩の事実によって母子関係は成立するので、認知が、事実上、問題になるのは父親についてということになる。

父親に認知がなされると、母親の戸籍に入り母親の氏を名乗っていた非嫡出子は、父親の戸籍に入り父親の氏を名乗ることも出来るようになり（民法791条1項）[10]、父親の財産の相続人になり、扶養料の請求も可能になる。

ただし、子が成人であると、逆に、父親の扶養義務を負う場合も考えられるので、民法782条は「成年の子は、その承諾がなければ、これを認知することができない」としている。

このように、非嫡出子とその親の関係は、当事者の意思がなければ親子関係が発生しないという意思主義が採られている。ただし、子自身が扶養等を受けられないことに何らの責任がないわけで、親の意思以上に法律上の親子関係を発生させるべきとも考えられるので、強制的に認知をさせるという認知の訴え[11]という制度も存在する。

（4）養　　子

養子制度とは血縁関係ではなく意思によって嫡出子と同様の親子関係を結ぶ制度であるが、婚姻と同じように契約としてとらえられる普通養子と子の福祉を優先して家庭裁判所の審判によって成立する特別養子とがある。

①　**普通養子**　　普通養子が成立する要件としては、届出という形式的要件のほかに実質的要件として縁組意思の合致という主観的要件のほかに次のような縁組障碍事由の不存在という客観的要件が必要となる。

i　養親は成年者（民法792条）　※成年年齢引き下げ後も20歳のまま

ii　尊属または年長者を養子とすることはできない（民法793条）

iii　後見人が被後見人を養子にするには家庭裁判所の許可が必要（民法794条）

iv　未成年者を養子とする場合の夫婦共同縁組（民法795条）[12]

v　配偶者がある者は養子縁組についての一方配偶者の同意（民法796条）[13]

---

(10)　民法791条1項　　子が父又は母と氏を異にする場合には、子は、家庭裁判所の許可を得て、戸籍法の定めるところにより届け出ることによつて、その父又は母の氏を称することができる。

(11)　民法787条　　子、その直系卑属又はこれらの者の法定代理人は、認知の訴を提起することができる。但し、父又は母の死亡の日から三年を経過したときは、この限りでない。

(12)　民法795条　　配偶者のある者が未成年者を養子とするには、配偶者とともにしなければならない。ただし、配偶者の嫡出である子を養子とする場合又は配偶者がその意思を表示することができない場合は、この限りでない。

vi　養子となる者が15歳未満の場合の法定代理人の代諾縁組（民法797条）

vii　未成年者を養子とする場合の原則としての家庭裁判所の許可（民法798条）

縁組されると「養子は、縁組の日から、養親の嫡出子たる身分を取得する」（民法809条）が、実親との親子関係は存続する。

また、離婚と同じように離縁することができ、離縁には協議離縁と裁判離縁がある。

② **特別養子**　未成熟児の養育という子の福祉を念頭に養親の感情にも配慮して1987年に導入されたのが特別養子制度である。

前述のように特別養子は契約ではなく普通養子の要件とは違う要件[14]を満たした上で家庭裁判所の審判によって成立する。縁組がなされると養子と実親とその血族との親族関係は、婚姻障害を除いて、終了する。

養親の養子の事実を世間に知られたくないという要請を受け、特別養子自身以外には特別養子縁組を直接検索できないような戸籍上の工夫がなされている。

---

(13)　民法796条　配偶者のある者が縁組をするには、その配偶者の同意を得なければならない。ただし、配偶者とともに縁組をする場合又は配偶者がその意思を表示することができない場合は、この限りでない。

(14)　民法817条の5　第817条の2に規定する請求の時に15歳に達している者は、養子となることができない。特別養子縁組が成立するまでに18歳に達した者についても、同様とする。

2　前項前段の規定は、養子となる者が15歳に達する前から引き続き養親となる者に監護されている場合において、15歳に達するまでに第817条の2に規定する請求がされなかったことについてやむを得ない事由があるときは、適用しない。

3　養子となる者が15歳に達している場合においては、特別養子縁組の成立には、その者の同意がなければならない。

817条の6　特別養子縁組の成立には、養子となる者の父母の同意がなければならない。ただし、父母がその意思を表示することができない場合又は父母による虐待、悪意の遺棄その他養子となる者の利益を著しく害する事由がある場合は、この限りでない。

817条の7　特別養子縁組は、父母による養子となる者の監護が著しく困難又は不適当であることその他特別の事情がある場合において、子の利益のため特に必要があると認めるときに、これを成立させるものとする。

817条の8　特別養子縁組を成立させるには、養親となる者が養子となる者を六箇月以上の期間監護した状況を考慮しなければならない。

2　前項の期間は、第八百十七条の二に規定する請求の時から起算する。ただし、その請求前の監護の状況が明らかであるときは、この限りでない。

また、①養親による虐待、悪意の遺棄その他養子の利益を著しく害する事由があること、②実父母が相当の監護をすることができることという二つの要件を満たしている場合に養子、実父母または検察官による離縁の請求が認められない限りは離縁はすることができず、養親からの離縁は認められない。

5

「不倫したら　妻が潔癖症になった」
夫が離婚請求
高裁が許しても
最高裁「許さぬ」

別の女性と交際している夫が、妻の潔癖症を理由に離婚を求められるかが争われた訴訟の上告審判決が十八日、最高裁第一小法廷であった。横尾和子裁判長は「別居が長期間とは言えず、子どもが幼いことを考えると、女性と関係を持った夫の離婚請求は許されない」と述べ、離婚を認めた二審判決を破棄して、請求を棄却した。夫の逆転敗訴が確定した。

この訴訟は、一九九四年に結婚した夫(34)が妻(34)に対して起こした。判決によると、夫は九九年ごろ、別の女性と交際を始め、二〇〇〇年、妻に交際の事実を告げて離婚話を持ち出した。

妻は、長男(8)を養育するうえで経済的に困窮する恐れがあるとして拒否。その後、夫が水道の蛇口やトイレを使用するとすぐに掃除したり、ネクタイを切断したりするようになり、二〇〇一年六月から別居状態となった。

夫は、「妻が病的な潔癖症のため、自宅で気が休まらず、婚姻を継続できない」として提訴。一審・広島地裁は請求を退けたが、二審・広島高裁は「清潔好きを夫に強要した妻の生活態度にも問題があり、将来正常な夫婦として生活できる見込みもない」として、離婚を認めていた。

(2004年11月18日　読売新聞)

6

赤ちゃんポスト許可
熊本市
月内にも開設

親が養育できない新生児を匿名で託す国内初の「赤ちゃんポスト」について、熊本市は5日、同市の慈恵病院（蓮田晶一院長）に設置を許可した。病院は今月中にも「こうのとりのゆりかご」として運用を始める方針。

幸山政史市長は5日、市役所で記者会見し、「ゆりかごで救われる命があり、直ちに法令に違反しているとは言い切れない」と許可理由を説明した。一方で、「捨て子が増える懸念も残る」とも指摘。その対策として市独自に24時間態勢で妊娠、出産の悩みに関する電話相談を今月中にも始めることを明らかにした。

幸山市長は、国に対して①妊娠の悩み相談態勢の拡充②運用上の課題が生じた場合は市からの相談に応じる③匿名出産について法的整備を行う――の3点を求める考えを示した。病院に対してはゆりかごの近くに児童相談所など公的機関への相談を促す看板を掲示する――ことなどを要望した。

慈恵病院はこの日、相談専用電話を設けたことや、新生児が置かれたら直ちに市と県、県警に連絡することなどを明らかにした。

〈関連記事38面〉

(2007年4月6日　読売新聞)

法学セクション9

第9章　法の限界

1　法の限界

法が社会秩序の維持に重要な役割を果たしていることは、これまで述べて来た通りであるが、同時に、法の限界を意識することも法を学ぶ上では大切なことといえよう。

法の限界については、以下の三つの視点で考察を試みるが、法の限界を意識する必要性は、法に限界があるから法の意義が低下することではなく、その上で、法の役割の重要性を再確認することにある。

2　法の技術的限界

完成された法律はないし、あり得ない。

成立時やある時点まで問題がなく機能していた法律であっても、社会の変化や科学技術の進歩はもとより、国民意識の変化等によって法律自体に不備や問題が生じてくる。そのような場合、法律の改正等をすることで立法的に問題を解決する必要があるのである。つまり、不可侵とされる憲法や法律の理念があるとしても、法律に完成形は存在せず、常にバージョンアップが必要となるのである。

この点、法の技術的限界の問題と国会の立法裁量に関わる問題を混同してはならない。民主的正当性のある国会は、唯一の立法機関であり、その立法行為（不作為を含む）は裁判所の違憲立法審査権によらなければ、制度的には、違憲判断はなされないのではあるが、①成立時より問題点の指摘される法律や、②為すべき立法行為を国会が怠るという立法の不作為の問題は、批判されるべきは国会であり、法律の技術的な限界とは区別して議論すべきであろう。

①の例では、2018年に成立した改正入管難民法では、外国人労働者の受け入

れの対象業種、人数や雇用契約の基準という人権に関わる内容までもが「法務省令で定める」と事実上の白紙委任であり、カジノを含むリゾート（ＩＲ）実施法も政省令で定める項目は331か所に上る。法律の本質的内容まで白紙委任する法律は、立法府たる国会での役割を放棄してすることのみならず、法律自体を形骸化させることになり問題である。

②の例では、一票の格差是正の法改正を積極的に行わない国会の姿勢と、改正直後の選挙ですぐに格差が指摘されて訴訟が提起されるような改正公職選挙法のあり方が指摘できよう。

また、明治32年に制定された「北海道旧土人保護法」は、その内容は、農地の無償交付や教育等と名目はアイヌ民族保護であったが、財産権の制限や供与に要する費用はアイヌの共有財産からの収益を用いて不足時は国庫から出すこと等、当初から問題があり、日本風氏名への改名による戸籍への編入等の同化政策が主たる目的であったことは否定できず、法律自体の問題が存在した。

また、この問題は、いわゆるアイヌ新法である「アイヌ文化の振興並びにアイヌの伝統等に関する知識の普及及び啓発に関する法律」の平成９年の成立まで長きにわたり続いたのである。このような、問題ある法律が放置されてきたことは、国会が立法的解決を怠るという立法不作為の問題であり、当初は正当な内容であった法律が、ある時点から問題を持つようになったという法の技術的限界の事例とは区別されるべき国会の責任の問題であるといえよう。→[1]

3　法の現実的限界

法律があれば、世の中の問題がなくなるわけではない。

罪刑法定主義により、刑法に触れる犯罪行為をすれば、通常、警察に逮捕された後、検察の起訴を経て、裁判で有罪が確定すれば、何らかの刑罰が科せられる。しかし、社会秩序の維持等を目的に刑法があり、機能していても、世の中から犯罪がなくなるわけではない。

また、憲法の要請を受けて、勤労者の権利を保護するために、労働基準法や最低賃金法が整備されている。しかし、最低賃金で１日８時間、週40時間働いたとしても、現実問題として、生活するのは不可能に近いし、そもそも、法律を順守しない事業所もあるだろう。

では、それらの法律は、社会にとって不必要かというと、決して、そのようなことはない。むしろ、警察が犯罪検挙率を上げたり、国会がより現実に即した内容に法律を整備し、法律が形骸化したり、社会と乖離しないようにしなければならない。

いかに優れた法律が成立しても、法整備だけで問題が解決される訳ではないことを自覚して、法律の内容以外の要因で法律機能が停滞することなきように国家は努め続ける必要があるのである。

4　法の本来的限界

そもそも、すべての問題が法律で解決できる訳ではない。

法の役割は社会秩序の維持であるが、解決可能であっても、法律に委ねることが好ましくない問題もあるのではないだろうか。

この点、社会の構成員の意識が変われば、法のあり方も変わってくる。従来、マナーの領域だった問題が、法律の問題、すなわち、国家による強制が関わるようになる「マナーからルールへ」の流れは、多くみられるところであるが、他者との関わりの問題であっても、法ではなく個人で解決すべき領域はあると思う。→2

例えば、失恋は、個人だけの問題ではないが、国家による「強制」を伴い法律で解決すべき問題といえようか。「恋愛基本法」のような法律を整備して、その内容として「別れる際は、３日以上前に文書で通知する」であるとか「別れる理由について家庭裁判所での説明を受けることができる」等を定めるようなことを法律で行うことを、私は妥当とは思えない。やはり、国家に委ねず、自身で解決しなければならない個人の領域は存在して、法律ですべての問題の解決を目指すべきではないのである。

法を学ぶという事は、法の限界を知った上で、法の重要性を再確認することであろう。

1

アイヌの人々の誇りが尊重される社会を実現するための施策の推進に関する法律

2007年の国連での「先住民族の権利宣言」を受けて、国会でも「アイヌ民族を先住民族とすることを求める決議」が採択された。そして、2019年4月に初めてアイヌ民族を「先住民族」と明記した本法律が成立した。但し、過去への補償や先住民族としての具体的な権利保障は規定されていない。

2

マナーから、ルールへ。そして、マナーへ

※安全で快適な千代田区の生活環境の整備に関する条例（平成14年成立）

平成11年のいわゆる「ポイ捨て禁止条例」は、ゴミのポイ捨てや公共の場での喫煙を努力義務として禁止したが、罰則規定はなかった。本条例は、日本で初めて、「路上禁煙地区」での喫煙や吸い殻のポイ捨てをした場合は、2万円以下の過料（当面は2000円）を罰則として適用している。

その後、品川区や大田区等のみならず、横浜市、京都市や那覇市等の罰則規定を明記する条例も全国に増えた。

憲法セクション

憲法セクション1

第10章　憲法とは何か

1　憲法の意味

憲法とは、その国が、人権条項などを整備して、どのような国を目指すのかを明らかにしている点で「その国の地図」であり、三権分立など国の統治のかたちを定めている点では「その国の設計図」といえるであろう。

そうであるなら、これから学ぶ憲法は、単に「憲法」という名称の法典（形式的意味の憲法）であったり、国家の統治組織などの統治体制の基礎を定めるだけのいかなる国家にも存在する憲法（固有の意味の憲法）のことではない。憲法の実質的意味に着目した時に、国家の組織や作用のみならず、立憲主義的意味の内容も定めた憲法（近代的意味の憲法）を意味するものである。

立憲主義的意味の憲法とは、専断的な権力を法によって制限して国民の権利を保障する立憲主義の思想に基づく憲法のことである。

2　憲法の特質

（1）　自由のための法

憲法に人権保障と統治機構が定められていても、統治機構の内容に「権力の分立」や「民主主義」的要素が含まれていなければ、真の近代的意味の憲法ということはできない。なぜなら、いくら人権保障が憲法でうたわれていても、権力が一極集中して、国民の政治的選択権等が保障されていないような統治機構では、人権尊重が絵に描いた餅になってしまうからである。憲法の第一の目的は国民の権利・自由の保障にほかならないのであるから、非民主的で権力が集中したりするような人権侵害の虞や修正が効かない統治機構ではだめなのである。

（2）　制 限 規 範

憲法とは、一次的には国家権力自身を律するものである。なぜなら、前述のように憲法は、国に対しての、「私たちの人権を保障して、そのための制度や組織を充実させせよ」という国民の要求に対する解答にほかならないからである。つまり、憲法は、国民のために組織や作用を整備する権限が与えられている法であり、各国家機関に権限を与えることができる（授権規範）のであるが、当然にその権限は無制約ではなく、国民の権利・自由を脅かすといった本末転倒なことは許されない。

（3）　最 高 法 規

授権規範たる憲法は、形式的に国法秩序において最も強い効力をもつ。しかし、憲法が存在しても、国民を規律するその他の法の内容が憲法の精神に反していたら、やはり、国民の権利・自由は確保されないことになってしまう。そのような事態を避けるためにも、憲法は国法秩序において最も強い効力をもつ必要があり、憲法の内容に反する一切の法令は認められない。

3　憲法の分類

これから、私たちの国の憲法である「日本国憲法」について学ぶに際し、その理解のために、いくつかの観点からの憲法の分類に触れておく必要がある。

（1）　成文憲法と不文憲法

憲法をその形式から分類すると、成文憲法と不文憲法に区別できる。両者の区別は、その名の通り、成文の憲法典が存在するかどうかである。例えば、不文憲法の例としてはイギリスが挙げられる。ただし、イギリスには単一の成文憲法が存在しないだけで多数の法律や慣習で憲法にあたる事項は定められている。

（2）　民定憲法と欽定憲法

憲法を制定する主体によって、民定憲法と欽定憲法に区別できる。国民によって制定された憲法が民定憲法、君主によって制定された憲法が欽定憲法である。

日本の場合は、明治憲法は発布勅語に「朕ガ……不磨ノ大典ヲ宣布ス」、同上諭に「朕ガ……大憲ヲ制定」とあるように欽定憲法であり、現憲法は前文に「日本国民は……この憲法を確定する」と宣言しているように民定憲法である。

この点、日本国憲法の民定性に関わる問題として、ポツダム宣言受諾やマッカーサーによる憲法草案作成などの日本国憲法成立の過程に着目する、いわゆる「押しつけ憲法論」の主張がある。

押しつけ憲法論は主に日本国憲法成立の歴史的事実からその自律性を問題にしているが、日本国憲法は、衆議院に関しては女性を含めた戦後新しく選出された議員の多数決で成立していることなどから、憲法の文言のみでなく、手続的にも民定憲法と認めてよいと思われる。

むしろ問題なのは、自律性より手続過程についてである。すなわち、日本国憲法は民定憲法であることを宣言しているのであるが、形式的には欽定憲法たる明治憲法を改正する形で誕生している。つまり、天皇主権を基本原理とする明治憲法が国民主権の憲法へと全面的に改正することが法的に認められるのかという疑問が、そこに存在する。

この点、宮沢俊義博士の「八月革命説」は、国民主権主義を要求するポツダム宣言を受諾した段階で、天皇主権は否定されて国民主権が成立し、一種の革命があったとみる。つまり、明治憲法の改正は便宜上であって、日本国憲法は、実質的には明治憲法の改正としてではなく、新たに成立した国民主権主義による民定憲法であると論ずるのである。

思うに、明治憲法の改正という旧体制との形式的連続の中から新しい価値概念の日本国憲法が誕生した経過を考えるならば、「八月革命説」の理論は明快であり、ポツダム宣言を受諾したこと自体が日本にとって大きな変換点となったのは歴史的事実である。しかし、ポツダム宣言受諾が御前会議で決まらずに聖断が下ったことにより決まったとされているように、革命というのであるならば、それは君主の判断ではなく、国民の判断によってなされなければならな

1　日本国憲法制定関連年表

1945年	2月4日	ヤルタ会談（米英ソ）
	3月9·10日	東京大空襲
	4月1日	米軍、沖縄本島へ上陸
	5月8日	ドイツ無条件降伏
	7月16日	米、原爆実験に成功
	7月26日	ポツダム宣言発表
	7月28日	鈴木首相、ポツダム宣言黙殺声明
	8月6日	米、広島に原爆投下
	8月8日	ソ連、対日宣戦布告
	8月9日	米、長崎に原爆投下
	8月10日	天皇聖断　御前会議でポツダム宣言受諾決定
	8月15日	正午に天皇の玉音放送
	8月28日	マッカーサー、厚木到着
	9月2日	ミズリー号上で降伏文書調印
	10月11日	マ元帥が幣原首相に憲法改正の示唆
	10月27日	憲法調査委員会（松本委員会）初会合
1946年	2月1日	毎日新聞、松本案をスクープ
	2月3日	マ元帥、総司令部憲法草案の作成を指示
	2月5日	民政局、総司令部案の作成に着手
	2月13日	総司令部案、日本政府に提示される
	2月22日	閣議で総司令部案に沿う憲法改正方針決定
	3月6日	「憲法改正草案要綱」を発表
	4月10日	はじめて女性の選挙権を認めた総選挙
	4月17日	「憲法改正草案」公表
	8月24日	衆議院、若干の修正を加えて可決（421対8）
	10月6日	貴族院、修正を加えて可決、衆議院へ回付
	10月7日	衆議院、貴族院からの回付を可決。日本国憲法成立
	11月3日	日本国憲法公布
1947年	5月3日	日本国憲法施行

い。そうであるなら、女性を含めた戦後新しく選出された議員によって成立した日本国憲法が公布された11月こそ革命と呼ぶにふさわしいのではないだろうか。→1

（３）　硬性憲法と軟性憲法

憲法が定める憲法改正の手続の厳格性によって、憲法は硬性憲法と軟性憲法に分類できる。すなわち、一般の法律を改正する手続と同等の手続で憲法が改正できる憲法を軟性憲法という。そうではなく、一般の法改正より議会の多数決の条件が厳しかったり、議会の議決以外に国民投票などの要件を付加している憲法を硬性憲法という。

ちなみに、日本国憲法は憲法改正に関して96条１項が「この憲法の改正は、各議院の総議員の三分の二以上の賛成で、国会が、これを発議し、国民に提案してその承認を経なければならない。この承認には、特別の国民投票又は国会の定める選挙の際行はれる投票において、その過半数の賛成を必要とする」としているように硬性憲法であるばかりか、今まで一度も改正されていない。

憲法セクション２

第11章　国民主権

憲法１条　天皇は、日本国の象徴であり日本国民統合の象徴であつて、この地位は、主権の存する日本国民の総意に基く。

憲法１条は、通常、天皇の地位を定めた規定であるとの説明がなされてきた。なるほど、主権者であり統治権の総攬者であった天皇が、日本国憲法では何ら権力的意味をもたない象徴という役割以外は国政に関する機能をもたなくなったということは注目に値する。しかし、明治憲法下においても天皇はその強大な権限からの派生で事実上象徴としての役割は担っていたのであり、天皇が象徴であること自体は、実は、目新しいことではない。

つまり、本条文で一番大切なのは、何よりも主権者が国民であるということの宣言であり、日本国憲法が国民主権をとっていることなのである。

1　国 民 主 権

国民主権とは、国政のあり方を最終的に決定する権力または権威が国民に存するとする原理のことである。具体的には、日本の国の舵をとるのは日本国民自身であり、選択した方角についての結果が良くても悪くても、それは国民に帰結するということでもある。ただし、国民主権とは国民自らが直接統治することを意味するものではない。具体的に日本では、国民から選ばれた議員からなる国会により制定された法に基づいて行政が行われている（間接民主制）。

2　主権の意味

憲法１条の「主権の存する日本国民」にいう「主権」の意味は、国政についての最終決定権を意味するものであるが、主権概念そのものに着目すると「主権」の意味はこれだけではない。

その他の「主権」の意味としては、第一に、統治権を表わす場合と、第二に最高独立性を表わす場合がある。

統治権の例としては、ポツダム宣言８項の「日本国ノ主権ハ、本州、北海道、九州及四国並ニ吾等ノ決定スル諸小島ニ局限セラルベシ」での主権で、国家の有する支配権といい換えられよう。

最高独立性の例としては、憲法前文３項の「自国の主権を維持し」という場合の主権であり、独立国家が他国に独立して存在することを意味する。

3　国民主権の実現方法

次に、国民に国政についての最終決定権が認められているとしても、国民は、どうやってその権限を行使するのだろうか。

少し具体的に考えてみると、ある高校で文化祭についての取組みは学生に任されているとしよう。その場合、学生が各種の事項を決定する手段として二つの方法が考えられる。すなわち、学生全員が集まって決めるという方法とクラスで選ばれた代表者が決めるという方法である。思うに、二つの違いは直接自らの判断を反映させられるかどうかであり、直接決定権を行使する方法は、自らの権利を行使したことについては非常に明快である。その点、代表者が決定権を行使した場合も、直接ではないかもしれないが、代表者選出に関しては自らの行使が認められ、そこに正当性を見出すことができる。つまり、どちらのやり方も民主的な方法と考えられるのである。

ここで、国民主権の定義に立ち戻ると、「国政のあり方を最終的に決定する権力」といった場合は自らが決定権を行使した時、「国政のあり方を最終的に決定する権威」といった場合は代表者が決定権を行使した時と考えられるのではないだろうか。

整理すると、国民主権の原理には二つの要素が含まれる。一つは、国のあり方を最終的に決定する権力を国民自身が行使するという権力的契機であり、もう一つは、国の選択を正当づける究極的な権威は国民に存するという正当性の契機である。

主権の権力性に重きをおく考え方は、直接決定するという要素が重視されるので、国民主権の主体としての「国民」は直接投票可能な「有権者」を予定し、あるべき民主主義の制度も直接民主制ということに結びつきやすい。

これに対して、主権の正当性に重きをおく考え方は、国家権力を正当化する権威の根拠に国民の存在と選択があればいいので、国民主権における「国民」を有権者に限定する必要はなく「全国民」を予定して、制度も代表民主制・議会制と結びつきやすいと考えられる。

日本国憲法は、前文1段で「正当に選挙された国会における代表者を通じて行動し」と代表民主制（間接民主制）を明示しているが、その他にも、憲法79条（国民審査）、憲法95条（住民投票）、憲法96条（国民投票）の三つの直接民主制的制度を予定している。

この点、2007年に成立した国民投票法は、2014年に改正されて投票権を年齢満18歳以上の日本国民が有することとされ（ただし、投票日が平成30年6月20日までは満20歳以上の者）、公務員の「勧誘運動」についても、裁判官や検察官、警察官などを除き認めることになった→1

1

改正国民投票法 成立

自民、改憲論議加速目指す

憲法改正の手続きを定める改正国民投票法が11日の参院本会議で、与党と立憲民主党などの賛成多数で可決、成立した。国政選などに導入済みの投票環境の向上策を国民投票にも反映し、投票の利便性を高めた。自民党は改憲に向けた投票環境が整ったとして、国会での改憲論議を加速化させたい考えだ。

今回の改正で、商業施設や駅に「共通投票所」を設け、投票機会を増やすことが可能となる。このほか、洋上投票を航海実習生らに拡大し、投票所に同伴できる子どもの対象年齢を広げることなどを盛り込んだ。

採決では、自民、公明、立民、日本維新の会、国民民主の各党などが賛成し、共産党などが反対した。

改正案は、与党と維新などが2018年6月に衆院に提出したが、計8国会、3年にわたって継続審議となっていた。立民が改憲に向けた環境整備を警戒し、採決に反対してきたためだ。

5月の衆院通過に先立ち、国民投票運動中のCM規制やインターネットの適正利用などについて、付則に「法施行後3年をめどに検討を加え、必要な法制上の措置、その他の措置を講ずる」と明記する修正を行った。立民の要求を自民が受け入れた。

修正を受け、立民は今国会での採決に同意したが、付則の解釈を巡っては見解が割れている。自民は、検討期間中の憲法改正原案の発議は「可能」との認識を示しているが、立民はCM規制などの議論を優先すべきだと主張している。

〈関連記事3・13面〉

改正国民投票法のポイント

- 商業施設や駅に「共通投票所」を設置
- 洋上投票の対象を航海実習生らに拡大
- 投票所に同伴できる子どもの範囲を「幼児」から「18歳未満」に拡大
- 悪天候などを理由に期日前投票を認める
- 天災などで投票日を延期する繰り延べ投票の告示期限を見直し
- 投票人名簿の縦覧制度を廃止
- 在外投票人名簿への登録期間を柔軟化

付則

CM規制などについて「法律の施行後3年をめどに検討を加え、必要な法制上の措置、その他の措置を講ずる」と明記

（2021年６月12日　読売新聞）

4　象徴天皇制

憲法２条　皇位は、世襲のものであつて、国会の議決した皇室典範の定めるところにより、これを継承する。

憲法３条　天皇の国事に関するすべての行為には、内閣の助言と承認を必要とし、内閣が、その責任を負ふ。

憲法4条　天皇は、この憲法の定める国事に関する行為のみを行ひ、国政に関する権能を有しない。
2　天皇は、法律の定めるところにより、その国事に関する行為を委任することができる。
憲法5条　皇室典範の定めるところにより摂政を置くときは、摂政は、天皇の名でその国事に関する行為を行ふ。この場合には、前条第一項の規定を準用する。
憲法6条　天皇は、国会の指名に基いて、内閣総理大臣を任命する。
2　天皇は、内閣の指名に基いて、最高裁判所の長たる裁判官を任命する。
憲法7条　天皇は、内閣の助言と承認により、国民のために、左の国事に関する行為を行ふ。
一　憲法改正、法律、政令及び条約を公布すること。
二　国会を召集すること。
三　衆議院を解散すること。
四　国会議員の総選挙の施行を公示すること。
五　国務大臣及び法律の定めるその他の官吏の任免並びに全権委任状及び大使及び公使の信任状を認証すること。
六　大赦、特赦、減刑、刑の執行の免除及び復権を認証すること。
七　栄典を授与すること。
八　批准書及び法律の定めるその他の外交文書を認証すること。
九　外国の大使及び公使を接受すること。
十　儀式を行ふこと。
憲法8条　皇室に財産を譲り渡し、又は皇室が、財産を譲り受け、若しくは賜与することは、国会の議決に基かなければならない。

（1）　象徴天皇

憲法1条は、「天皇は、日本国の象徴であり日本国民の統合の象徴であつて、この地位は、主権の存する日本国民の総意に基く」と規定し、日本が象徴天皇制であることを明記している。君主[(1)]に対する象徴としての表現は、日本国憲法特有なものではなく、1931年の、イギリスのウェストミンスター法前文[(2)]や1978年制定のスペイン憲法[(3)]にもみられる。

では、象徴とはどのような意味でどのような機能をもつのだろうか。

まず、言葉の意味から考えると、象徴とは、抽象的・無形的なものを表現する具体的・有形的な物象を指す言葉である。例えば、鳩をみて平和をイメージする場合、鳩を平和の象徴であるという。

この点、明治憲法においても、天皇は日本の象徴としての役割は果たしていた。それは、各国歴代の君主制国家の君主についても同じような帰結があったように、「象徴的役割」は、統治権といういわば「実」から社会的に連想される「名」の部分であるといえよう。例えば、イギリスではエリザベス女王は国家元首(4)であり、また、「国家統合の象徴」と考えられている。

つまり、本来、象徴という地位から特定の権限が見出されるということはなく、むしろ、一定の統治権などから象徴という地位がイメージされるのである。そうであるなら、最初に象徴という地位が国民主権を前提に明示されても、そこから天皇の機能を導き出すことはできない。むしろ、天皇の権能は、２条以下の規定によって明記されることによって、初めて明らかになるのである。

思うに、象徴天皇制とは、天皇には何ら実質的な権限がないという、いわば「実」のない状態での「名」だけの権威の存置である。つまり、象徴天皇制は、主権はもちろん統治権限もない反面、無答責で元首的役割を担う、いわば、ニュータイプの立憲君主制的モデルと考えられるのである。

また、象徴天皇制を一種の立憲君主制的制度と考えるなら、本来、民主主義の理念および平等原則に反する世襲制を憲法２条が規定している皇位継承についても、君主たる天皇を存続させる制度の必要性と特殊性から説明がつくのでないだろうか。

ただし、天皇の世襲制は、象徴天皇制の維持の観点から一定の理由が見出せるが、皇位を皇統に属する男系の男子たる皇族に限り、女帝を認めないという

（1）君主　　君主の要件は、一般に、①独任機関であること、②統治権者であるか少なくとも行政権の担任者であること、③対外的に国家を代表する地位にあること、④一般国民と違った身分を有すること、⑤その地位が世襲であること、⑥伝統的に特殊な威厳をもっていること、⑦国の象徴たる地位にあることといわれる。天皇は、④、⑤、⑥、⑦の要件を満たしているので一般人と異なる立場にあり、名目的な君主と考えてよいだろう。

（2）ウェストミンスター法　　前文「王位は、英連邦の構成国の自由な結合の象徴であり、これらの構成国は国王に対する共通の忠誠によって統合されている」。

（3）スペイン憲法56条　　国王は、国の元首であり、国の統一及び永続性の象徴である。

（4）元首　　元首の要件は、①対外的に国家を代表する資格をもつ最高国家機関であること、②統治権（少なくとも行政権）を担任する首長のことといわれる。天皇はこの要件を満たさないので、この概念からは元首とはいえない。しかし政府見解は、天皇が象徴の地位にあること、天皇が象徴として外国大公使の接受等の行為を行うこと（憲法７条９号）を勘案して、対外的には元首として位置付けてきた。

皇室典範[5]の規定は、男女平等の原則に反し、国民の総意にも反する疑いがある。

なお、皇位の継承等皇室に関する事項を規律する法律である皇室典範は、明治憲法下においては議会の干与を受けない特殊な法規範であったが、現憲法下においては、一つの法律にすぎず国会のコントロール下にあることに違いはない。→2　3　4　5

（2）　天皇の権能

明治憲法下の天皇は統治権者として国政全般を統治する地位にあった。これに対し、現行憲法上の天皇は、憲法6条および7条に限定列挙された各種任命や認証などの国事行為のみを行うことが許されている。

国事行為の実質的決定権の所在は、内閣総理大臣の指名権は国会にあり、最高裁判所長官の指名権は内閣であるなど他機関にあるので、国事行為の性格は、非権力的な形式的・儀礼的なものであるといえる。また、天皇は国事行為について自らの意思決定に基づき発議する権限は有しない。

さらに、そもそも限定された形式的・儀礼的な国事行為についても内閣の助言と承認を必要とする。なお、「助言と承認」は一つの行為とされていて、一度、助言をしたら、国事行為終了後にまた承認する必要はない。

内閣の関与は、本来儀礼的な国事行為についても厳格なコントロール下にお

（5）　皇室典範1条　　皇位は、皇統に属する男系の男子が、これを継承する。
　　皇室典範2条　　皇位は、左の順序により、皇族に、これを伝える。
　　一　皇長子
　　二　皇長孫
　　三　その他の皇長子の子孫
　　四　皇次子及びその子孫
　　五　その他の皇子孫
　　六　皇兄弟及びその子孫
　　七　皇伯叔父及びその子孫
　2　前項各号の皇族がないときは、皇位は、それ以上で、最近親の系統の皇族に、これを伝える。
　3　前二項の場合においては、長系を先にし、同等内では、長を先にする。

2

英王位継承 男女平等に

英連邦首脳が合意

ウィリアム王子の子から適用

英国王を国家元首とする英国、カナダ、ジャマイカなど英連邦16カ国の首脳会議が28日、オーストラリア西部パースであり、男子優先を定めた英王室の王位継承法について、男女に関係なく最初に生まれた子どもが王位につくように見直すことで合意した。

今後、各国での法改正をへて見直しが完了する。4月に結婚したウィリアム王子とキャサリン妃の子どもから適用される。王になる者は英国国教会がかつて対立していたカトリック教徒との結婚を禁じられていたが、この規定も廃止する。

1701年制定の王位継承法は女性の王位継承を認めてはいるが、男子が優先され、たとえば長子が女子で次の子が男子の場合は男子が王位につく。英国のキャメロン首相も「生活のあらゆる場面で男女平等が支持されている」と改正を提案していた。（ロンドン＝伊東和貴）

(2011年10月29日　朝日新聞)

3　皇室の構成図

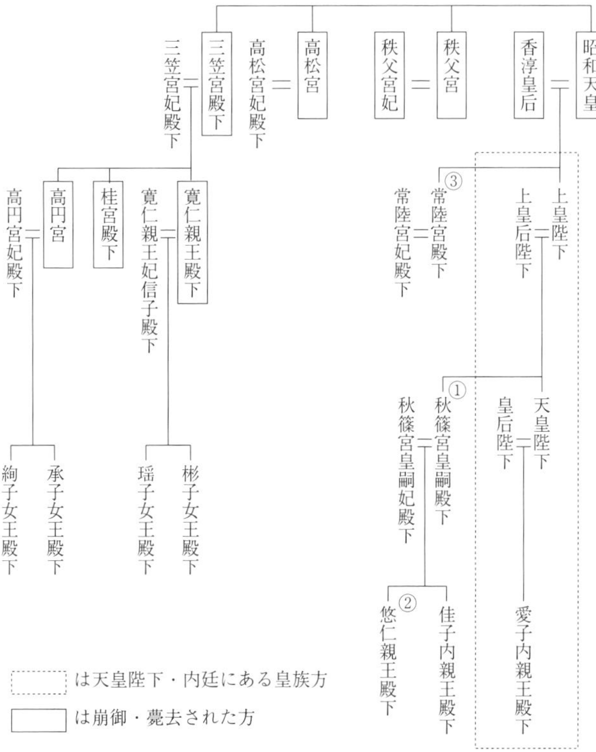

数字は皇位継承順位

き、天皇の権限が逸脱することがないように細心の注意を払うものである。また、逆に、内閣による厳格な規律は、国事行為の結果についての責任は内閣のみが負い、天皇は無答責であることを意味する。

天皇が成人に達していない時など(6)は、国事行為は摂政が代行する。

以上のように、憲法は天皇に対して、実質的決定権のないいわば「実」のな

---

(6)　皇室典範16条　　天皇が成年に達しないときは、摂政を置く。

2　天皇が、精神若しくは身体の重患又は重大な事故により、国事に関する行為をみずからすることができないときは、皇室会議の議により、摂政を置く。

[4]

女性天皇容認　皇位継承4案

まず「問題点議論」

皇室典範有識者会議

小泉首相の私的諮問機関「皇室典範に関する有識者会議」の吉川弘之座長は11日の第5回会合終了後、首相官邸で記者会見し、女性天皇を容認した場合に想定される皇位継承制度として政府側から示された4案の内容などを説明した。

吉川座長は、この日の会合について、「継承例は無数に考えられるが、（4案に関して）良い、悪いといった評価は行わず、それぞれの問題点を議論した」と述べた。また、今後の議論の方向性として、「分かりやすい継承ルールにすることが重要だ」などと強調した。

吉川座長の会見の要旨は次の通り。

▽考えられる皇位継承ルールの典型例を検討した。旧皇族が復帰した場合と養子を迎えた場合も別に想定して議論した。

▽考慮すべき点として、象徴という地位にふさわしい人を選ぶ制度にすることなど憲法上の要請、歴史と伝統の踏まえ方、制度の安定性、継承ルールが分かりやすいか、どの時点で継承順位が確定するか――などが委員から挙がった。

4案の皇位継承順位の例

•数字は皇位継承順位
•兄弟姉妹は右が年長

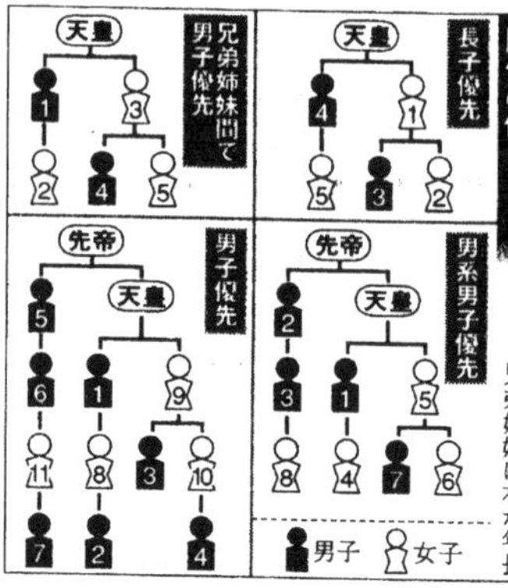

【長子優先】
男女を問わず天皇の直系、長子系を優先。出生順に継承順位が確定する。天皇直系の子孫がいる限り、天皇の兄弟やおじなどの「傍系」には移らない。

【兄弟姉妹間で男子優先】
天皇直系の子孫を優先するが、兄弟姉妹間では男子を優先。女子が先に生まれても弟が生まれた段階で弟が優先されるため、継承順位の確定は遅れる。

【男系男子優先】
直系だけでなく「傍系」も含めて男系男子を優先。直系の女子がいても、傍系に男系男子が誕生すると継承順位は後になる。このため順位の変動が起こりやすい。

【男子優先】
男系にこだわらず、女性皇族の子などの「女系」でも、男子であれば女子より優先する。母親を飛び越えて息子が即位する現象が起きうる。

（2005年５月12日　読売新聞）

い、任命などの権威的行為の「名」の部分だけをその機能として認めている。

この点、例えば、天皇の国会開会式での「おことば」や行幸啓などのような国事行為に含まれないが純然たる私的行為でもない行為を、どのように判断するのかが問題となる。国事行為以外の行為はすべて私的行為であると分類することも理論的には可能であるが、テニスの試合に参加するような私的行為と戦没者追悼集会に参列する行為はやはり区別されよう。つまり、私的行為以外の国事行為に含まれない公的な行為は一切憲法上認められないとする解釈は現実的ではない。大切なのは、公的行為をいかに分類するのかではなく、国民感覚

5

皇位継承策 国会に報告

首相　皇族数確保2案が軸

岸田首相は12日午前、安定的な皇位継承策などを検討した政府の有識者会議の最終報告を受け、衆参両院の正副議長に検討結果を報告した。皇族数の確保策として、皇族女子を結婚後も皇室に残す案と、旧皇族を養子縁組で皇籍に復帰させる案を軸とした。今後の議論は国会での与野党協議に移る。

首相は国会内で細田衆院議長と山東参院議長らと会談し、最終報告書を手渡した上で、「政府としてこれを尊重し、衆参両院に報告する」と述べた。細田氏は会談後、記者団に「各党に十分な時間をかけて検討してもらう段取りだ」と語った。両院議長は「まずは、各党・各会派において検討をお願いすることにしたい」との談話を発表した。

有識者会議は昨年12月、皇位継承資格者を拡大する具体策や女性宮家の創設の是非には踏み込まず、現在の皇位継承順位は維持した上で、①内親王（天皇の子と孫）・女王（ひ孫以降）が結婚後も皇族の身分を保持する②皇族の養子縁組を可能とし、皇統に属する男系男子を皇族とする――との皇族数確保策を柱とする最終報告をまとめた。

実現するには皇室典範の改正などが必要となるが、与野党の協議は難航も予想される。18日には松野官房長官が各党・会派の代表者に説明する場を設ける。

２０１７年に成立した平成の天皇陛下の退位を実現する特例法の付帯決議は、政府に安定的な皇位継承策や女性宮家の創設を速やかに検討し、国会に報告するよう求めていた。

報告のポイント

▷悠仁さままでの皇位継承順位は維持
▷次の代以降の皇位継承は、悠仁さまの年齢や結婚などの状況を踏まえて議論を深める
▷皇族数の確保策として、①内親王・女王が結婚後も皇族の身分を保持する②皇族の養子縁組を可能とし、皇統に属する男系男子を皇族とする――の検討を進める

（2022年１月12日　読売新聞夕刊）

※検討課題とされた、皇族数の確保としての①女子の結婚後も皇族の身分保持、②旧皇族男子を養子とすることを可能にする等は、問題の根本的解決に繋がらないばかりか、税金の無駄使いに通じる恐れすらある。

6

「国会の使命達成を希望」

天皇陛下　議会開設110年でお言葉

国会は二十九日午前、一八九〇年（明治二十三）十一月二十九日の帝国議会開院式から百十年を迎えたことを記念し、参院本会議場に天皇、皇后両陛下と秋篠宮ご夫妻をお迎えして議会開設百十年記念式典を開催した。

式典には、綿貫衆院議長、井上参院議長、森首相、各閣僚ら約千人が出席。天皇陛下は「国会が、国権の最高機関として、我が国の繁栄と世界の平和のため果たすべき責務は、いよいよ重きを加えていると思います。先人の努力をしのび、決意を新たにして、国会の使命達成のため一層尽力されることを切に希望します」とのお言葉を述べられた。

これに先立ち、綿貫、井上両議長は「議会制民主政治の健全な発展のために最善の努力をつくし、国民の期待にこたえたい」などと式辞を述べた。

共産党は式典を欠席した。

議会開設百十年記念行事の一環として、国会は十二月一日から七日まで憲政記念館で、江戸時代から最近までの議会に関する書簡、メモなどの資料を展示。二、三両日には、国会特別参観を開催する。

議会開設110年記念式典でお言葉を述べる天皇陛下（午前11時10分）

（2000年11月29日　読売新聞夕刊）

に合った公務や行幸啓が、天皇が政治的に利用されることなく、法的なコントロール下で行われるようなシステムの創設であると思う。→6

（３）　皇室経費

憲法88条　すべて皇室財産は、国に属する。すべて皇室の費用は、予算に計上して国会の議決を経なければならない。

現憲法は、「すべて皇室の費用は、予算に計上して国会の議決を経なければならない」（88条）と規定し、戦前の如き皇室への富の集中化を抑制している。同様の趣旨で、皇室の財産授与についても「国会の議決に基かなければならない」（８条）と規定している。予算を計上して国会で議決の対象となる皇室費は内廷費、宮廷費、皇族費の三つに分かれる。

①　**内廷費**　天皇・内廷にある皇族の日常の費用その他内廷諸費にあてるもので、法律により定額が定められ、平成26年度は、３億2,400万円であった。

②　**宮廷費**　　儀式、国賓・公賓等の接遇、行幸啓、外国ご訪問など皇室の公的ご活動等に必要な経費、皇室用財産の管理に必要な経費、皇居等の施設の整備に必要な経費などで、平成26年度は、55億6,304万円であった。

③　**皇族費**　　皇族としての品位保持の資にあてるためのもので、各宮家の皇族に対し年額により支出される。皇族費の基礎となる定額は法律により定められ、平成26年度の皇族費の総額は、２億6,281万円であった。

なお、皇族費には、皇族が初めて独立の生計を営む際に一時金として支出されるものと皇族がその身分を離れる際に一時金として支出されるものもある。

憲法セクション３

第12章　平和主義

憲法９条　　日本国民は、正義と秩序を基調とする国際平和を誠実に希求し、国権の発動たる戦争と、武力による威嚇又は武力の行使は、国際紛争を解決する手段としては、永久にこれを放棄する。

２　前項の目的を達するため、陸海空軍その他の戦力は、これを保持しない。国の交戦権は、これを認めない。

日本国憲法は、国民主権、基本的人権の尊重と並び平和主義をその基本原則としている。この平和主義は、第二次世界大戦において国外的には近隣諸国に対して多大な損害を与え、また、国内的には多くの若者を二度と帰らぬ戦地におくったという悲惨な体験を踏まえ、戦争に対する深い反省に基づいて採用されたものである。

では、具体的に平和主義とはどのような内容をもつのであろうか。それには、憲法９条の「戦争放棄」・「戦力の不保持」等の文言を中心とした解釈だけでなく、前文２段「日本国民は、恒久の平和を念願し、人間相互の関係を支配する崇高な理想を深く自覚するのであつて、平和を愛する諸国民の公正と信義に信頼して、われらの安全と生存を保持しようと決意した。われらは、平和を維持し、専制と隷従、圧迫と偏狭を地上から永遠に除去しようと努めてゐる国際社会において、名誉ある地位を占めたいと思ふ。われらは、全世界の国民が、ひとしく恐怖と欠乏から免かれ、平和のうちに生存する権利を有することを確認する」との、日本の目指す平和は決して日本だけの平和ではなく世界の平和であるという国際協調に基づいた恒久平和主義の概念も加味して考える必要がある。

１　憲法９条の解釈

（１）　第１項の解釈

①　国際紛争を解決する手段　　Ａ説は、国際法の用例[1]により、「国際紛争を解決する手段としての戦争」は「国家の政策の手段としての戦争」のことをいい、具体的には侵略戦争を意味する。この解釈での戦争の放棄は、自衛戦争のみならず制裁戦争も禁止されていないことになる。

Ｂ説は、国際紛争を解決する手段とは侵略戦争・自衛戦争・制裁戦争のすべてを含むものと解する。前文で「平和を愛する諸国民の公正と信義に信頼して、われらの安全と生存を保持しようと決意した」とまでいっていることなどを考えれば単に侵略戦争だけを宣言しているとは考えにくいとする。

②　国権の発動たる戦争　　国権の発動たる戦争とは、単に戦争というのと同義であるが、宣戦布告によって開始される国際法規の適用を受けるものを指す。

③　武力の行使　　武力の行使とは、現実に武力を行使して外国と戦闘行動をする宣戦布告なしで行われる事実上の戦争のこと。

④　戦争放棄の範囲　　Ａ説からは侵略戦争のみ放棄すると解する制限放棄説が導き出される。

（１）　例えば、

不戦条約１条　　締約国ハ国際紛争解決ノ為戦争ニ訴フルコトヲ非トシ且其ノ相互関係ニ於テ国家ノ政策ノ手段トシテノ戦争ヲ抛棄スルコトヲ其ノ各自ノ人民ノ名ニ於テ厳粛ニ宣言ス

国連憲章２条Ⅲ　　すべての加盟国は、その国際紛争を平和的手段によつて国際の平和及び安全並びに正義を危くしないように解決しなければならない。

Ｂ説からは侵略戦争・自衛戦争・制裁戦争のすべてを放棄すると解する全面放棄説が導き出される。

（２）　第２項の解釈

①　**前項の目的を達するため**　　甲説は、「前項の目的」を戦争放棄にいたった動機を全般的に指すと解し、戦力の不保持は無条件であり、自衛のための戦力も保持することはできないとする。憲法制定当初の政府の見解である。

乙説は、「前項の目的」を「国際紛争を解決する手段としては」と解し、戦力不保持の範囲は侵略戦争の放棄という目的に限定されるとする。侵略戦争目的以外の戦力保持は許されることになる。

②　**戦　力**　　戦力とは、軍隊および軍事力を備えた実力部隊を意味する。軍隊とは、外敵の攻撃に対し実力をもって抵抗し、国土を防衛することを目的として設けられる人的および物的手段の組織体をいう。警察力は外敵と戦うのでなく国内の治安維持が任務の目的であり、戦力ではない。

③　**交戦権**　　ｉ説は、交戦状態すなわち戦争状態に入った場合の占領地行政などの交戦国に国際法上認められる権利と解する見解である。この見解に沿えば、交戦権の放棄は個別的自衛権の行使自体は否定されない。

ⅱ説は、国家が戦争を行う権利と解する見解である。この見解をとれば、自衛戦争を含むいかなる戦争も否定されることになる。

（３）　政府の見解

憲法制定当初の政府見解は、日本の自衛権と交戦権を否定していた。しかしその後は見解を改め、「自衛のための必要最小限度の自衛力」（自衛力は戦力にあたらない）を認めるようになり、自衛隊は合憲であるとした。その経緯は次の通りである。

①　憲法制定当時「第９条２項に於いて一切の軍備と交戦権を認めない」（1946吉田内閣）

↓

② 警察予備隊設置「自衛権の存在することは明らかであって」(1950・1吉田内閣)、「警察予備隊は治安維持を目的としているので軍隊ではない」(1950・7吉田内閣)

↓

③ 警察予備隊が保安隊と警備隊に改組・増強「戦力とは近代戦争遂行に役立つ程度の装備・編成を具えたもの」(1952・11・25吉田内閣統一見解)

↓

④ 保安隊・警備隊が自衛隊に改組「戦力とは自衛のため必要最小限度の程度をこえるもの」(1972・11田中内閣)

つまり、自衛隊は戦力にあたらないとする(従来の政府見解)。→①　②

2　自衛隊の合憲性

9条の解釈について政府見解と併せて考えてきたが、そもそも、9条1項について「国際紛争を解決する手段としての戦争」に自衛戦争が含まれると解釈したり(B説)、2項の「戦力」について「一切の戦力が含まれる」と解釈したり(甲説で自衛権が戦力に含まれるとする)、交戦権を単に戦いを交える権利と解釈すれば(ii説)、自衛隊は、即違憲ということになる。以下、主な説の組み合わせで整理する。

	国権の発動たる戦争	前項の目的たる戦力	交戦権
合憲の場合	A説	乙説	i説
	A説	甲説Ⅰ(自衛力含まない)	i説
違憲の場合	B説	何説でも	何説でも
	A説	甲説Ⅱ(自衛力含む)	何説でも
	何説でも	何説でも	ii説

つまり、自衛隊が合憲になるのは、〈A説＋乙説＋i説〉か政府見解の〈A説＋甲説Ⅰ(自衛力は戦力でない)＋i説〉の場合であるが、戦力と自衛力の区

1　憲法第9条についての旧政府見解（2014年6月30日まで）

1　自衛権

憲法9条は戦争を放棄し、戦力の保持を禁止しているが、これによってわが国が主権国家としてもつ固有の自衛権までも否定されるものではなく、この自衛権の行使を裏付ける自衛のための必要最小限の防衛力を保持することは同条の禁止するところではない。

2　保持し得る自衛力

わが国が憲法上保持し得る自衛力は、自衛のための必要最小限度のものでなければならない。

自衛のための必要最小限度の実力の具体的な限度は、その時々の国際情勢、軍事技術の水準その他の諸条件により変わり得る相対的な面を有するが、憲法第9条第2項で保持が禁止されている「戦力」に当たるか否かは、わが国が保持する全体の実力についての問題である。自衛隊の保有する個々の兵器については、これを保有することにより、わが国の保持する実力の全体がこの限度を超えることとなるか否かによって、その保有の可否が決せられる。

しかしながら、個々の兵器のうちでも、性能上専ら相手国の国土の壊滅的破壊のためにのみ用いられる、いわゆる攻撃的兵器を保有することは、これにより直ちに自衛のための必要最小限度の範囲を超えることとなるため、いかなる場合にも許されない。したがって、例えば、ICBM、長距離戦略爆撃機、あるいは攻撃型空母を自衛隊が保有することは許されない。

3　自衛権発動の要件

自衛権の発動は、いわゆる自衛権発動の三要件、すなわち、

①　わが国に対する急迫不正の侵害があること

②　この場合にこれを排除するために他に適当な手段がないこと

③　必要最小限度の実力行使にとどまるべきこと

の三つに該当する場合に限られる。

4　自衛権を行使できる地理的範囲

わが国が自衛権の行使としてわが国を防衛するため必要最小限度の実力を行使できる地理的範囲は、必ずしもわが国の領土、領海、領空に限られないが、それが具体的にどこまで及ぶかは個々の状況に応じて異なるので、一概には言えない。

しかしながら、武力行使の目的をもって武装した部隊を他国の領土、領海、領空に派遣するいわゆる海外派兵は、一般に自衛のための必要最小限度を超えるものであって、憲法上許されないと考えている。

5　集団的自衛権

国際法上、国家は、集団的自衛権、すなわち、自国と密接な関係にある外国に対する武力攻撃を、自国が直接攻撃されていないにもかかわらず、実力をもって阻止する権利を有しているものとされている。わが国が、国際法上、このような集団的自衛権を有していることは、主権国家である以上当然である。しかし、憲法第9条の下において許容されている自衛権の行使は、わが国を防衛するため必要最小限度の範囲にとどまるべきものであると解しており、集団的自衛権を行使することは、その範囲を超えるものであって、憲法上許されないと考えている。

6　交戦権

憲法第9条第2項は、「国の交戦権は、これを認めない」と規定しているが、わが国は、自衛権の行使に当たっては、すでに述べたように、わが国を防衛するため必要最小限度の実力を行使することは当然のことと認められており、その行使は、交戦権の行使とは別のものである。

別が困難であり、かなりのレトリックを必要とする。

また、自衛隊違憲説の主張するように、恒久平和を願い国際協調を旨として戦争放棄を明文化している日本国憲法は、自衛戦争を含めたあらゆる戦争を放棄し、一切の武器を保持しないことを理念として制定されたと思われる。

しかし、地域紛争や大規模テロが頻発する現状において、一億数千万の国民を抱える国家が、何ら自衛権の行使をしない状態がはたして許されるのかは現実的に疑問である。そもそも、自衛権は他国との関係では権利と考えて放棄することも許されるかもしれないが、国と国民との関係では義務であり、放棄することは結果的に国民の生命・身体・財産を含む権利を見捨てることとなり許されないのではないだろうか。また、国民の権利を守ることと日本が再び戦争の惨禍を繰り返さないという憲法の誓いとは相反するものではない。

思うに、平和主義のあるべき議論は、文理的に「そもそも自衛隊は違憲である」という結論のストップモーションではなく、自衛隊のあり方論をも含めたもっと現実的で未来思考な議論が望ましい。つまり、日本国憲法の基本原則たる平和主義の実現は、自衛隊の合憲性の是非で完結すべきでなく、自衛隊の予算、人員等や個々の具体的活動を検討すべきなのである。

確かに、憲法の崇高な理念、政府の自衛隊に関する見解の変遷の姿勢からくる不信感、また、近隣諸国への十分な配慮の必要性からすれば、今までの憲法学界の通説が自衛隊違憲説を支持してきたことも理解できる。→③

しかし、憲法で国際協調をうたいながら、国連決議に基づく武力の行使を伴わない国連平和維持活動や海外の災害に対する国際緊急援助活動などへの参加までもが、自衛隊の違憲性を理由に何か後ろめたい活動と評価され積極的に議論できないことは、平和主義が日本国内のみならず、世界の平和を希求していることからも問題ではないだろうか。また、日本国民自身に関係する自衛隊の災害派遣、原子力災害派遣や海外の邦人救助などの活動までもが、自衛隊の既成事実の積み上げとの批判的評価で終始してしまうのは、行為の本質を欠落させていて疑問である。

2　国の存立を全うし、国民を守るための切れ目のない安全保障法制の整備について

（抜粋）

平成26年7月1日　国家安全保障会議決定
閣議決定

憲法第9条の下で許容される自衛の措置

(1) 我が国を取り巻く安全保障環境の変化に対応し、いかなる事態においても国民の命と平和な暮らしを守り抜くためには、これまでの憲法解釈のままでは必ずしも十分な対応ができないおそれがあることから、いかなる解釈が適切か検討してきた。その際、政府の憲法解釈には論理的整合性と法的安定性が求められる。

したがって、従来の政府見解における憲法第9条の解釈の基本的な論理の枠内で、国民の命と平和な暮らしを守り抜くための論理的な帰結を導く必要がある。

(2) 憲法第9条はその文言からすると、国際関係における「武力の行使」を一切禁じているように見えるが、憲法前文で確認している「国民の平和的生存権」や憲法第13条が「生命、自由及び幸福追求に対する国民の権利」は国政の上で最大の尊重を必要とする旨定めている趣旨を踏まえて考えると、憲法第9条が、我が国が自国の平和と安全を維持し、その存立を全うするために必要な自衛の措置を採ることを禁じているとは到底解されない。一方、この自衛の措置は、あくまで外国の武力攻撃によって国民の生命、自由及び幸福追求の権利が根底から覆されるという急迫、不正の事態に対処し、国民のこれらの権利を守るためのやむを得ない措置として初めて容認されるものであり、そのための必要最小限度の「武力の行使」は許容される。これが、憲法第9条の下で例外的に許容される「武力の行使」について、従来から政府が一貫して表明してきた見解の根幹、いわば基本的な論理であり、昭和47年10月14日に参議院決算委員会に対し政府から提出された資料「集団的自衛権と憲法との関係」に明確に示されているところである。

この基本的な論理は、憲法第9条の下では今後とも維持されなければならない。

(3) これまで政府は、この基本的な論理の下、「武力の行使」が許容されるのは、我が国に対する武力攻撃が発生した場合に限られると考えてきた。しかし、冒頭で述べたように、パワーバランスの変化や技術革新の急速な進展、大量破壊兵器などの脅威等により我が国を取り巻く安全保障環境が根本的に変容し、変化し続けている状況を踏まえれば、今後他国に対して発生する武力攻撃であったとしても、その目的、規模、態様等によっては、我が国の存立を脅かすことも現実に起こり得る。

我が国としては、紛争が生じた場合にはこれを平和的に解決するために最大限の外交努力を尽くすとともに、これまでの憲法解釈に基づいて整備されてきた既存の国内法令による対応や当該憲法解釈の枠内で可能な法整備などあらゆる必要な対応を採ることは当然であるが、それでもなお我が国の存立を全うし、国民を守るために万全を期す必要がある。

こうした問題意識の下に、現在の安全保障環境に照らして慎重に検討した結果、我が国に対する武力攻撃が発生した場合のみならず、我が国と密接な関係にある他国に対する武力攻撃が発生し、これにより我が国の存立が脅かされ、国民の生命、自由及び幸福追求の権利が根底から覆される明白な危険がある場合において、これを排除し、我が国の存立を全うし、国民を守るために他に適当な手段がないときに、必要最小限度の実力を行使することは、従来の政府見解の基本的な論理に基づく自衛のための措置として、憲法上許容されると考えるべきであると判断するに至った。

(4) 我が国による「武力の行使」が国際法を遵守して行われることは当然であるが、国際法上の根拠と憲法解釈は区別して理解する必要がある。憲法上許容される上記の「武力の行使」は、国際法上は、集団的自衛権が根拠となる場合がある。この「武力の行使」には、 他国に対する武力攻撃が発生した場合を契機とするものが含まれるが、憲法上は、あくまでも我が国の存立を全うし、国民を守るため、すなわち、我が国を防衛 するためのやむを得ない自衛の措置として初めて許容されるものである。

(5) また、憲法上「武力の行使」が許容されるとしても、それが国民の命と平和な暮らしを守るためのものである以上、民主的統制の確保が求められることは当然である。政府としては、我が国ではなく他国に対して武力攻撃が発生した場合に、憲法上許容される「武力 の行使」を行うために自衛隊に出動を命ずるに際しては、現行法令に規定する防衛出動に関する手続と同様、原則として事前に国会の承認を求めることを法案に 明記することとする。

③　文部省『あたらしい憲法のはなし』(1947年8月)

「みなさんの中には、こんどの戦争に、おとうさんやにいさんを送りだされた人も多いでしょう。ごぶじにおかえりになったでしょうか。それともとうとうおかえりにならなかったでしょうか。また、くうしゅうで、家やうちの人を、なくされた人も多いでしょう。いまやっと戦争はおわりました。二度とこんなおそろしい、かなしい思いをしたくないと思いませんか。こんな戦争をして、日本の国はどんな利益があったでしょうか。何もありません。ただ、おそろしい、かなしいことが、たくさんおこっただけではありませんか。戦争は人間をほろぼすことです。世の中のよいものをこわすことです。

そこでこんどの憲法では、日本の国が、けっして二度と戦争をしないように、二つのことをきめました。その一つは、兵隊も軍隊も飛行機も、およそ戦争をするためのものは、いっさいもたないということです。これからさき日本には、陸軍も海軍も空軍もないのです。これを戦力の放棄といいます。放棄とは、「すててしまう」ということです。しかしみなさんは、けっして心ぼそく思うことはありません。日本は正しいことを、ほかの国より先に行ったのです。世の中に、正しいことぐらい強いものはありません。

もう一つは、よその国と争いごとがおこったとき、けっして戦争によって、相手をまかして、じぶんのいいぶんをとおそうとしないということをきめたのです。おだやかにそうだんをして、きまりをつけようというのです。なぜならば、いくさをしかけることは、けっきょく、じぶんの国をほろぼすようなはめになるからです。また、戦争とまでゆかずとも、国の力で、相手をおどすようなことは、いっさいしないことにきめたのです。これを戦争の放棄というのです。そうしてよその国となかよくして、世界中の国が、よい友だちになってくれるようにすれば、日本の国は、さかえてゆけるのです。」

3　日本の目指す平和主義

(1)　戦争放棄について

日本国憲法以外にも侵略戦争を否定している憲法は、同じ敗戦国の1949年ドイツ連邦共和国基本法26条や1947年イタリア憲法11条のみならず、1946年フランス憲法前文、1967年ブラジル憲法7条や1987年大韓民国憲法5条などにもみ受けられる。これらの憲法は、侵略戦争の放棄のみを規定しているのであるが、平和条項の規定のない憲法も多数存在する中では平和憲法たる評価を受けている。

では、日本の目指す平和主義の「戦争放棄」は、結局のところ「侵略戦争の放棄」のみを意味するのだろうか。結論からいうと、日本国憲法の「世界に先駆けて類のない憲法」たる所以は、9条の戦争放棄が、「侵略戦争の放棄」のみでなく「集団的自衛権の放棄」までも意図しているところにあると思う。

（2） 集団的自衛権の放棄

国際協調主義を宣言する日本が期待する国連の理念は、加盟各国が軍備増強や軍事同盟に頼るのではなく、紛争等に対しては加盟各国が集団となって対処する集団安全保障（collective security）にある。しかし、安保理事会における拒否権の存在や常設の国連軍の未整備などが理由となって国連の有効な活動が開始されるまでは時間がかかる。そこで、国連憲章51条は「この憲章のいかなる規定も、国際連合加盟国に対して武力攻撃が発生した場合には……個別的又は集団的自衛の固有の権利を害するものではない」と規定して個別的または集団的自衛権の行使を認めている。

集団的自衛権とは、同盟国等が武力攻撃を受けた場合に自国は武力攻撃を受けていなくても、同盟国と共同して相手国に対して武力攻撃をできる権利と考えられている。つまり、国際社会において集団的自衛権は、日本でも否定されていないと考えられる自衛権（＝個別的自衛権）と共に国家固有の権利として認められているのである。

しかし、日本は、日本国憲法の目指す平和主義実現のために集団的自衛権を放棄していると考えられる。

思うに、平和主義という概念の国際的意義と人権との関連性を考えれば、平和主義が、そもそも、日本独自の内容であるはずはなく、世界的認識の広がりこそが日本国憲法の意図するところでもある。つまり、平和主義は21世紀の現代ではまさに「国民主権」や「人権尊重」と同じ世界社会の目指す共通語なのである。

そして、日本はその中で世界的な固有の権利である個別的自衛権と集団的自衛権のうち、国家としての国民の権利を守るという義務の放棄を伴わない集団的自衛権については、あえてそれを選択しない方法を目指すのである。その理念的理由は、集団的自衛権は集団的保障体制が適切に機能する前段階に認められる各国間の独自の判断による同盟を前提にする概念であるが、個別の同盟を前提にした集団的自衛権行使が発動される必要のない国際的制度の確立こそが日本の目指す国際体制であり、そもそも、日本は国際社会においても武力によ

4　自衛隊に期待する役割（複数回答）

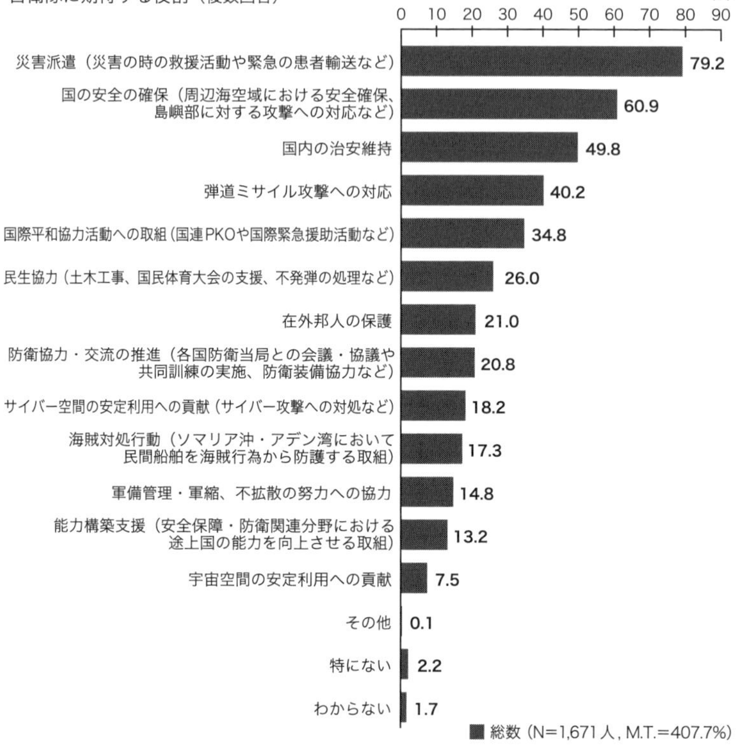

（令和3年防衛白書資料64より作成）

る解決方法をいかに抑制していくかを憲法の理念として希求していく立場なのである。この点、政府見解もずっと集団的自衛権を認めてこなかった。

以上のように、日本国憲法が、戦争放棄の内容として個別的自衛権を認めたとしても、「侵略戦争の放棄」のみならず「集団的自衛権」までもを放棄する日本独自の選択は、国際社会において日本がいかなる場合でも武力によらない平和的解決を責任をもって人権国家として目指すことであり、「積極的平和主義」を、安易な武力行使に貶めてはならない。

そして、政府の2014年7月1日の閣議決定という手法による長年歴代内閣が禁じてきた集団的自衛権を容認という憲法9条の解釈変更は非常に問題である。

この点、新要件として「わが国の存立が脅かされ、国民の生命、自由および幸福追求の権利が根底から覆される明白な危険があること」と歯止めが示されていることから、集団的自衛権の限定容認としても問題はないとの指摘もあるが、そもそも、国民の生命等の侵害を要件にするのであるならば、個別的自衛権の範疇で問題を解決すればよいはずである。思うに、限定的な集団的自衛権であっても、そのことを前提に関連法の改正がなされ、外堀が埋まった後に、また、閣議決定という手法で安保政策の転換がなされてしまう危険性は否定できない。

（3）　日本の平和主義

日本の平和主義は、「国際貢献の美名のもとに」というような軍事主義の復活の危惧を払拭して、美名通りの活動になるように自衛隊その他に対して9条のコントロール機能が機能する状態を意図している。

確かに、政府が正面からの議論を避けた歪な形態による自衛隊の地位構築を推進してきたのは事実であるし、政府が国際貢献等の冷戦後の議論についても国民の声や憲法の精神よりもアメリカの意向に左右された帰来を否定できない。しかし、現実問題として、国際情勢をみつめ、もはや歴史批判といえる議論の羅列から抜け出さないことには、現実と憲法の乖離を増幅させて憲法に沿った国民意思を遠ざけるだけである。現在そして今後にも生きる平和主義のあり方を考えるためには、政府による核心を隠した既成事実の推進とそれに対応した不信とアレルギーという悪循環を断ち切らねばならない。

また、世論調査によれば、国民の期待する自衛隊の活動自体が、防衛出動や海外派遣ではなく災害派遣であるというように、現実の国民意識と憲法議論とのすれ違いも見受けられる。→④　⑤　⑥

そして、日本国憲法の目指す平和主義とは何かということについてこれらの問題点も踏まえて本書は次のように考える。

第一に、「戦争放棄」とは、侵略戦争と集団的自衛権の放棄を意味して、個別的自衛権は国家の責務として放棄できない。

5　自衛隊の要請から派遣、撤収までの流れ

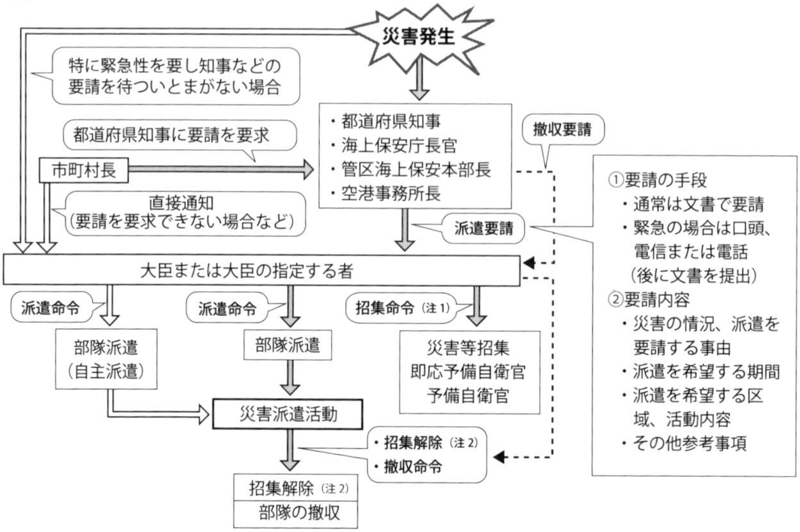

（注1）即応予備自衛官および予備自衛官の招集は、防衛大臣が、必要に応じて内閣総理大臣の承認を得て行う。
（注2）防衛大臣が即応予備自衛官、予備自衛官の招集を解除すること

（平成26年度版防衛白書より作成）

6　自衛隊の災害派遣の実績（過去5年間）

年　度	平成28（2016）	熊本地震 平成28（2016）	平成29（2017）	九州北部豪雨 平成29（2017）	平成30（2018）	平成30年7月豪雨	平成30年北海道胆振東部地震
件数	515	–	501	–	430	12	1
人員（人）	3万3,123	約81万4,200	2万3,838	約8万1,950	2万2,665	約95万7,000	約21万1,000
車両（両）	5,824	–	3,340	約7,140	3,090	約4万9,500	約1万7,800
航空機（機）	725	2,618	792	169	644	340	230
艦艇（隻）	11	300	39	0	11	150	20

年　度	令和元（2019）	令和元年房総半島台風（台風第15号）	令和元年東日本台風（台風第19号）	令和2（2020）	令和2年7月豪雨
件数	447	1	1	530	1
人員（人）	4万3,285	現地活動人員 約5万4,000 活動人員 約9万6,000	現地活動人員 約8万4,000 活動人員 約88万0,000	5万8,828	現地活動人員 約6万1,000 活動人員 約35万0,000
車両（両）	7,597	約1万9,000	約4万9,400	8,132	約1万3,000
航空機（機）	707	約20	約1,610	567	約270
艦艇（隻）	9	約20	約100	4	4

※熊本地震、九州北部豪雨、平成30年7月豪雨、平成30年北海道胆振東部地震、令和元年房総半島台風（台風第15号）及び令和元年東日本台風（台風第19号）、令和2年7月豪雨については、それぞれの年度の派遣実績から除く。
※活動人員とは、現地活動人員に加えて整備・通信要員、司令部要員、待機・交代要員等の後方活動人員を含めた人員数
※令和2年度に含まれている新型コロナウイルスに係る教育支援は人員のみ計上

（令和3年防衛白書資料14より作成）

第二に、自衛隊は必要最低限の個別的自衛権の発動や武力を伴わない国際貢献、そして、国内の災害派遣等の任務に着目すれば違憲とはいえない。ただし、自衛隊の存在が違憲でなくてもその予算や人員規模その他については、シビリアンコントロールは不可欠である。

第三に、自衛隊の個別の活動については、自衛権の範囲内でという要件ではなく、国際協調に基づく恒久平和主義の観点で総合的に判断がなされることである。

以下、これらの前提に立って関連事項を検討したい。

4　日米安全保障条約

（1）　安保条約成立と自衛隊発足

日本は、1952年のサンフランシスコ平和条約締結をもって戦後の連合国による占領政策から事実上の独立を回復させたが、それと同時にアメリカとの間で旧安保条約（「日本国とアメリカ合衆国との間の安全保障条約」）を締結した。当時は、1950年に朝鮮戦争が勃発しており、日本でもマッカーサーの指示により同年に警察予備隊が設置されるなどアメリカによる日本の再軍備化という政策転換があった。

旧安保条約はその後、1960年に新安保条約（「日本国とアメリカ合衆国との間の相互協力及び安全保障条約」）として、いくつか内容を変更（日本の防衛力増強等）して新たに締結された。

ちなみに、「警察力を補う」目的だった警察予備隊は、1952年に全面改組されて保安隊となり、1954年に主目的が「国の防衛」たる自衛隊が発足した。このように日米安保と自衛隊発足は非常に関連深いというよりもアメリカの影響なしでは語れないのである。

（2）　安保条約の問題点

日米安保条約は主たる内容として、「日本国の施政の下にある領域」への武力攻撃に対する共同防衛（５条）、「日本国の安全に寄与し並びに極東」の安全に寄与するための基地の供与（6条）を定めている。

第一に、5条の「日本国の施政の下にある領域における、いずれか一方に対する武力攻撃」に対する相互防衛が、憲法が禁じる集団的自衛権でないかが問題になる。この点政府は、日本の施政下にあるアメリカ軍基地に対する攻撃は、日本領土への攻撃であるとして個別的自衛権の範囲としている。思うに、日本は思わぬ紛争に巻き込まれる危険性は否定できないが、日本国外でのアメリカ領土に対する攻撃に対しては何ら相互防衛の義務を負っていないので、日本に米軍基地があることにより、集団的自衛権を発動するとはいえないであろう。

第二に、アメリカ軍が日本に駐留することが、憲法9条2項の戦力にあたるのではないかが問題になる。

この点、砂川事件において、東京地裁（いわゆる伊達判決）(2)は「禁止されている陸海空軍その他の戦力に該当する」として違憲であると判示したが、最高裁(3)は「同条項がその保持を禁止した戦力とは、わが国がその主体となつてこれに指揮権、管理権を行使し得る戦力をいうものであり、結局わが国自体の戦力を指し、外国の軍隊は、たとえそれがわが国に駐留するとしても、ここにいう戦力には該当しない」とし、安保条約の法的判断については「純司法的機能をその使命とする司法裁判所の審査には、原則としてなじまない性質のものであり、従つて、一見極めて明白に違憲無効であると認められない限りは、裁判所の司法審査権の範囲外のものであつて、それは第一次的には、右条約の締結権を有する内閣およびこれに対して承認権を有する国会の判断に従うべく、終局的には、主権を有する国民の政治的批判に委ねらるべきものである」と判示した。また、法律論とはいえないが、日本の非核三原則が守られていなかったり、繰り返される米軍兵の不祥事や米軍訓練の騒音に加え、思いやり予算なども安保との関係で問題となっている。

（2）　東京地判昭和34年3月30日刑集1巻3号776頁
（3）　最大判昭和34年12月16日刑集13巻13号3225頁

5　日米ガイドライン関連法

（1）　日米防衛協力のための指針とは

いわゆる米ソによる冷戦構造が終わりを告げ、その後の日米安保体制の意義、役割などに関する日米安保共同宣言（1996・4・17）が発表され、その中には「日米防衛協力のための指針」見直しも盛り込まれていた。その内容は従来の日米間の安全保障面の関係に基づく二国間協力のみならず、アジア太平洋地域の安全保障情勢を見据えた地域における協力ならびに国際連合その他の国際機関を支援するための国際規模での協力という日米二国間における新しい協力関係の推進が合意されたものであり、1997年９月23日に日米安全保障協議委員会（ＳＣＣ）により新たな指針が了承された。

（2）　ガイドライン関連法とは

そもそもガイドライン関連法とは主に次の四つを指す。

①　**周辺事態法**（周辺事態に際して我が国の平和および安全を確保するための措置に関する法律）　「そのまま放置すれば我が国に対する直接の武力攻撃に至るおそれのある事態等我が国周辺の地域における我が国の平和及び安全に重要な影響を与える事態（以下「周辺事態」という。）に対応して我が国が実施する措置、その実施の手続きその他の必要な事項を定め」（１条）たものであり、具体的には周辺事態に際しての「武力による威嚇又は武力の行使に当たらない」（２条２項）米軍に対する支援措置である「後方地域支援」（３条１項）、周辺事態において行われた戦闘行為によって遭難した戦闘参加者の捜索または救助を行う「後方地域捜索救助活動」（３条２項）、そして地方自治体と民間に対しての協力依頼（９条）等を内容とする。

②　**周辺事態に際して実施する船舶検査活動に関する法律**　周辺事態に対応しての日本が実施する船舶検査活動に関する事項を定めたもの。

③　**自衛隊法100条の８**　海外における緊急事態に際し、在外法人等の輸送の手段として船舶などを加えるというものである。

④　**日米物品役務相互提供協定**　日米共同訓練、国連平和維持活動および人

7

海保巡視船 東南アジアへ

海賊〝退治〟に定期出動

実戦並みに共同訓練

海上保安庁の巡視船（左上）と合同訓練を行うインド沿岸警備隊（昨年11月8日）

マラッカ海峡を中心に東南アジア海域で多発する海賊事件に対処するため、海上保安庁が大型巡視船を定期的に東南アジア諸国に派遣、海賊の取り締まり訓練を実施する計画を立てている。武装した巡視船をアジア海域に送り込むことに慎重論もあったが、関係国が受け入れに歓迎ムードを示しているため「定期派遣」に踏み切ることにした。派遣開始は早ければ来月からで、初回の派遣先はシンガポールになる見込み。アジア有数の海上警備機関とされるニッポンの〝海保〟が現地での連携プレーを披露することで、海賊行為の抑止効果も期待されている。

抑止効果に各国が期待

日本と東南アジア各国が海賊対策に本格的に取り組むきっかけになったのは、一九九九年十月にマラッカ海峡で海賊に襲われた「アロンドラ・レインボー号」事件。同年十一月、マニラで開かれた日本・ASEAN首脳会議で、日本側が「海賊対策国際会議」の開催を提唱し、ASEAN側からは「合同パトロールをしては」などと協力を求める声が相次いだ。

昨年四月に東京に関係十五か国が集まって海賊対策会議が開催され、九月には同庁や外務省などの調査団がフィリピン、マレーシアなどを訪れて合同訓練の実施について協議。この結果、十一月に同庁の大型巡視船がインド、マレーシア両国を訪問し、初の海賊取り締まり訓練が実現した。

当初、政府内には「機関砲や自動小銃などで武装した巡視船を東南アジアに派遣して反発を買わないか」と懸念する声もあったが、関係国は受け入れに前向きで、昨年二回にわたって行われた合同訓練でも関係国の〝拒絶反応〟はなかった。インドは先月、同庁が東京湾で実施した総合訓練に沿岸警備隊の巡視船を初参加させるなど、海上警備機関の連携に意欲も示した。

同庁では、これらの機運を踏まえて今年度から一年間に計四回、ヘリコプターを搭載した大型巡視船（三千―五千㌧級）を東南アジア諸国に定期的に派遣、各国と連携しての取り締まり訓練を行うことを決めた。

訓練内容は実戦並み。シージャックされた貨物船を相手国と協力して追尾しながら、機関砲による威嚇射撃のほか、巡視船を飛び立ったヘリコプターから自動小銃を携帯した海上保安官が船に降下して海賊を制圧することなども盛り込まれている。大型巡視船に加え、航空機の派遣も検討中だ。

同庁国際刑事課は「押しかけではなく、あくまで相手国側の協力要請を踏まえたもの。各国が共同で取り締まり訓練を行うことは連携強化になるだけでなく、海賊への抑止効果も大きい」と説明している。

海上保安庁法では、同庁の業務対象である「海上」には地理的な限定はないとされ、わが国にかかわる安全確保のためであれば公海上でも活動ができる。

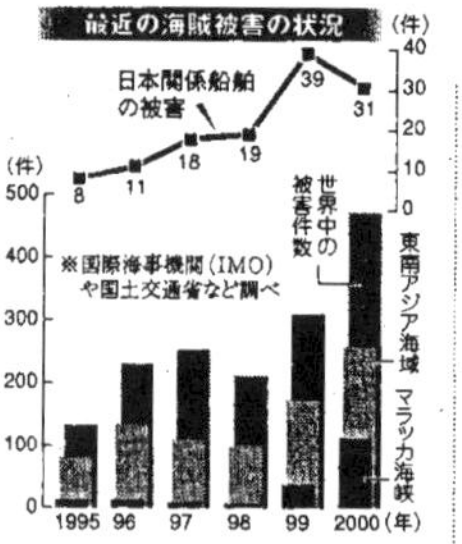

日本関係船舶被害 昨年31件

同庁などによると、世界の海賊被害は増える傾向が見られる。昨年は四百七十一件で、前年（三百九件）の約一・五倍に急増した。このうち東南アジア海域での被害は半数以上の二百五十七件で、百十二件がマラッカ海峡に集中している。

国土交通省海事局の調査では、昨年の日本関係船舶の被害は三十一件。過去最高を記録した一昨年の三十九件を下回ったものの二年連続で三十件を超えた。三十一件中、約七割の二十二件が東南アジア海域で発生している。

（2001年6月6日 読売新聞）

海外へ行くのは
自衛隊だけではない

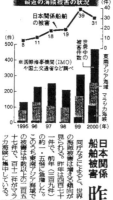

道的な国際救援活動に加えて、周辺事態に対応する活動のために必要な物品または役務についても、自衛隊と米軍との間で、いずれか一方がその提供を要請した場合には、他方はその物品または役務を提供できることとするものである。

（3）　ガイドライン関連法の問題点

そもそも日米安保条約が違憲であるとする立場は、ガイドライン自体が違憲であるのだが、実質的に現行安保条約改正に匹敵する内容といえるガイドラインが憲法73条3項の国会の承認を経ることなく決まったという手続面を重視する立場と内容自体も憲法9条の精神に反するとして認められないとする立場が共にガイドライン関連法を憲法的に問題としている。

また、個別的にも、①「周辺事態」概念の曖昧さ、②「後方地域支援」の現実性について、③周辺事態法のチェック機能の不備、④船舶検査活動の合憲性、⑤有事立法的内容、⑥武器使用などについて問題が指摘されている。

思うに、ガイドライン関連法は、個々の具体的論点においても以上のような問題点があるが、それ以上に議論すべき大きな問題は、政府の姿勢である。つまり、わが国が主体的に決定すべきである国際貢献や在外邦人の救出等の取組みが、国会で十分な議論もされないうちに日米政府間で両国間の緊密な協力関係の基盤重視で検討され決定されてきたことが、そもそもの問題なのである。なぜ、日本が主体的に行うはずである「船舶検査活動」が最初に周辺事態関連法で扱われ、在外邦人救出についての自衛隊法改正が新ガイドラインの実効性確保のための法整備の一環として議論されるのか大いに疑問が残るところである。自衛隊の本来任務は、武力攻撃があった場合の「防衛出動」（自衛隊法76条）、警察力をもっては治安を維持することができないと認められる場合の「治安出動」（自衛隊法78条）、また災害派遣（自衛隊法83条）等であるが、いわゆる付随的任務と位置づけられている国連平和維持活動や人道的な国際救援活動などの国連平和協力業務と在外邦人の輸送の本来任務化などと含めて、これからの自衛隊のあり方論について、アメリカとの協力関係構築の前の話として議論をする必要があるのではないかと考える。ここでも、政府はまた核心を隠した既成事

8　本来任務化に伴う自衛隊の任務に関する概念図

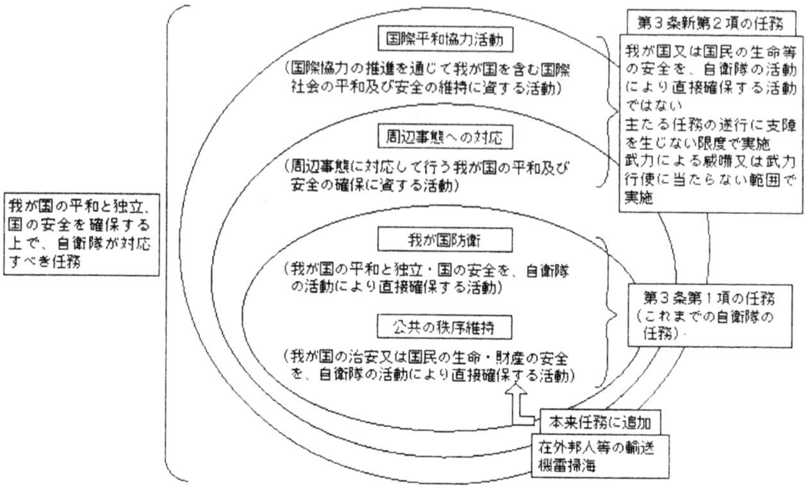

(『日本の防衛』平成19年度版より)

実を推し進め、また国民は不信とアレルギーを増幅するという悪循環が起こっているのである。政府は、最初に日米関係ありきの自衛隊論をやめて、まず、主権国家たる対応をすべきである。日米関係は重要であるとしても自衛隊の役割を日米安保の枠組みだけでとらえる時代はもう終わっているのである。→7

6　国際貢献

国連の平和維持活動（PKO）への自衛隊の参加は、①紛争当事者間の停戦合意の成立、②自衛隊の参加に対する紛争当事者の合意、③平和維持軍の中立的立場の厳守、④以上三条件が満たされない場合の自衛隊の撤去、⑤自衛のためやむをえない場合、必要最小限度の武器の使用等のいわゆる参加五原則を基本方針とする1992年の国際連合平和維持活動等に対する協力に関する法律により認められた。

また、本来、伝統的な平和維持活動は強制的手段による平和回復を目指すものではないが、通常業務での武器使用の可能性があるため当初は凍結されていたPKF（国連平和維持軍）本体業務への参加が平成13年12月７日の改正PKO法成立により解除され、「自己の管理の下に入った者」の防護のための武器の使用も認められるようになった。思うに、国連の議決を経て原則として武器使用を伴わない平和維持活動については、憲法上も問題がないばかりかむしろ平和主義の予定している活動であると思われる。→⑧

そして、2007年に自衛隊法が改正され、これまで付随的業務とされてきた自衛隊の国際平和協力活動が本来任務に位置付けの見直しが行われた。

7　テロ対策特別措置法

平成13年９月11日に米国で発生した大規模テロに対応して、同年10月にテロ対策三法が成立した。その内容は、①自衛隊による米軍などへの補給、輸送などの後方支援、捜索救助に被災民救援を行うテロ対策特別措置法（平成十三年九月十一日のアメリカ合衆国において発生したテロリストによる攻撃等に対応して行われる国際連合憲章の目的達成のための諸外国の活動に対して我が国が実施する措置及び関連する国際連合決議等に基づく人道的措置に関する特別措置法）、②自衛隊が在日米軍や自衛隊の施設を警備する警備出動を新設した自衛隊法改正、③不審船停止のための船体射撃を可能にする海上保安庁法改正である。

思うに、テロに対する国際社会の結束や厳しい姿勢は必要であるが、国連の決議を必要要件にしていないアメリカの集団的自衛権名目の軍事行動への参加は集団的自衛権の行使を禁止している政府の従来の方針に反するし、原則として防衛出動でさえ必要な国会の事前承認が事後承認にされている点は自衛隊に対するシビリアンコントロールの面でも問題である。何よりもテロ対策という大義名分があっても、無関係な市民を巻き込む報復攻撃への日本の加担は、後方支援であっても憲法の人権尊重や平和主義の理念に明らかに反するものである。

2003年11月に２年間の時限法であった本法はさらに２年間延期された。

そして、テロ特措法は2007年11月に失効し、新法案も参議院で否決されたが、新テロ特措法（補給支援特措法）が2008年1月に衆議院で再可決され成立した。なお、新テロ特措法も2010年1月に期限切れで失効した。

8　イラク人道復興支援特別措置法

2003年のイラク戦争ならびにこれに引き続く事態を受けて、医療や被災民の生活もしくはイラクの復興を支援する上で必要な施設・設備の復旧・整備、自然環境の復旧などの人道復興支援活動と国連加盟国が行うイラクの国内における安全および安定を回復する活動を支援するためにわが国が実施する医療、輸送、補給等の安全確保支援活動を目的として2003年7月に成立。

基本原則として、①対応措置の実施は、武力による威嚇または武力の行使にあたるものであってはならない、②「現に戦闘行為が行われておらず、かつ、そこで実施される活動の期間を通じて戦闘行為が行われることがないと認められる地域」において実施すること、③外国で活動する場合、当該外国の同意がある場合に限る（イラクにあっては、安保理決議第1483号等に従ってイラクにおいて施政を行う機関の同意によることができる）が挙げられて、対応措置のいずれかを実施することが必要であると認める時は、当該対応措置を実施することおよび当該対応措置に関する基本計画の案につき閣議の決定を求めなければならない。また、自衛隊による措置の実施については、措置を開始した日から20日以内に国会の承認を求めることになった。なお、本法は2009年7月に延長期限切れで失効した。

9　武力攻撃事態対処関連法

わが国に対する武力攻撃事態等に対処するために、有事立法として、まず、2003年6月に武力攻撃事態対処法、改正安全保障会議設置法、改正自衛隊法の三つが整備され、国の責務、緊急通行など自衛隊の行動の円滑化などが明文化された。有事の法整備は戦争を招くものではなく、法的危機管理としては一定の評価ができると思うが、地方公共団体との連携など課題も多い。

そして、2004年3月には、国民の生命などの保護、武力攻撃が国民生活などへ及ぼす影響を最小にするための措置や国際人道法の的確な実施の確保のために武力攻撃事態等における国民の保護のための措置に関する法律等の有事法制関連7法案および関連3条約の成立・締結が承認された。

10　防衛庁から防衛省へ

2007年1月9日に防衛庁は防衛省に移行した。なお、省への移行により、主任の大臣は防衛大臣となり、指揮監督は内閣府の長である内閣総理大臣ではなく防衛大臣が行うこととなるのであるが、行政の長が内閣総理大臣であることに変わりはないし、シビリアンコントロールの重要性が何ら変わるものではない。また、平成27年度予算で約5兆円近い予算を扱う防衛省の天下りや随意契約等の直ちに解決すべき問題についての取り組みの行方も注視せねばならない。

11　平成26年閣議決定による集団的自衛権容認(4)

2014年7月1日の「国の存立を全うし、国民を守るための切れ目のない安全保障法制の整備について」を閣議決定して長年歴代内閣が禁じてきた集団的自衛権を容認する憲法9条の解釈変更を行った。憲法9条のもとで許容される自衛の措置としての武力の行使の新三要件として①わが国に対する武力攻撃が発生したこと、またはわが国と密接な関係にある他国に対する武力攻撃が発生し、これによりわが国の存立が脅かされ、国民の生命、自由および幸福追求の権利が根底から覆される明白な危険があること、②これを排除し、わが国の存立を全うし、国民を守るために他に適当な手段がないこと、③必要最小限度の実力行使にとどまるべきことが示されているとはゆえ、憲法の根幹を選挙での争点にもしないで、閣議決定という手段で断行した事実上の解釈改憲であり、非常に問題がある。この点、2014年4月の「防衛装備移転三原則」の閣議決定も、従来の原則武器輸出禁止であった「武器輸出三原則」からの根幹の変更であり、法律の歯止めがない内容はもとより、その手法に問題があろう。

---

(4)　2015年9月19日に10の法律を一括改正する「平和安全法制整備法」と「国際平和支援法」が成立して、法律的にも、集団的自衛権の行使が可能になった。

9

「いずも」空母化 与党了承

新大綱最終案 専守防衛維持へ確認書

与党は13日、近く閣議決定される新たな「防衛計画の大綱」（防衛大綱）の最終案を了承し、海上自衛隊の「いずも型」護衛艦を事実上の空母に改修することが固まった。自民党は、戦闘機を常時搭載せず、専守防衛の範囲内で運用するとした確認書を交わすことで、慎重だった公明党の理解を得た。

＜本文記事2面＞

公明党幹部は与党ワーキングチーム（WT）の議論の行方に対し、「専守防衛が疑われるようなことがあってはいけない」とけん制していた。こうした懸念に応えるため、WTは防衛省に内容を確認したうえで確認書を作成した。

海上自衛隊の護衛艦「いずも」（海上自衛隊提供）

確認書では、いずも型の改修はあくまで日本の防空体制を強化する防衛目的とした。その上で、「他国に脅威を与えないためにも、常時戦闘機が装備されたまま海上を運航するのはよくない」との公明党の意向をふまえ、新たに導入する最新鋭ステルス戦闘機「F35B」を常時搭載しないことを明記した。周辺国の潜水艦を発見するための哨戒ヘリコプターの運用や大規模災害への対応など、いずも型の現在の主な任務も変更しないことも盛り込んだ。

政府見解では、憲法9条との関係から、日本は「攻撃型空母」は保有することができない。攻撃型空母は①極めて大きな破壊力を有する爆弾を積める対地攻撃機を搭載②援護戦闘機や警戒管制機なども搭載し、一体となって機能する大型艦艇——と定義されている。

確認書により「いずも型は『攻撃型空母』ではないことを明確にした」（自民党幹部）といえる。米国の空母が戦闘機などを約75機搭載できるのに比べ、いずも型は10機程度だ。

いずも型の空母化は、中国の海洋進出など、厳しい日本の安全保障環境を念頭に置いたものだ。海上で戦闘機を運用する拠点となり、相手方の航空機などへの対処能力は高まる。政府は、2隻あるいずも型のうち1隻目は2020年の定期整備の際に改修する見通しだ。

（2018年12月14日　読売新聞）

また、「いずも型」護衛艦を事実上の空母化改修について、「攻撃型空母」ではなく、用途について「多用途運用護衛艦」（当初は「多用途運用母艦」）という呼称の定義の問題として、従来、専守防衛で禁じていた空母の運用を決めてしまった現状も問題である。

憲法セクション４

第13章　基本的人権の尊重

1　基本的人権とは何か

憲法11条　国民は、すべての基本的人権の享有を妨げられない。この憲法が国民に保障する基本的人権は、侵すことのできない永久の権利として、現在及び将来の国民に与へられる。

基本的人権とは、「人間が生まれながらにして当然にもっている権利」ということができる。

つまり、基本的人権は、誰かに恩恵的に与えられたものではなく、人であることにより当然に有するとされる権利である（人権の固有性）。

また、「侵すことのできない永久の権利」というように国家はもちろん国民の多数決によっても侵すことはできない（人権の不可侵性）。このことは、具体的には、正式な憲法改正手続であっても憲法の保障する人権を廃止したりする

[1]　**国籍法**

第１条　日本国民たる要件は、この法律の定めるところによる。
（出生による国籍の取得）
第２条　子は、次の場合には、日本国民とする。
一　出生の時に父又は母が日本国民であるとき。
二　出生前に死亡した父が死亡の時に日本国民であつたとき。
三　日本で生まれた場合において、父母がともに知れないとき、又は国籍を有しないとき。
（準正による国籍の取得）
第３条　父母の婚姻及びその認知により嫡出子たる身分を取得した子で二十歳未満のもの（日本国民であつた者を除く。）は、認知をした父又は母が子の出生の時に日本国民であつた場合において、その父又は母が現に日本国民であるとき、又はその死亡の時に日本国民であつたときは、法務大臣に届け出ることによつて、日本の国籍を取得することができる。
２　前項の規定による届出をした者は、その届出の時に日本の国籍を取得する。
（帰化）
第４条　日本国民でない者（以下「外国人」という。）は、帰化によつて、日本の国籍を取得することができる。
２　帰化をするには、法務大臣の許可を得なければならない。

ことは許されないことを意味している。

憲法10条　日本国民たる要件は、法律でこれを定める。

日本国憲法は、日本国民に対して条文上は基本的人権を保障しているが、人権がそもそも人間であるということで当然に享有できる権利である（人権の普遍性）点に着目すれば、外国人に対してもその性格上日本国民のみを対象としている権利以外は保障されなければならない。→[1] [2] [3] [4] [5]

とくに、日本国内の永住外国人に対してはその歴史的経過等も配慮すべきであろう。

また、そもそも人権は、一国が国内的に保障するだけではなく、国際法的に保障されるべきとの思想が1948年の世界人権宣言や1979年にわが国も批准した国際人権規約等によって世界で共通認識されている。つまり、現在、人権尊重は国際社会の思想的共通語なのである（人権の国際化）。

[2]

無戸籍女児に住民票

足立区　人道上の配慮で

東京都足立区は二十七日、離婚後三百日以内に生まれた子を一律に前夫の子として扱う民法七七二条の規定により、出生届が受理されていない生後間もない女児について、特例で住民票を作成したことを明らかにした。

女児は現在も戸籍には登録されていないが、同区は「乳児健診や児童手当支給などの行政サービスを受けられるように、人道上の配慮から住民票を作成した」と説明している。

「民法の規定は現代の家族観にそぐわない」と指摘される中で、母子の置かれた状況に配慮した救済措置といえそうだ。

同区などによると、女児の母親は前夫と昨年離婚し、その後に妊娠。離婚後三百日以内に出産した。今月十三日、今の夫を父親として女児の出生届を提出しようとしたが、受理されなかった。

足立区は出生証明書や母子手帳などがそろっていることや、母親が将来的に今の夫を女児の父親とする戸籍を作る意思を明確にしていることなどを考慮、十五日に住民票を作成したという。

民法七七二条は離婚後三百日以内の女性が出産した場合、婚姻中に妊娠したものと推定すると規定している。しかし①早産した場合、実際には今の夫の子なのに戸籍上は前夫の子になってしまう②今の夫の子として戸籍に登録するには調停や裁判が必要で、出産間もない女性にとって大きな負担―などの問題点が指摘され、規定の見直しを求める声が強まっている。

（2007年2月28日　神奈川新聞）

[3]

無戸籍者279人

法務省が初調査　19歳以下が9割

法務省は24日、離婚などを理由に親が出生届を出さなかったため戸籍がない人が今月10日現在、全国に少なくとも279人いるとする初の調査結果を発表した。

ただ、報告したのは全体の約1割の187市区町村にすぎず、今後さらに増える見通し。

民法には、「離婚後300日以内に生まれた子は元夫の子と推定する」などとした嫡出推定の規定があり、元夫の子になるのを嫌がる母親が出生届を出さず、無戸籍となるケースが多い。

同省によると、無戸籍者の多くは嫡出推定を理由とするものだった。年齢は0～76歳と幅広く、19歳以下が243人と9割近くを占め、20歳以上が30人、年齢不明が6人だった。

（2014年10月25日　読売新聞）

4

外国人実習生の保護強化

新制度スタート　人権侵害に罰則

外国人技能実習制度の拡大と実習生の保護強化を目的とした技能実習適正実施・実習生保護法が1日施行され、新制度がスタートする。優良な受け入れ先は実習期間が最大3年から5年に延長され、対象職種に「介護」が加わる。一方、実習生の受け入れ側に対する規制・監視が強化され、人権侵害に対する罰則も設けられる。

技能実習制度は、外国人が日本で働きながら技術を学び、帰国後に母国の発展に生かしてもらうことを目的に1993年に創設された。6月末時点で25万人を超える実習生が農漁業や建設、繊維・衣服、機械・金属などの実習先で働く。

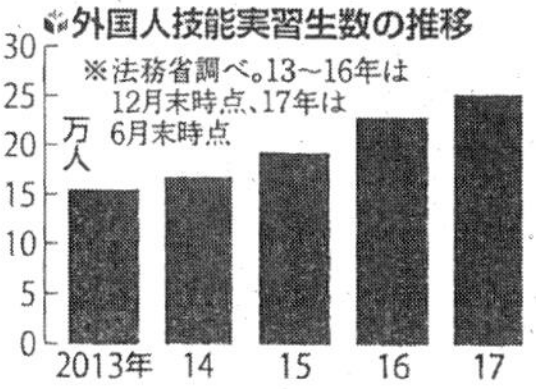

新制度のポイント

- 外国人技能実習機構が監理団体と実習先を監督。悪質な不正行為には実習生の受け入れ取り消しも
- 実習生のパスポートを取り上げるなどの人権侵害には懲役刑を含む罰則を新設
- 農漁業や食品製造など対象職種に「介護」が加わり77種に
- 優良な企業や監理団体は、実習期間が最大3年から5年に延長

「途上国への国際貢献」を掲げながら、「労働力の確保」に利用されている実態があり、賃金不払いや違法残業なども横行している。このため、新制度では、実習生を企業などの実習先にあっせんする「監理団体」は許可制となり、実習先などが作成する実習計画についても、新設の認可法人「外国人技能実習機構」の認定が義務付けられる。

機構は、監理団体や実習先に対する実地検査も行う。また、実習生への暴行や脅迫などに対する罰則に加え、パスポートを取り上げたり、休日や夜間の外出を禁じたりするといった人権侵害行為に対しても、懲役6月か罰金30万円を刑の上限とする罰則が設けられた。

法務省によると、これまで監理団体の許可申請があったのは1632団体（介護は32団体）。そのうち292団体（同5団体）について、機構は1日に許可する見通しだ。

（2017年11月1日　読売新聞）

5

実習生 8年で174人死亡

野党「不審死・過労死の疑い」

法務省は13日、外国人技能実習生が2010～17年の8年間で174人死亡していたと野党合同ヒアリングで明らかにした。労災認定された作業中の事故だけでなく、自殺や交通事故死なども含まれる。野党は「実習生は20～30代の健康な若者が多く、明らかにおかしい。不審死や過労死が疑われるケースも多数ある」と指摘。死亡した詳細な経緯の説明を求めた。

実習生が死亡した場合、受け入れ先は法務省に書類で報告する義務がある。法務省はこの書類から作成した資料を示した。死亡日や国籍、年齢などのほか死亡原因も短く書かれている。野党側は、婦人子供服製造で働いていた女性実習生が海や川などで泳ぐ機会が少ない1月に溺死した例を挙げ、「不審死が多い」と指摘。病死の場合も「過労死が疑われる」として、受け入れ先が提出した書類の原本の公開を求めた。　（内山修）

（2018年12月14日　朝日新聞）

※外国人技能実習制度が「途上国への国際貢献」ではなく「安価な労働力確保」になっているのは問題である。

2　どのような権利が保障されているのか

では、日本国憲法は具体的にどのような権利を保障しているのであろうか。人権の性格に着目すると、権利は、自由権、参政権、社会権に大別することができる。本書では、それぞれの人権のもつ性格をより認識できるようにするために、このオーソドックスな分類の上でそれぞれの説明を試みる。

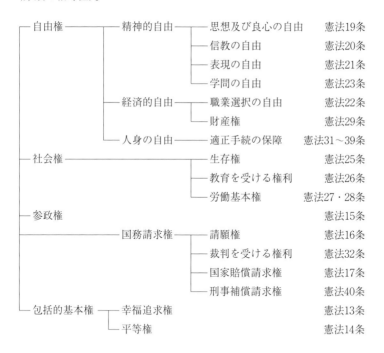

ただし、各種の個別的人権を厳密に分類すること自体にあまり意味はない。事実、個別の人権の実質的役割を探求していくと、表現の自由から知る権利が導き出されるなど、分類上の機能以上の実質的な権利保障が認められている(分類の相対性)。

自由権	精神的自由	思想及び良心の自由	憲法19条
		信教の自由	憲法20条
		表現の自由	憲法21条
		学問の自由	憲法23条
	経済的自由	職業選択の自由	憲法22条
		財産権	憲法29条
	人身の自由	適正手続の保障	憲法31～39条
社会権		生存権	憲法25条
		教育を受ける権利	憲法26条
		労働基本権	憲法27・28条
参政権			憲法15条
	国務請求権	請願権	憲法16条
		裁判を受ける権利	憲法32条
		国家賠償請求権	憲法17条
		刑事補償請求権	憲法40条
包括的基本権	幸福追求権		憲法13条
	平等権		憲法14条

3　人権の主体

人権の普遍性から、日本国憲法で権利を享有することができるのを国民に限定すべきでないことは、すでに述べた。しかし、その権利の本質からその主体

7

改正入管法 成立

外国人材拡大4月から

改正出入国管理・難民認定法（入管難民法）は約18時間に及ぶ与野党の最終攻防の末、8日未明の参院本会議で自民、公明、日本維新の会などの賛成多数により可決、成立した。来年4月1日から単純労働を含む業種でも外国人労働者の受け入れが始まる。臨時国会は会期を延長せず、10日に閉会する。

〈関連記事3・11面〉

参院、未明に可決

山下法相は成立後の8日未明、国会内で記者団に「4月1日までにしっかり準備していく。（国会で）指摘された問題についても、しっかり取り組んでいく」と述べた。立憲民主党の福山幹事長は「審議すらまともにせず、問答無用でなぎ倒していくのは国会ではない」などと、審議を急いだ政府・与党を批判した。

衆参両院の委員会での同法の審議は、安全保障関連法など過去の重要法案と比べ短時間にとどまった。衆院法務委では17時間15分、参院法務委では20時間45分だった。立民など主要野党は採決に反対し、横山信一参院法務委員長の解任決議案のほか、山下氏と安倍首相の問責決議案を参院に提出するなどして激しく抵抗した。

問責は7日夜の参院本会議で否決され、与党は8日未明に参院法務委と参院本会議でそれぞれ改正入管難民法を可決、会期内成立にこぎつけた。成立は8日午前4時8分で、関連する参院本会議が始まった7日午前10時過ぎを起点にすると、与野党の最終攻防は約18時間に及んだ。

▲参院本会議で入管難民法改正案の記名投票を行う議員ら（8日午前3時59分、国会で）＝米山要撮影

同法は、比較的簡単な仕事に就く人向けの「特定技能1号」と、熟練技能者に認定する「特定技能2号」の二つの在留資格を創設することが柱。政府は2019年度から5年間に農業、介護業など14業種で最大34万5150人の外国人労働者の受け入れを見込む。これまでは、就労目的の在留を医師や弁護士ら「高度な専門人材」に限定してきたが、大きく政策転換する。

外国人の出入国管理の強化や、受け入れ企業の監督を目的とした出入国在留管理庁も新設する。施行から2年後に制度の見直しを行う。政府は法成立を受け、新制度の詳細について自民党などと詰めの協議に入る。受け入れに関する「基本方針」などを年末にまとめ、最終的に法務省令で定める予定だ。

外国人材受け入れ拡大のポイント

- 単純労働を含む業種に在留資格「特定技能1号」と「特定技能2号」を創設
- 法務省入国管理局を外局に格上げし、「出入国在留管理庁」を設置
- 新制度の施行は来年4月1日
- 法施行から2年後に、自治体などの意見を踏まえて制度見直し

主な重要法案の委員会審議時間

※衆参事務局調べ

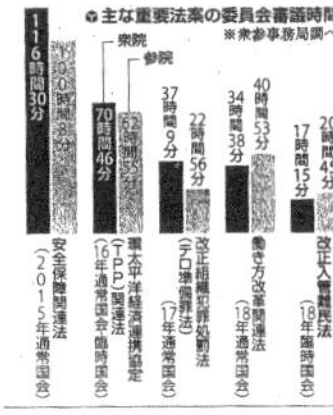

（2018年12月8日　読売新聞夕刊）

6

外国人は生活保護対象外

最高裁判決　永住資格の女性 逆転敗訴

永住資格を持つ外国人に生活保護法上の受給権があるかどうかが争われた訴訟の上告審で、最高裁第2小法廷（千葉勝美裁判長）は18日、「生活保護法の適用対象は日本国民に限られ、外国人は含まれない」との初判断を示し、受給権を認めた2審の判断を取り消す判決を言い渡した。生活保護申請を却下した大分市の処分取り消しを求めた中国籍の女性（82）の敗訴が確定した。各自治体は裁量で、永住資格を持つ外国人に生活保護に準じた措置を取っており、判決の影響は事実上ないとみられる。

原告の女性は出生時から日本で生活しており、2008年12月、大分市に生活保護を申請。十分な預金があるとして却下されたため、取り消しを求めて提訴した。1審・大分地裁は訴えを退けたが、2審・福岡高裁は「永住資格を持つなど、日本人と同様の生活を送る外国人には生活保護を受ける法的地位がある」と認め、却下処分を違法とした。

判決は「生活保護法を外国人に適用する根拠はない。行政措置によって、事実上の保護対象になり得るにとどまる」と判断した。

厚生労働省によると、12年度に行政措置で保護対象になった外国人は約4万5800世帯。女性も1審判決後の11年10月から受給が認められている。

判決後に東京・霞が関で記者会見した女性側の瀬戸久夫弁護士は、「日本人と変わらない生活を送ってきたのに、行政の判断次第でいつでも切り捨てられる状態に置かれてしまった」と判決を批判した。

（2014年7月19日　読売新聞）

を、むしろ国民に限定すべき権利や外国人に享有させるかどうかは国民の判断に任されていると考えられる権利もある。また、日本国民でありながら一部の権利が制限される天皇・皇族の問題や人でない法人についての権利のあり方をどのように考えるかなども問題となる。

（１）　天皇・皇族の人権

天皇・皇族も日本の国籍を有する日本国民である以上、日本国民に認められる権利についてはすべて認められるべきとも考えられるが、参政権については、天皇が国政に深く関与すべきでないので認められない。なぜなら、もし、天皇が特定の政党に荷担したり、天皇自身が国会議員や内閣総理大臣になってしまったら、本来形式的な国事行為の性格が変化してしまうし、象徴たる地位も歪めてしまうであろう。

また、保障されるべき人権についても天皇の地位の世襲制と職務の特殊性から一般国民と合理的区別がなされる場合があることも肯定できよう。例えば、表現の自由や職業選択の自由は合理的範囲で制限される。しかし、皇室典範に定められた内容には、男性しか天皇になれない規定のような合理的理由に乏しい制限も存在するなど、今後、見直されるべき問題もある。

（２）　外国人の人権

人権の重要性や人権の国際化の傾向、また、人権の前国家的性格等を考慮すれば、外国人にも権利の性質上適用すべきでない人権以外はすべて保障が及ぶと考えられる。

では、保障されない権利とはどのようなものなのだろうか。通常は、参政権、社会権、入国の自由などが挙げられる。

①　**参政権**　　参政権は国民主権に基づく国政に参加する権利である。国のあり方を決めるのはその国の国民の専権事項と考えられるので参政権は当該国家の国民にのみ認められるべきで、政府が外国人に参政権を付与することはむしろ、国民主権上問題であると思われる。

8

外国人の犯罪急増…言葉・食・宗教に配慮

留置場変身中

来日外国人犯罪の増加などに伴い全国の留置場で外国人の被留置者が激増し、取り調べの際の通訳料も昨年は政府予算ベースで平成元年の約八十倍にまで膨らむなど、従来の留置場の枠を超えた改革を余儀なくされている。全被留置者に占める外国人の割合は元年の約四%から昨年は約一四%に急増しており、警察庁は外国人の被留置者に対し、翻訳機を使った権利通知や食生活・宗教などの違いに配慮した適正な処遇を進めるほか、女性専用留置場の設置促進や被留置者と弁護人との接見交通権の尊重などの施策を展開中だ。

留置場は全国に千二百六十六署あるすべての警察署のほか、警視庁や大阪府警など都市部を中心とした一部の警察本部にも設置されており、四月一日現在で千二百八十二カ所。

一方、来日外国人犯罪の検挙状況（刑法犯、特別法犯）は、平成元年は五千七百六十五件、四千六百十八人だったが、昨年は三万四千三百九十八件、一万三千四百三十六人と、件数で約五・九倍、人数で約二・九倍となっている。

外国人の被留置者も、元年が全国の一日平均の全被留置者五千七百九十四人のうち、約四%の二百三十四人だったが、昨年は一日平均の全被留置者一万二人のうち、約一四%の千四百三十七人で元年に比べ約六・一倍になった。来日外国人犯罪の多い警視庁では、昨年の一日平均二千百六十二人の全被留置者のうち、外国人は五百十五人と全体の四分の一を占めている。

このため、警察庁はCD－ROMを使った翻訳機（十四カ国語に対応）で、被留置者の権利や留置場内での日課などの通知を促進。また、食生活や宗教などの生活習慣の違いにも配慮し、一部肉食が禁じられているイスラム教徒の被留置者には魚料理を出したり、箸の代用品となるスプーン使用や礼拝などの宗教活動も保安上の問題がない範囲で認めている。

広域にわたる重要犯罪や覚せい剤に絡む犯罪など、治安に悪影響を及ぼす来日外国人犯罪は、取り調べの通訳を民間に委託した場合、通訳料（通訳謝金）は国費から支出。通訳料は一時間当たり一万円が相場で、元年度の当初予算額は約七百万円だったが十二年度は約五億五千五百万円と約八十倍にまで膨張した。

一方、女性専用留置場には昭和二十三年に警視庁本部庁舎に設置されて以降、他の警察本部での設置はなかったが、女性被留置者の増加に伴い、平成四年に神奈川県警が本部庁舎に設置、今年三月には静岡県警磐田署と奈良県警天理署に設置され、五月一日現在で十二都道府県警で計二十五カ所。化粧品やなどを洗面所で使えるようにするなどの配慮も行われている。

政府予算　通訳料80倍に拡大

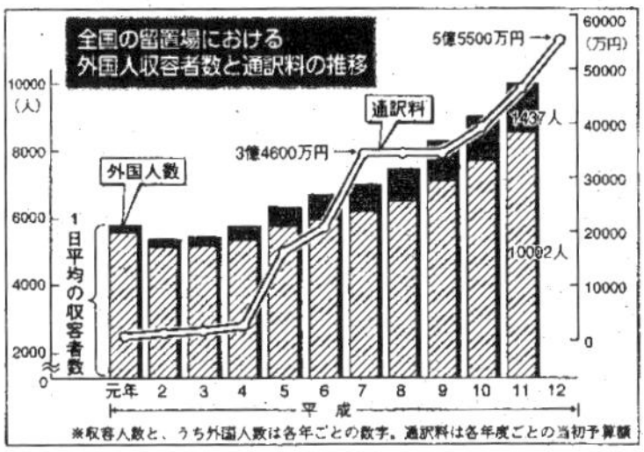

(2000年6月20日　産経新聞)

しかし、地域の住民による自治である地方自治レヴェルにおける地方参政権について認めることは憲法上可能であるとの意見が有力である。

② **社会権**　社会権は、本来、各国の国民が所属する国によって保障されるべき権利であるが、外国人に対して法で保障することを定めても憲法上の問題はない。

ただし、社会権も人権の一形態であることを理由に不法滞在の外国人を含めて権利保障の拡大を求める意見も多いが、社会権の保障は多くの場合に財政的根拠が必要であり、国民の同意のない外国人に対する社会権保障の範囲拡大は、民主主義的に、また、税制上の公平の観点からも問題があると思われる。→5

また、社会権のうちでも労働基本権に関する労働条件等は、日本国内で働く外国人に対して当然に保障されなければならないが、このことは、不法滞在の外国人に勤労の権利を保障することまでは意味しない。

もちろん、外国人に対する人道的配慮は社会権の制度的保障とは別の次元で保障すべき場合もある。→6

③ **入国の自由**　国際慣習法上、国家が自国の安全や福祉等に配慮して、

危害を及ぼすおそれのある外国人の入国を拒否することは主権国家として当然の権利とされている。つまり、入国の許可は当該国家の自由裁量ということになる。ただし、国家の合理的根拠のない恣意的な入国拒否は許されない。

④　**その他の制限**　　一般に自由権は外国人に対しても日本国民と同じように保障されると解されているが、参政権と密接に関わる政治活動の自由であるとか経済的自由の一部には法による合理的制限を受ける場合がある。

また、不法滞在の外国人に対しても人身の自由が保障されることは当然であるが、実際の運用上通訳の不足など実質的保障に問題が生じている。→7

（3）　法人の人権

人権は、その名の示す通り、人間であるがゆえに当然に認められる権利であり、その主体は人間であることが大前提であった。しかし、経済社会の発展に伴い、企業などの法人が一つの単位として私たち個人を通じて活動し、その効果は法人の構成員たる個人に影響していることは認めざるをえない。そうであるなら、時として、法人の権利が不当に侵害されることの放置は、結局のところその構成員たる国民の権利保障を放棄したことになる。そこで、現代では法人にも人権の性質上可能な限り人権保障が及ぶと解されている。例えば、表現の自由から導き出される報道の自由は、報道に携わる個人の権利保障はもちろんだが、主として法人たる報道機関の権利の保障を意味する。

ただし、法人に対する人権保障は、あくまでも国民の権利保障実現の一環として個別に判断されて保障されるべき性格のもので、法人の権利保障の名目で国民の権利が侵害されるような本末転倒なことは許されない。

この点、八幡製鉄事件最高裁判決[1]は、「会社が、納税の義務を有し自然人

（1）　八幡製鉄事件　　八幡製鉄（当時）のした政治献金の責任を追及して同社の株主が提起した事件（最大判昭和45年6月24日民集24巻6号625頁）。

（2）　南九州税理士会政治献金事件　　強制加入の公益法人である南九州税理士会が税理士法改正の運動資金として特別会費の徴収を決議したことに対して会員から決議の無効などが争われた事件（最三小判平成8年3月19日民集50巻3号615頁）。

たる国民とひとしく国税等の負担に任ずるものである以上、納税者たる立場において、国や地方公共団体の施策に対し、意見の表明その他の行動に出たとしても、これを禁圧すべき理由はない。のみならず、憲法第三章に定める国民の権利および義務の各条項は、性質上可能なかぎり、内国の法人にも適用されるものと解すべきであるから、会社は、自然人たる国民と同様、国や政党の特定の政策を支持、推進しまたは反対するなどの政治的行為をなす自由を有するのである。政治資金の寄附もまさにその自由の一環であり、会社によつてそれがなされた場合、政治の動向に影響を与えることがあつたとしても、これを自然人たる国民による寄附と別異に扱うべき憲法上の要請があるものではない」として会社に対して自然人と異なる特別の制約を認めなかったが、南九州税理士会政治献金事件最高裁判決(2)は「法が税理士会を強制加入の法人としている以上、その構成員である会員には、様々の思想・信条及び主義・主張を有する者が存在することが当然に予定されている。したがって、税理士会が右の方式により決定した意思に基づいてする活動にも、そのために会員に要請される協力義務にも、おのずから限界がある」と強制加入の税理士会の政治活動の自由よりも会員の思想信条を優先させた。

憲法セクション5

第14章　自由権

1　自由権とは何か

自由権とは、「国家からの自由」ともいわれる権利で、国家の個人の領域への介入を排除して、個人の自由な意思決定と活動を保障する人権のことである。自由権は、人に自由・平等が認められて最初に確立された権利であり、その内容によって、精神的自由、経済的自由、人身の自由に大別される。

精神的自由には、思想・良心の自由（憲法19条）、信教の自由（憲法20条）、表現の自由（憲法21条）、学問の自由（憲法23条）がある。

2　思想・良心の自由

（１）　思想・良心の自由の保障の意味

憲法19条　　思想及び良心の自由は、これを侵してはならない。

思想・良心の自由は精神的自由の中でも内心の自由として位置付けられる。本来、私たちが心で思っている限りでは国家権力その他に干渉される危険もないのであるが、戦前の治安維持法による思想弾圧など内心の自由自体が侵害された歴史を踏まえて権利として明文で保障されている。

「思想」とは、内心における思考作用の内容をいい、「良心」とは、内心における是非善悪を見分ける意識のことであるが、両者を厳密に区別する必要はなく、広く個人の内心の自由を保障していると考えられる。

具体的には、第一に、国民がいかなる考えをもとうとも、それが内心の領域にとどまる限りにおいては絶対的に自由であり、国家権力といえども、これを拘束したり干渉したりすることは許されない。アメリカのホームズ判事の言葉を引用すれば、思想の自由とは、「われわれと同じ意見をもっているもののための思想の自由ではなしに、われわれの憎むべき思想のための、自由である」ことになる。また、戦前の天皇崇拝の強制などは思想・良心の自由の侵害にあたるが、動物愛護の精神や環境への配慮等を国が国民に訴えたり、学校教育において敬老の精神などの道徳を教えたとしても思想・良心の自由の侵害にはあたらない。両者の違いの確定は時として困難であるが、強制の程度などを考慮して個別・具体的に判断するしかあるまい。この点、ドイツにおいては、ナチズムに対する反省から、憲法の基本原理を否定する思想に対しては憲法の保障が及ばないとしている（闘う民主主義制）。思うに、日本においては、憲法に反する思想であっても内心における権利は保障されるが、憲法の理念やその周辺の思想自体に国が価値を認めること自体は禁止されないし、国民にその内容を広めても憲法に反する思想を侵害しているとまではいえないであろう。つまり、思想・良心の自由の前提をまったくの無思想ととらえるべきではなく、人類の歴史や憲法の精神から国民が共有できる一定の良識については、過度に強制することは許されないが、その価値を認めて良いだろう。そうではなく、国の思想の中立性を厳格に追及すると、憲法の理念の啓蒙を含めた多くのことが、すべて思想・良心の自由を侵害したことになってしまう。

第二に、国家権力は、国民がいかなる思想を抱いているかにつき、申告を強制することは許されない。すなわち、思想・良心の自由には沈黙の自由が含まれているのである。具体的には、江戸時代の踏絵のようなことは許されない。また、個人の領域の保護という点においては後述するプライバシー権とも関係がある。

第三に、国家が、国民に対して特定の思想であるがゆえに不利益を課すことも許されない。例えば、共産主義を有するという理由だけで公務員を解雇されるようなレッドパージは思想・良心の自由の侵害にあたる。

（2）　思想・良心に反する行為の強制

問題なのは、思想・良心に反する行為を強制されない自由が憲法上の権利として認められるかである。例えば、民法723条のいう「名誉ヲ回復スルニ適当ナル処分」としての謝罪広告や学習指導要領に基づく国旗・国歌の指導が、思想・良心の自由に反する行為の強制として問題となるかである。

この点、ドイツでは基本法４条３項において「何人も、その良心に反して、武器をもってする軍務を強制されてはならない」と規定され良心的兵役拒否が認められている。

思うに、そもそも、意に反しているかどうかに関係なく国家権力が法的根拠のないことを国民に強制すること自体許されないが、逆に考えれば、法的裏づけのある行為については、法の予定する範囲であれば違憲の問題にはならないであろう。つまり、刑が確定した者がいくら嫌がっても刑が免除されないように、思想・良心の自由は、「～したくない」から免除ということを安易に認める権利ではないし、まして、意に反する法の適用を否定しうるものでもないの

である。→1　2

1

住民票作成

事実婚夫婦 逆転敗訴

非嫡出子拒否は「個人的な信条」 東京高裁、認めず

出生届が受理されなかった女児と両親が東京都世田谷区に住民票の作成を求めた訴訟で、東京高裁は5日、原告勝訴の1審判決を取り消し、訴えを退けた。藤村啓裁判長は「出生届を出すと父母や子が重大な不利益を被り、社会通念上、届け出を期待できない場合に限って住民票を作成すべきだ」という判断基準を示し、今回のケースについて「両親の個人的信条で届け出を怠っているだけで、例外的に作成を認める場合に当たらない」と述べた。

訴えていたのは、介護福祉士、菅原和之さん(42)夫妻と娘(2)。婚姻届を出していない事実婚の菅原さん夫妻は、娘を「嫡出でない子」として届け出ることを拒んだため、区は出生届を不受理とし、戸籍が作成されていない。夫妻は、区に住民票作成を求めたが、出生届不受理を理由に受け入れられなかった。

高裁判決は、住民基本台帳法が「出生届受理により住民票を作成する」と定めていることを根拠に、無戸籍の子に裁量で住民票を作成するのは極めて例外的な場合に限られると指摘した。その上で、民法は法律婚主義を採用しており、嫡出子と非嫡出子を分けるのは合理的理由のない差別とはいえないとして、菅原さんのケースは住民票を作成すべき場合には当たらないと結論付けた。

1審・東京地裁は5月、「幼稚園入園の申請など日常生活の不利益は見過ごせず、将来的に重大な問題が起こる」と区の対応を違法と認め、住民票作成を命じる初判断を示した。しかし高裁は「選挙権の不利益は現実化しておらず、その他の行政サービスは手続きが煩雑としても住民登録者と同様の扱いがされている場合が多い」と述べ、1審とは逆に区の対応を適法と判断した。

菅原さんは「残念極まりない。1回の口頭弁論だけで1審を覆したのも許されない。嫡出、非嫡出の区別は国連から批判されており、個人的信条の一言で片づけられるものでない」と話し、上告する意向を明らかにした。【北村和巳】

（2007年11月6日　毎日新聞）

2

君が代伴奏命令合憲

「思想の自由侵さぬ」

最高裁が初判断

公立小学校の入学式で「君が代」のピアノ伴奏を求めた職務命令を拒否し、懲戒処分を受けた東京都の女性音楽教諭(53)が「伴奏命令は憲法が保障する思想・良心の自由を侵害する」として東京都教育委員会の処分取り消しを求めた訴訟で、最高裁第3小法廷（那須弘平裁判長）は27日、原告側の上告を棄却した。国旗・国歌の「強制」を巡る初の最高裁判決で「伴奏命令は思想・良心の自由を侵害しない」として、職務命令を合憲と判断した。同種訴訟に影響を与えそうだ。

（3面に解説、社会面に関連記事、9面に判決要旨）

処分の教諭が敗訴

判決は、君が代が日本のアジア侵略と結びついているなどとする教諭の考えを「自身の歴史観や世界観に由来する社会生活上の信念」と位置づけつつ「職務命令が直ちに教諭の歴史観や世界観それ自体を否定するものと認めることはできない」と指摘。ピアノ伴奏について「音楽専科の教諭にとって通常期待されるもの」と評価したうえで「命令は特定の思想を持つことを強制したり禁止するものではなく、児童に一方的な思想や理念を教え込むことを強制するものでもない」と述べた。

さらに、職務の公共性に照らして、公務員の人権に一定の制約を認めた過去の判例も踏まえ「職務命令の目的や内容は、学習指導要領などの趣旨にかなうもので、不合理ではない」と判断。命令を合憲と結論付けた。

判決は5裁判官のうち4裁判官の多数意見で、教諭の敗訴が確定した。藤田宙靖裁判官は「斉唱への協力を強制することが本人の信念・信条に対する抑圧となることは明白。伴奏命令と思想・良心の自由の関係を慎重に検討すべきだ」との反対意見を述べた。

教諭は東京都日野市の市立小学校に勤務していた99年4月、入学式で君が代のピアノ伴奏を求めた校長の職務命令を拒否し戒告処分を受けた。1、2審は「公務員は全体の奉仕者で、思想・良心の自由も職務の公共性に由来する制約を受ける」と請求を棄却した。

国旗・国歌法の施行翌年の00年度以降、全国で535人の教職員が懲戒処分を受けた。国旗に向かって起立斉唱することや、ピアノ伴奏を拒否した場合は処分するとした都教委の通達（03年10月）の適否が争われ 訟では、東京地 9月「強制は違 判断を示した 判決は、この 審にも影響を 性がある。

原告側弁護団の話　最高裁の多数意見は1、2審をほぼ追認するまったく内容のない判断を下した。まったく不当で、わが国の憲法秩序の守り手としての役割を放棄するもので極めて遺憾だ。

江藤巧・ 職員課長の 定したのは と考えてい は今後、詳 い。今後と ん）とした ていく。

（2007年2月28日　毎日新聞）

3　信教の自由

憲法20条　　信教の自由は、何人に対してもこれを保障する。いかなる宗教団体も、国から特権を受け、又は政治上の権力を行使してはならない。

2　何人も、宗教上の行為、祝典、儀式又は行事に参加することを強制されない。

3　国及びその機関は、宗教教育その他いかなる宗教的活動もしてはならない。

信教の自由は、各国の憲法においても保障されている。それは、歴史的に宗教の対立による戦争や弾圧が少なくなかったこと、また、宗教が多くの人にとって思想の前提をなす重要な役割を果たすからにほかならない。

3

自治会費

神社費の一括徴収違法

佐賀地裁判決「信教の自由侵害」

自治会費に含まれている神社関係費の支払いを拒んだ結果、自治会から除名された佐賀県鳥栖市の夫婦が、自治会と自治会長を相手に、自治会員としての地位確認と慰謝料など計220万円の支払いを求めた訴訟の判決が12日、佐賀地裁であった。仙川清長裁判長は「特定宗教関係費の一括徴収は信教の自由を侵害し、憲法の趣旨に反し違法」として、原告の自治会員としての地位を認めた。慰謝料請求については、両者の争いの経緯などを踏まえて退けた。

一括徴収は、近年見直しの動きが出ているものの、地方でまだ相当数続いているとみられる。

仏教の信者である原告の夫婦は91年に他県から引っ越し、自治会に加入した。94年に月額400円の自治会費の中に神社費43円が含まれていることを知り、信仰の自由を理由に自治会費の納入を拒んだところ、自治会を除名された。

判決は自治会の運営について「構成員が様々な信仰を持つことを前提にしなければならない」と指摘した。

（2002年4月13日　朝日新聞）

4

大嘗祭巡る公費支出

合憲判断が確定

最高裁　住民側の上告棄却

皇位継承儀式の大嘗祭（だいじょうさい）で使うコメを収穫する皇室行事「抜穂（ぬきほ）の儀」に、大分県の平松守彦知事らが公費で出席したことが、憲法の政教分離原則に反し違憲かどうかが争われた訴訟の上告審で、最高裁第三小法廷（浜田邦夫裁判長）は九日、合憲とした一、二審判決を支持、公費を県に返還するよう求めた住民側の上告を退けた。

大嘗祭や関連儀式への公費出席を巡る訴訟は各地で起こされているが、最高裁の判決が言い渡されたのは初めて。住民側の敗訴が確定した。

一審・大分地裁は「社会儀礼的なもので憲法に違反しない」と判断。二審・福岡高裁も住民側の控訴を棄却していた。

（2002年7月9日　日本経済新聞）

日本においても、明治憲法においても信教の自由は保障されていたが、実際は、国教的地位を与えられた神道が軍国主義の精神的支柱として利用され、それ以外の宗教団体には弾圧された団体もあった。

（１）　信教の自由の内容

①　**信仰の自由**　　信仰の自由とは、宗教を信仰しまたは信仰しないこと、信仰する宗教を選択することまたは変更することについて、個人が任意に決定する自由である。これは個人の内心における自由であって、絶対に侵すことは許されない。また、思想・良心の自由と同じように国家権力により信仰の内容の告白を強制されたり、信仰を理由とする不利益を課されることも許されない。→3

②　**宗教的行為の自由**　　宗教的行為の自由とは、信仰に関して、個人が単独でまたは他人と共同して、祭壇を設け礼拝や祈禱を行うなど、宗教上の祝典・儀式・行事その他布教等を任意に行う自由である。

③　**宗教的結社の自由**　　宗教的結社の自由とは、信仰を同じくする者が宗教的団体を設立し、活動することの自由である。

（２）　信教の自由の限界

信教の自由も思想・良心の自由のように人の内心の領域にある限りにおいては、いかなる内容の信仰であっても規制されることはない。また思想・良心の自由の場合とは違って国の各宗教への評価は、完全な中立性が求められよう。

思うに、信教の自由はさまざまな外的宗教活動の実践によって、本来の目的を達成させられることが少なくない。しかし、その場合の宗教的活動であってもその行動が刑法や民法その他の法律に抵触することは許されない。例えば、祈禱などの宗教的儀式であっても人を死にいたらしめたら傷害致死罪などで処罰されるし、布教活動やお布施集めが詐欺行為に該当すれば刑事責任のみならず民事責任に問われることも否定できない。

問題は、宗教的外部行動が、法に触れないまでも他の社会的価値と抵触する場合にどこまで信教の自由が保障されるかである。例えば、宗教上の教義で輸血が禁じられている患者への輸血であるとか信仰に基づく体育授業の剣道実技の受講拒否、また、宗教的理由による公立小学校の日曜参観授業の欠席についての取扱いの便宜などの是非などである。

信仰を理由として輸血拒否をしたにもかかわらず医者が輸血したことに対する損害賠償請求がなされたエホバの証人輸血拒否事件最高裁判決(1)は、「医師が患者の同意なくして輸血を行うことは個人の自己決定権に反し違法である」と判示して精神的苦痛に対する慰謝料を認めた。

思うに、医者による輸血は、輸血以外の救命の可能性が少ないとの医者としての正当な判断によるものであり、患者が輸血をしないことによる責任を病院に問わない旨の確約をしていたとはいえ、宗教的自己決定権を尊重すべきだったかどうかの判断はむずかしい。また、患者が自己決定できないような未成年者であった場合に親の判断だけで同じような結論を導き出せるかも問題になるだろう。

次に、信仰に基づく受講拒否の結果の単位不認定と退学に対する取消訴訟である剣道拒否事件の最高裁判決(2)は、学校側の「信仰の自由への配慮」の欠如を認め、学校側の処分を不当とした。

思うに、生徒の受講拒否は単に嫌だという性格のものでなく真摯な信仰によるものであるし、学校側の退学処分は合理性を欠くので裁判所の判断は支持されるが、例えば、信仰上の理由で生物の授業で教師が進化論を教えないようなことは認められないであろう。

第三の事例は、日曜授業参観をキリスト教の教会学校出席のために欠席した児童と親（牧師）が欠席扱いにより信教の自由が侵害されたとして欠席処分の取消しと損害賠償を争った日曜日授業参観事件の第一審判決(3)は、宗教行為に参加する児童に対する出席の免除は「公教育の宗教的中立性を保つ上で好まし

（1）　最判平成12年２月29日民集54巻２号582頁
（2）　最判平成８年３月８日民集50巻３号439頁
（3）　東京地判昭和61年３月20日判時1185号67頁

くない」として、請求を斥けた。

結局のところ、このような事例については、医師や学校の義務や裁量権とその行使が個人の信教の自由に及ぼす影響等を個別・具体的に検討するしかないが、その場合も信教の自由への配慮を忘れてはならない。

（３）　政教分離の原則

憲法20条１項後段は「いかなる宗教団体も、国から特権を受け、又は政治上の権力を行使してはならない」、３項は「国及びその機関は、宗教教育その他いかなる宗教的活動もしてはならない」と定めて国家と特定の宗教との結びつきを否定している。これらの規定は政教分離の原則とされ、制度的保障の規定だと解されている。制度的保障とは、個人の権利と密接な重要な制度についての制度自体の憲法上の保障のことをいう。制度自体を保障することによりその関連の権利をより一層保障する目的があると考えられる。

政教分離の内容は、①国教設立の禁止、②宗教団体に対する財政援助の禁止、③国およびその機関の宗教的教育への関与の禁止、④国およびその機関の宗教的活動の禁止、⑤宗教団体の政治的権力行使の禁止などである

政教分離は、国家の宗教的中立性を求めるもので国家と宗教の関わり自体を否定するものではない。例えば、公立学校で宗教に関する歴史教育や修学旅行での神社・仏閣の見学などは問題にはならない。

しかし、国家と宗教の関わり合いを完全に否定するのは適当でないにしろ、国家と宗教の分離がどの程度であればよいのかの判断が困難な場合もある。そのような場合は、①問題になった行為が、世俗的目的かどうか、②その行為の主要な効果が、特定の宗教を振興もしくは抑圧するか、③その行為が、特定の宗教と過度の関わり合いを促すものかどうかの基準のうち一つでも該当すれば違憲とする目的・効果基準といわれるアメリカの判例で用いられた基準が参考になる。例えば、公立学校や公的な場所で12月にクリスマスツリーを飾る行為などは、目的・効果基準によれば、政教分離上の問題にならないことになる。

判例をみてみると、三重県津市の市体育館建設にあたっての神式の地鎮祭へ

5

小泉首相が靖国参拝

「15日」避け前倒し
反発考慮 談話発表「犠牲者に反省と哀悼」

小泉首相は十三日夕、靖国神社を参拝した。首相は当初、終戦記念日の十五日に参拝する意向を明言していたが、国内外の反発などに配慮し、参拝日を前倒しした。首相の靖国参拝は、九六年七月の橋本首相（当時）の私的参拝以来となる。小泉首相は、神道形式を避けて一礼方式で参拝し、公的・私的の別は明らかにしなかった。福田官房長官は十三日「戦争犠牲者すべてに深い反省と哀悼の意をささげたい」との首相談話を発表したが、中国、韓国両国は強く反発しており、今後、両国などとの関係改善が課題となりそうだ。〈小泉首相の談話全文と参拝後の発言要旨4面、「ミニ時典」2面、関連記事2・3・4・30面〉

小泉首相の談話骨子

▽わが国の悔恨の歴史を虚心に受け止め、戦争犠牲者のすべてに深い反省と哀悼の意をささげたい
▽終戦記念日の参拝が、国内外の人々に、戦争を排し平和を重んずるわが国の基本的考え方に疑念を抱かせるとすれば、私の望むところではない
▽国内外の状況を真摯（しんし）に受け止め、私自らの決断として終戦記念日の参拝を差し控える
▽首相の発言を撤回するのは、慚愧（ざんき）の念に堪えない
▽早い機会に中国や韓国の要人と意見交換し、私の信念も話したい
▽内外の人々がわだかまりなく戦没者に追悼の誠をささげるにはどうすればよいか、議論が必要

一礼方式 公・私明らかにせず

首相は十三日昼、首相公邸で自民党の山崎幹事長、福田長官と会談し、同日中の参拝を最終決断した。

首相はモーニング姿で同日午後四時半過ぎ、靖国神社に到着。参集所で「内閣総理大臣　小泉純一郎」と記帳した後、手を清め、神社側の案内で本殿に上がり、一礼して参拝した。首相は、憲法の政教分離原則に抵触しないよう、八五年の中曽根首相（当時）の公式参拝の方式を基本的に踏襲し、二礼二拍手一礼、玉ぐし奉奠などの神道形式はとらなかった。

首相は参拝後、同神社内で記者団に対し、「今日の平和と繁栄は先の大戦の戦没者の犠牲の上に成り立っている。そういう方々に心からの敬意と感謝の誠をささげたい」と参拝理由を説明。さらに「公的とか私的とかに私はこだわらない。A級戦犯とか特定の個人に対してお参りしたわけではない」と語った。また、首相は早期に中韓両国との関係改善を目指す意向を表明した。

一方、首相談話は、終戦記念日を回避して参拝した理由について、「私の参拝が国内外の人々に対し、戦争を排し平和を重んずるというわが国の基本的な考え方に疑念を抱かせかねないならば、それは私の望むところではありません」と強調。そのうえで、「（必ず十五日に参拝するとの）首相の発言を撤回することは、慚愧《ざんき》の念に堪えないが、現在の私は、幅広い国益を踏まえ、首相としての職責を果たさなければならない」と説明している。

政府は同日午後、首相参拝に先立ち、中国の武大偉駐日大使、韓国の柳光錫駐日公使に、首相談話を伝えた。

国立墓地構想 検討へ懇談会
官房長官、来月設置

福田官房長官は十三日午後の記者会見で、首相の靖国神社参拝に関連し、幅広く戦没者を追悼する国立墓地の整備構想などを検討する私的懇談会を九月中に設置する考えを明らかにした。

靖国神社への参拝を終えた小泉首相（13日午後4時38分）

中国抗議、韓国は遺憾表明

【北京13日＝石井利尚】小泉首相が靖国神社を参拝したのを受け、中国の王毅外務次官は十三日、阿南惟茂・駐中国大使を呼び「中国を含むアジア近隣や日本国内の反対を顧みずにA級戦犯を祭る靖国神社を参拝した。中国政府と人民は強い怒りを表明する」と述べ、「今後の健全な中日関係発展に影響を与えるものだ」と強く抗議した。

ただ、王次官は「八月十五日という敏感な日の参拝計画を断念し、談話の中で侵略の歴史を改めて認め、深い反省を示したことに留意している」と述べ、一定の評価も示した。

【ソウル13日＝白川義和】韓国外交通商省は十三日、「小泉首相が、近代日本軍国主義の象徴である靖国神社を参拝したことに深い遺憾を表する」との声明を発表した。声明は「戦犯にまで参拝した事実に憂慮を表さざるをえない」と厳しい姿勢を示した。

（2001年8月14日　読売新聞）

の公金支出の合憲性を争った津地鎮祭事件の最高裁判決[4]は、「起工式に対する一般人の意識に徴すれば、建築工事現場において、たとえ専門家である神職により神社神道固有の祭祀儀礼において則って、起工式が行われたとしても、それが参列者及び一般人の宗教的関心を特に高めることとなるものとは考えられず、これにより神道を援助、助長、促進するような効果をもたらすことになるものとも認められない」として地鎮祭は宗教活動にあたらないとしたが、前述のアメリカの判例理論より緩やかな基準である。また、県知事による靖国神社・護国神社への玉串料の支出について争われた愛媛玉串料事件の最高裁判決[5]は「一般に、神社自体がその境内において挙行する恒例の重要な祭祀に際して右のような玉串料等を奉納することは、建築主が主催して建築現場において土地の平安堅固、工事の無事安全等を祈願するために行う儀式である起工式の場合とは異なり、時代の推移によって既にその宗教的意義が希薄化し、慣習化した社会的儀礼にすぎないものになっているとまでは到底いうことができず、一般人が本件の玉串料等の奉納を社会的儀礼の一つにすぎないと評価しているとは考え難いところである」として県による玉串料の支出を宗教的活動にあたるとし違憲と判断した。この点、特定の神社における祭祀は一般の地鎮祭のような世俗性が認められないので目的・効果基準に沿っても公金の支出は問題があると考えられ、日米の基準で結論は異ならない。→4

また、内閣総理大臣による靖国神社公式参拝は、政教分離との関係で問題が指摘されている。→5 6

6

首相、靖国に供え物

例大祭で

安倍晋三首相が先月下旬の靖国神社春季例大祭に「内閣総理大臣」名で供え物を奉納したことが7日、分かった。政府関係者が「玉ぐし料のような供え物だと聞いている」と明らかにした。

首相は靖国神社参拝について「国のため戦った方々のご冥福を祈り、尊崇の念を表する気持ちは持ち続けたい。一方、外交・政治問題になっている以上、（参拝に）行く行かないは言うべきではないと思う」と語っており、参拝の有無は明言しない方針を示している。

（2007年5月8日　毎日新聞）

（4）　最大判昭和52年7月13日民集31巻4号533頁
（5）　最大判平成9年4月2日民集51巻4号1673頁

4　学問の自由

憲法23条　　学問の自由は、これを保障する。

（1）　学問の自由の内容

学問の自由を独自の条項で保障する憲法は、諸外国の憲法の例においてもあまりみられないが、日本においては戦前に滝川事件（1933年）や天皇機関説事件（1935年）など学問の自由が政府によって侵害された歴史があるため独自の条項で保障している。

学問の自由の内容は、個人の広い学問的活動の自由を意味し、学問研究の自由、研究発表の自由、教授の自由の三つを保障する。また、とくに学問・研究の場としての大学における学問の自由に着目して「大学の自治」の保障もその内容に含まれている。

① **学問研究の自由**　　学問研究の自由は、個人の自由な立場での研究を保障するものであって、公権力・権威による干渉や制限は許されない。しかし、研究目的であったらどのような内容のことをしても許されるわけではない。例えば、最近の科学技術の進歩は、生命倫理に深く関係するクローン人間の誕生も現実味を帯びているが、適切な法律で禁止されたのであれば、研究目的といえども無制約になることは許されない。

② **研究発表の自由**　　学問の目的の中心は真理の発見・探究であるかもしれないが、研究の成果が発表できなかったとしたら、その意義は薄れてしまうであろう。そういった意味で研究発表の自由も学問の自由の内容として非常に重要な意味をもっている。

③ **教授の自由**　　従来、教授の自由は、大学その他の高等教育においてのみ認められると考えられていたが、初等中等教育機関の教師にも教授の自由は原則的には認められる。ただし、大学生と比べて小・中学生はまだ自己決定能力について劣ると推察されるので大学での教授とまったく同じレヴェルでの教授の自由は認められない。すなわち、教育範囲や程度について一定の合理的制約を受けることは認められるのである。

（2） 大学の自治

大学における研究の自由を十分に保障するためには、大学の内部行政が、国家権力等から干渉されないで自主的な決定がなされていなければならない。具体的には、研究者の人事についての自治と施設や学生の管理・運営についての自治が保障されなければならず、大学の自治は制度的保障と解されている。

5 表現の自由

憲法21条　集会、結社及び言論、出版その他一切の表現の自由は、これを保障する。
2　検閲は、これをしてはならない。通信の秘密は、これを侵してはならない。

（1） 表現の自由の意義

表現の自由とは、個人が内心の領域の価値を外部に表明して社会に伝えることを広く保障する権利のことである。表現の自由がとくに重要な権利として認識される理由は、表現の自由には自己実現という個人的価値と自己統治という社会的価値の二つの価値が認められるからである。

個人は自分が考える思想や芸術その他の価値観を社会に発表することを通して自己の人格を発展させていく。このような自己実現は、個人的な価値であるが、個人の尊重を旨とする憲法においては重要な価値である。

また、国民主権における民主主義社会では、国民は言論その他の外部的活動によって政治的意思形成に参加していく。このような表現を媒介とする自己統治には民主制の過程に不可欠な社会的価値が認められるのである。

このような表現の自由を支える価値に着目するならば、表現の自由の保障の内容は、政治的思想表明の自由に限定されるべきでなく、映画・演劇・絵画・写真に小説など芸術的表現も当然に含まれる。

また、その表現の自由の手段についても、言論や出版はもちろん、インターネットのホームページなどの新たなメディア、デモ行進や集会などの行動による意思表示も保障の対象になる。→ 7 8 9 10 11

さらに、表現の自由を実質的に保障するためには、単なる情報の発信だけで

7

柳美里さん出版差し止め

最高裁 上告棄却　プライバシー侵害

「石に泳ぐ魚」

芥川賞作家柳美里《ユウミリ》さんのデビュー作「石に泳ぐ魚」にモデルとして無断で登場させられ、名誉やプライバシーを傷つけられたとして、障害のある知人の女性が柳さんらを相手に出版差し止めと損害賠償を求めた訴訟で最高裁第三小法廷（上田豊三裁判長）は24日、「人格権に基づく出版差し止めは表現の自由を定めた憲法の規定に違反しない」として柳さん側の上告を棄却する判決を言い渡した。最高裁が人格権に基づく出版差し止めを認めたのは初めて。

（38面に関係記事）

同小説では、女性の障害の具体的な特徴を詳細に描写するなどした。

二審・東京高裁は、出版された場合に知人の女性が受ける不利益と、差し止めた場合に柳さんが受ける不利益を比べると、前者が後者を上回ると判断した。

最高裁はこの判断を是認したうえで「公共の利益にかかわらない女性のプライバシーを小説で公表することによって、公的立場にない女性の名誉、プライバシー、名誉感情を侵害した」と認定。「出版されれば、女性に重大で回復困難な損害を与える恐れがある」と述べ、出版差し止めと計130万円の支払いを命じた二審の判断を支持した。4裁判官全員一致の判断だった。

最高裁は86年の「北方ジャーナル」事件大法廷判決で、「表現内容が真実でないか、公益を図る目的でないことが明白で、被害者に重大で回復困難な損害を与える恐れがあるときは例外的に出版の事前差し止めが許される」との基準を示している。今回の判決は、この基準を踏襲した。

プライバシー権はもともと、「私生活をみだりに公開されない権利」のことで、人格権の一つとして広く認められているが、最高裁が出版物の公表に関連して、「プライバシー」の文言を判断理由に使ったのは初めてとみられる。

柳さんは「困難な生をいかに生き抜くか」をテーマにしたと主張。顔の障害を背負った人間と心に障害を持った主人公との交流の物語だと説明していた。主人公は柳さん自身がモデル。

「石に泳ぐ魚」は文芸誌「新潮」94年9月号で公表された。発行元の新潮社は単行本も出版する意向だったが、できなくなった。

（2002年9月25日　朝日新聞）

8

パンツの男の子、ポルノ？

C・クライン、批判受け広告中止

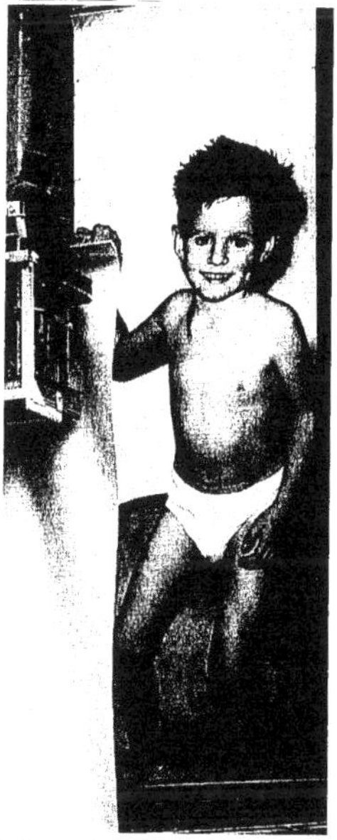

【ニューヨーク18日＝山中季広】米人気ブランドのカルバン・クライン社は十八日、下着姿の男児の写真を使った宣伝をやめると発表した。街頭ポスターなどが「幼児ポルノを思わせる」と批判を浴びたためだ。

問題になったのは、同社が新たに売り出す子ども用下着の広告写真＝写真、AP。パンツだけをはいた男児が仲良く遊んでいるポスターが街角に張られ、十七日付の米紙にも広告として掲載された。それらを見た児童保護団体が「幼児性愛をあおりかねない」などと非難。同社の地元ニューヨーク市のジュリアーニ市長も「悪趣味だ」と批判した。

同社は「配慮が足りなかった」としているが、市民からは「ほのぼのとした写真」といぶかる声も出ている。

（1999年2月19日　朝日新聞夕刊）

9

「美味しんぼ」の描写 波紋

被曝で鼻血■「福島に住んではいけない」

抗議相次ぐ

週刊ビッグコミックスピリッツの人気漫画「美味しんぼ」の東京電力福島第一原発事故をめぐる描写に対し、福島県や地元政界などが12日、発行元の小学館に相次いで抗議した。問題視するのは登場人物が放射線被曝と鼻血の因果関係を指摘したり、「福島に住んではいけない」と述べたりする場面。県内には風評被害への懸念が根強い一方、強まる抗議に「被曝への不安が口にしにくくなる」と心配する声もある。

「福島県民の心情を全く顧みず深く傷つけ、農林水産業や観光業へ深刻な損失を与えかねない」「断固容認できず、極めて遺憾だ」

福島県は12日、ホームページに載せた見解で、鼻血の描写などについて、小学館に対し強く抗議。「原発事故で放出された放射性物質に起因する直接的な健康被害が確認された例はない」とも指摘した。

同日には政府のスポークスマンである菅義偉官房長官も会見で「住民の放射線被曝と鼻血に因果関係はないと、専門家の評価で明らかになっている」と断じた。自民党県連や民主党県議らでつくる会派も相次いで抗議声明を出した。

騒ぎは大学にも飛び火。福島大准教授が12日発売号で除染の効果を否定したことに対し、中井勝己学長は「教職員には立場をよく理解して行動と発言をするよう注意喚起する」と談話を出した。

一方、鼻血をめぐる発言をした福島県双葉町の井戸川克隆・前町長は9日の会見で「本当のことをしゃべっただけだ。県が慌てるのはおかしい」と語った。

最新号の描写について、スピリッツ編集部は12日付のホームページで「行政や報道のあり方について議論を深める一助としたい」とコメント。また、19日発売の次号の特集ページで複数の識者の意見や抗議に対する見解を示すとしている。漫画の内容や表現を変える予定はないという。

原作者の雁屋哲氏は、自らのブログで福島に関する作品が続くことを明らかにし、「取材などはそれから後にお考えになった方がよいと思います。書いた内容の責任はすべて私にあります」とコメントしている。

「事実か疑問」「実情知る契機に」

福島県民の受け止めは様々だ。福島市の学童保育指導員佐藤秀樹さん(47)は「放射線への不安は当然ある。それでも多くの人が県内で懸命に子育てをしている事実をどうみているのか」と首をかしげる。内部被曝検査や食品の放射線量をチェックすることで、被曝への不安は少しずつ和らいだ。「事実を積み重ねた表現とは思えない」という。

これに対し、原発事故の刑事責任を問う原発告訴団長の武藤類子さんは「私も事故後、鼻血が出るとの訴えを耳にする。放射性物質の存在も事実だし、因果関係がないとは断定できないはず。鼻血の表現にこぞって大抗議をすることに違和感を覚える」と話した。

ツイッターで批判の口火を切り、つぶやきが1万回以上リツイートされた郡山市の塾講師「順一」さん(32)は「主張を封じるのではなく、問題点を検証し、より多くの人に福島の実情を知ってもらうきっかけになれば」と話す。

（高橋尚之、根岸拓朗）

（2014年5月13日　朝日新聞）

10

秘密保護法 12月10日施行

対象55項目 運用基準を閣議決定

政府は14日午前の閣議で、特定秘密保護法に基づき、特定秘密の指定・解除に関するルールを定めた運用基準と政令を決定した。「国民の知る権利の尊重」を明記したほか、行政の違法行為の指定を行わないなど「拡張解釈」の禁止を定めた。12月10日を施行日とし、5年後の見直し規定も盛り込まれた。

運用基準は、「国民の知る権利」について、「民主主義社会の在り方と結びついたものとして十分尊重されるべきである」とし、政府に対し、取材・報道の自由への配慮を求めた。

同法は特定秘密を①防衛②外交③スパイ防止④テロ対策――の4分野に限定している。運用基準ではこれを55項目に細分化して特定した。そのうえで、「必要最小限の情報を必要最低限の期間に限って」指定するとし、拡張解釈の禁止と厳格な運用を規定した。

特に、行政に不都合な情報の隠蔽を懸念する声があることを踏まえ、「行政機関による法令違反の事実を指定し、またはその隠蔽を目的として、指定してはならない」と明記した。また、内閣府に審議官級の「独立公文書管理監」を新設し、内部告発の「通報窓口」を設置することも義務付けた。

政令では、秘密指定の権限を持つ行政機関を、内閣官房や防衛、外務両省、国家安全保障会議など19機関に限定した。

運用基準と政令は、有識者会議「情報保全諮問会議」（座長＝渡辺恒雄読売新聞グループ本社会長・主筆）で議論され、一般国民からの意見公募の内容も一部反映された。

運用基準と政令のポイント

▽「国民の知る権利は十分尊重」と明記
▽秘密の指定は、必要最小限の情報、必要最低限の期間に限る
▽指定対象を55項目に細分化し、拡張解釈を禁止
▽行政の違法行為の指定を禁止
▽チェック機関として審議官級の「独立公文書管理監」を新設。内部告発を受け付ける「通報窓口」も設置

（2014年10月14日　読売新聞）

11

トイレの落書き＝建造物損壊

公園の公衆便所の壁に「戦争反対」などとスプレーで落書きして建造物損壊罪に問われ、無罪を主張していた書店店員(27)に対し、最高裁第三小法廷（浜田邦夫裁判長）は上告を棄却する決定をした。「落書きは建物の外観、美観を著しく汚損し、効用を損なわせた」と述べ、同罪に当たるという初めての判断を示した。懲役1年2カ月執行猶予3年とした一、二審判決が確定する。決定は17日付。

最高裁が初判断

第三小法廷は「建物は不体裁かつ異様な外観となり、その利用についても抵抗感ないし不快感を与えかねない状態となった」と指摘。落書きはラッカーシンナーでも完全に消せず、壁の再塗装に約7万円がかかった事情も考え、「損壊」に当たると結論づけた。

一、二審判決によると、男性は03年4月17日夜、東京都杉並区の区立公園で、便所の壁に「反戦」「スペクタクル社会」などと書いた。

（2001年1月20日　朝日新聞）

12

情報公開や選挙で人目気になる？
都議のハイヤー代 5年前の10分の1

東京都議会議員が使うハイヤー代金が、この2年激減している。昨年度の利用額は１４４８万円で、5年前の10分の1以下になった。99年度から都議会にも情報公開条例が設けられ、ハイヤー代金が公開対象になった影響が大きいとみられる。税金の使い方への視線が厳しくなる中、6月に都議選を控えた都議たちからは「無駄遣いはもうできない」との声が出ている。

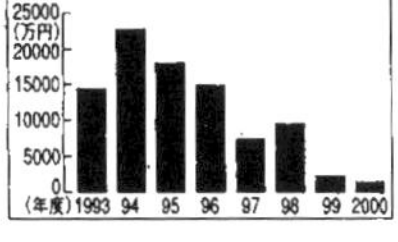

都議会では、議員の公務に限って公用車の使用が認められている。公用車には都が所有する庁有車と、借り上げハイヤーの2種類がある。

都議会に配置されている庁有車は22台。5人以上の会派に優先的に割り当てられ、自民党が4台、公明党3台、民主党2台。共産党は辞退している。そのほか正副議長が各1台。残る11台が共用車で、都議ならだれでも使うことができる。庁有車を使うのが原則だが、出払っているときは議会局や財務局が民間のハイヤーを配車する。

都の決算書などによると、95年度のハイヤー代は約1億８０００万円。当時の都議会の定数１２８で単純に割ると1人当たり約１４０万円になる。その後96年度は約1億４８００万円、99年度に一気に約２３００万円に減り、さらに昨年度は約１４５０万円になった。

都議会局によると、99年度から都議会の情報公開条例が施行され、月ごとのハイヤー利用総額などが公開されるようになった。予算額を議員数で各会派に割り当てたり、利用者が経路などを記入した乗車票を会派の配車責任者に提出したりするなど使い方のルールもつくられた。

古参都議らによると、以前は公用と私用の境がはっきりしない宴席へも気軽にハイヤーを使っていた。しかし、最近は視察や国会議員への陳情などに限って使うようになったという。ある都議は「6月には都議選がある。有権者の目もあり、指摘されないような乗り方を心がけている」と話している。

（2001年5月7日　朝日新聞夕刊）

はなく、収集、提供、受領というプロセス全体を対象として考えていくことが必要であろう。

また、表現の自由は、当初、表現の送り手のみの権利として認識されていたが、現在では、表現の受け手の実質的な権利も保障すべく、「知る権利」をも保障するものと考えられている。→12

この点、2013年に成立した秘密保護法は、最長60年も特定秘密の内容を知ることができない等問題である。

（2）　表現の自由の内容

①　**集会・結社の自由**　　「集会」とは多数の人が共同の目的をもって一定の場所（屋内・屋外）に集まること、「結社」とは一定の目的のために多数人が結合することであるが、なぜ表現の自由として集会・結社の自由が保障されているのだろうか。それは、国民の表現は個人的なものとは限られず、社会的アピールを必要とする場合に集会や結社などの集団行動による意思表現が有力な手段となるからである。

ただし、集団行動は、一般の表現と比べて集団での行動を伴う点で他の国民の権利・自由との調整や物理的制限に服する場合がある。例えば、道路交通法や公安条例による制限である。もちろん、その場合の規制も必要不可欠な目的に基づく、必要最小限度の規制でなければならず、明治憲法下での治安警察法や治安維持法などの治安諸立法の類の恣意的な規制は許されない。

この点、許可制を定める東京都公安条例の合憲性が争われた東京都公安条例事件の最高裁判決[6]は、「公安委員会は集団行動の実施が『公共の安寧を保持する上に直接危険を及ぼすと明らかに認められる場合』の外はこれを許可しなければならない（3条）。すなわち許可が義務づけられており、不許可の場合が厳格に制限されている。従つて本条例は規定の文面上では許可制を採用しているが、この許可制はその実質において届出制とことなるところがない。集団行動の条件が許可であれ届出であれ、要はそれによつて表現の自由が不当に制限されることにならなければ差支えないのである」、「国家、社会は表現の自由を最大限度に尊重しなければならないこともちろんであるが、表現の自由を口実にして集団行動により平和と秩序を破壊するような行動またはさような傾向を帯びた行動を事前に予知し、不慮の事態に備え、適切な措置を講じ得るようにすることはけだし止むを得ないものと認めなければならない」として東京都公安条例を合憲とした。

（6）　最大判昭和35年7月20日刑集14巻9号1243頁
（7）　最判平成7年3月7日民集49巻3号687頁

また、市民会館の使用不許可処分が集会の自由との兼ね合いで問題になった事例での最高裁判決[7]は、「利用を拒否し得るのは、利用の希望が競合する場合のほかは、施設をその集会のために利用させることによって、他の基本的人権が侵害され、公共の福祉が損なわれる危険がある場合に限られるものというべきであり、このような場合には、その危険を回避し、防止するために、その施設における集会の開催が必要かつ合理的な範囲で制限を受けることがあるといわなければならない。そして、右の制限が必要かつ合理的なものとして肯認されるかどうかは、基本的には、基本的人権としての集会の自由の重要性と、当該集会が開かれることによって侵害されることのある他の基本的人権の内容や侵害の発生の危険性の程度等を較量して決せられるべきものである。本件条例７条による本件会館の使用の規制は、このような較量によって必要かつ合理的なものとして肯認される限りは、集会の自由を不当に侵害するものではなく、また、検閲に当たるものではなく、したがって、憲法21条に違反するものではない」として公共の福祉のための必要・合理的範囲での市民会館使用の制限を認めた。

②　**言論・出版の自由**　　「言論」とは演説など言語をもって思想を表現すること、「出版」とは文書や図画の印刷刊行によって思想を表現することである。表現の自由が保障するのは言論・出版に限られないし、内容も政治的思想のみを保障するものではないが、戦前の治安立法による規制や戦後初期のＧＨＱによる言論統制を踏まえると、現代においても言論・出版が表現の自由の中心的価値であることはかわらない。

③　**その他一切の表現の自由**　　表現の自由の保障は、法に触れたり、他人の権利を著しく傷つけない限りは、その形式、内容は問わない。広告のような営利的な表現も保護に値すると考えられている。

また、国民に事実を伝える役割の報道の自由についても情報の収集という全段階の取材の自由と併せて表現の自由として保障されると考えられる。

④　**検閲の禁止**　　検閲とは、行政権が主体となって、思想内容等の表現物を対象とし、その全部または一部の表現物につき網羅的・一般的に発表前にそ

13

教科書にミス　112万冊再配布
東京書籍「地理」

日高山脈を「山地」
「雪国はつらいよ条例」だけじゃなかった

市町村数たった1230

　教科書出版「東京書籍」（東京都北区）は、中学生用の教科書「新しい社会　地理」（02年度用）の記述に誤りが数多くあったとして、利用している1、2年生と教員全員に、訂正して作り直した教科書を無料で配布することを決めた。112万冊にのぼる見込み。現在製作中で、今学年末から新学期にかけて配るとしている。

　同社によると、全国で3200を超える市町村数を「1230団体」と記したり、日高山脈を「日高山地」と表記したりする内容の誤りに加え、索引のページ数のずれなどが多数あった。データ更新と合わせ約160カ所を修正するという。

　同社の教科書をめぐっては昨年末、同じ中学生用の「新しい社会　公民」（02年度用）で、新潟県中里村の「雪国はつらつ条例」を「雪国はつらいよ条例」と誤記していたことが明らかになっている。

　同社は「チェックの甘さが原因で、おわびするしかない。編集力を強化して信頼回復に努めたい」と話している。

（2003年2月13日　朝日新聞夕刊）

の内容を審査した上、不適当と認めるものの発表を禁止することを、その特質として備えるものをいう（最大判昭和59年12月12日民集38巻12号1308頁）。表現の自由を規制する手段として検閲は、発表の機会自体を奪うという厳しい方法のため、表現の自由が受ける影響が非常に大きいので憲法がとくに明文で禁止したものである。

　この点、いわゆる「教科書検定」が政府による検閲にあたるのではないかが問題とされているが、最新の最高裁判決(8)は、教科書検定について「右制約は、普通教育の場において使用義務が課せられている教科書という特殊な形態に限定されるのであって、不合格となった図書をそのまま一般図書として発行し、教師、児童、生徒を含む国民一般にこれを発表すること、すなわち思想の自由市場に登場させることは、何ら妨げられるものではない」、「教育の中立・公正、一定水準の確保等の要請があり、これを実現するためには、これらの観点に照らして不適切と認められる図書の教科書としての発行、使用等を禁止する必要があること、その制限も、右の観点からして不適切と認められる内容を含む図書についてのみ、教科書という特殊な形態において発行することを禁ずるものにすぎないことなどを考慮すると、教科書の検定による表現の自由の制限は、合理的で必要やむを得ない限度のものというべきである」として検閲にはあたらないとしている。→13　14

（8）　最判平成9年8月29日民集51巻7号2921頁

14

80タイトル検閲処分

占領下 宮沢賢治らの児童書

GHQの削除・発禁など 北星学園大教授調査

敵殺し苦悩する「烏の大尉」…

連合国軍総司令部（GHQ）の検閲を受け、宮沢賢治や新美南吉らの作品を含む80タイトル余りの児童書が、削除や発行禁止などの処分を受けていた詳細な実態が、日本人研究者の調査で明らかになった。占領下で検閲された出版物を収蔵する米国メリーランド大学の「プランゲ文庫」で、客員研究員として児童書の整理にあたった北星学園大（札幌市）の谷暎子《えいこ》教授（児童文化）が調べた。【野倉恵】

戦後60年の原点

45～49年に行われた検閲では、出版物は、連合国軍批判や軍国主義、封建思想の賛美などの内容が掲載禁止や削除の対象となった。95年以来調査、研究を続けてきた谷教授によると、同文庫には、検閲を受けた約8000タイトル9900冊の児童書が収蔵されていることが判明。作品を整理した結果、検閲で▽発行禁止6件▽削除42件など、80タイトル余りの作品が違反処分を受けていた。作品のゲラ刷りに、「delete」（削除）、「Suppress」（発行禁止）などの指示が書き込まれたものもあった。

「（敵を殺さなくていい世になるなら）わたくしのからだなどは、何べん引き裂かれてもかまひません」。「烏《カラス》の大尉」が戦争で敵を殺し、苦悩する姿を描いた宮沢賢治の「烏の北斗七星」は、47年出版の「注文の多い料理店」（杜稜書院）の中で全文削除を命じられた。

同一作品 異なる判断も

友人らとのかかわりを通して少年の成長を描く新美南吉の「耳」も、46年出版の本から削除指示を受けた。出版社が事前検閲用に提出したゲラ刷りは、作品にあった日米開戦の日付である「昭和十六年十二月八日の朝のことだった」との部分を自主的に削っていた。しかし、なお違反とされた。

円地文子が子供向けに書いた古典「百合若」と「元服曽我」は全文削除を命じられた。封建思想や復しゅう劇が処分された理由とみられる。

谷教授によると、検閲が終わった49年10月以後、再版本で復元したものもある一方、その後何年も削除されたままだった作品もある。「検閲はマニュアルに基づき行われたが、検閲した係員によって判断が異なるため、同一作品でも削除されたものとパスしたものがあり、検閲の矛盾や限界が明るみに出た。出版社や編集サイドから経緯を説明した記録がほとんどない中、プランゲ文庫の資料から読み取れる検閲の実態は貴重」と話している。

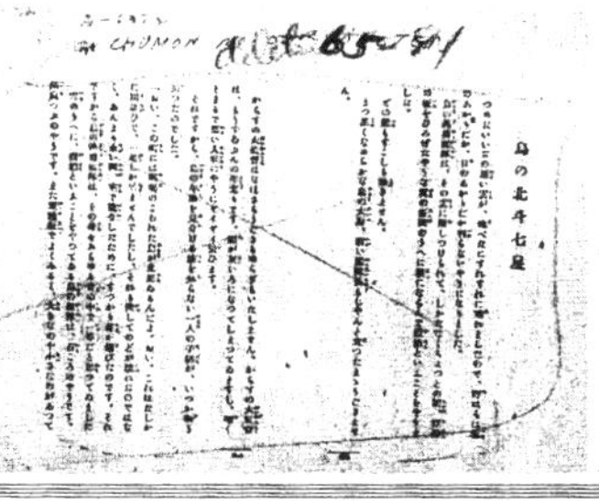

全文削除を命じられた宮沢賢治の「烏の北斗七星」のゲラ刷り写真。「deleted」（削除）の文字が読める（メリーランド大学プランゲ文庫所蔵）＝谷教授提供

（2006年4月7日　毎日新聞）

15

公開文書 合併したら 対象外に

96自治体、承継せず

NPO調査「市民の権利奪う」

「平成の大合併」と言われる全国的な市町村合併により新たに誕生した自治体のうち、100近くの自治体で、合併前には情報公開条例の対象となっていた旧自治体の文書が合併後の新条例で公開の対象から除外されていることが、NPO法人「情報公開クリアリングハウス」（東京・新宿区）の調査で分かった。大半の自治体が、合併前の文書についても任意で請求に応じるという努力義務規定を設けているが、条例の対象外の場合、非公開とされても不服申し立てなどの手続きを取ることはできず、「合併前に存在した市民の権利を奪うことになる」との批判が出ている。

同法人が調査したのは、2001年1月～05年10月に合併した377自治体。この中には、複数の市町村が合併して自治体が新設されたケース（295自治体）と、既存の市町村に別の市町村が編入されたケース（82自治体）がある。

調査結果によると、合併前に情報公開条例の請求対象になっていた旧自治体の文書を、合併時に制定した条例で対象から外したのは、北海道森町、青森県つがる市、さいたま市、愛知県愛西市、兵庫県淡路市、山口県萩市、熊本県阿蘇市など96の自治体。いずれも新設された自治体で、新設自治体全体の33％にあたる。

このうち、さいたま市の条例では、請求対象について付則で「施行日（合併日と同一）以後に作成し、取得した行政情報」と規定。合併前の浦和、大宮市などからの「承継情報」については「適用しない」と明記しており、他の自治体も同様の規定を設けている。

96自治体の合併前の旧自治体の数は362だが、このうち47の旧自治体では、合併前は情報公開条例が制定されていなかった。残る315の旧自治体の文書が、合併により条例の対象から外されたことになる。旧自治体の文書を外した理由について、自治体側は「もともと条例のない自治体があり、そこに合わせた」（つがる市）、「文書が大量で整理しきれなかった」（淡路市）などと説明している。

愛西市などでは「合併前の文書もできるだけ公開する」としているが、条例に基づかない任意請求の場合、請求者は不服申し立てを行ったり、訴訟で争ったりすることができない。同法人の別の調査では、条例に基づく請求で非公開とされたため請求者が不服申し立てをしたケースの46・6％で、公開範囲が拡大したという結果が出ており、同法人では「公開への道が狭まることは明らか」としている。

（2006年3月17日　読売新聞）

⑤ 通信の秘密　「通信の秘密」とは、明治憲法の「信書の秘密」(旧26条)と同じく手紙・電話その他すべての方法による通信の秘密を意味し、信書には、開封の書状・葉書も含まれる。通信は表現手段の一形態であるため表現の自由の一内容であるが、その実質は、「いかに伝えるか」でなく、通信内容の秘密保持にあるため、現代ではプライバシー権の一形態としての意味が強い。

ただし、ITの発展により、広い意味での通信の秘密保持の意義は増している。例えば、学校や会社において、生徒や社員個人のインターネットの通信記録等が無制約に閲覧されるようなことは許されないだろう。

また、これまで通信の秘密についての郵便物等の押収(刑事訴訟法100条)や監獄での信書発受の制限(監獄法47条)などの制限は合憲と判断されてきたが、1999年に成立した「犯罪捜査のための通信傍受に関する法律」については、多くの憲法上の問題が指摘されている。

⑥ 知る権利　表現の自由は、情報を発表し伝達する自由であるが、社会の情報化の発展に伴い、情報が一部のマスメディアに独占的に収集・編集・発信されて、国民は一方的な情報の受け手となってしまった。そのような状態では、国民は真に必要とする情報を必要とする時に受け取ることは不可能であるし、情報の送り手も一部のメディアに関係する者に限られ、メディア自身による情報操作の危険性にも無関心ではいられない。

また、国民主権をより積極的に実践するためには、国民は国家権力が管理する情報を政治的判断材料として必要とするが、時として、国家権力は自らに都合の悪い情報は隠してきた。

これらの問題に対処するためには、表現の自由を受け手の地位から再構築する必要があり、国民の必要性を実質的権利として保障するために、憲法で明文規定のない「知る権利」が権利として認められるようになった。

知る権利の法的性格は、公権力に妨げられることなく情報を受ける自由としては自由権的性格であるが、政府等に対して情報公開を要求する権利としては、社会権的性格をもつものであるといえよう。→15 16 17

また、政府の情報公開は参政権に不可欠なだけでなく、行政の透明性を確保し国民の行政に対するチェック機能にも大きな役割を果たすものである。

⑦　**アクセス権**　　「ＨＰにアクセスした」というように、アクセスという言葉の意味は「～に近づく・入る」といった意味で、アクセス権といういい方をする場合は非常に多義的に使われている。例えば、政府に対するアクセス権といった場合は、通常、政府に対する情報公開請求権、つまり「知る権利」と同じ意味を表わす。

また、国民が自己の意見の場を提供することを要求できる権利としてアクセス権を指す場合もある。

ただ、アクセス権を認めるにしても、公権力に対しては、参政権との兼ね合いでさらに何を保障すべきかが問題になる。また、マスメディアに対しては、反論記事の掲載その他のメディアへの参加の機会提供を意味することになるが、私企業に対してそのような義務を課すことは、かえって公権力の介入を招く危険性があり、安易にアクセス権を権利としては認められない。

16

新潟県食糧費　最高裁判決

相手が公務員なら　非公開処分は違法

新潟県東京事務所の食糧費支出や贈答の相手方などについて「新潟市民オンブズマン」が知事の非公開処分取り消しを求めた訴訟の上告審判決が二十一日、最高裁第二小法廷であった。

亀山継夫裁判長は、氏名の公開をほぼ全面的に認めた二審東京高裁判決を変更、相手方が公務員の場合に限って非公開処分を違法とする判断を示した。

判決理由で亀山裁判長は「公務遂行に関する情報は非公開情報に当たらない」とした上で、会合や贈答の相手方が公務員で、住所や出身地の記載がない部分は公開すべきだとした。

（2003年11月21日　日本経済新聞夕刊）

17

ネット検閲 25か国で

中韓イランなど　米英研究者指摘

【ニューヨーク＝白川義和】米ハーバード大や英オックスフォード大など4大学の研究者グループは18日、中東、アジアを中心とする25か国で政府によるインターネットの検閲が行われているとの調査結果を発表した。中国、イラン、ベトナムなどは政治的、社会的双方の分野で問題のあるサイトを検閲し、接続を遮断しているという。

調査は各国の協力者と連携し、41か国・地域で実施された。この種の本格的な調査は初めてで、インターネットの普及とともに政府による検閲が広がっている現状が浮き彫りになった。

調査によると、韓国は、多くが日本で開設されている北朝鮮関連サイトだけを検閲、遮断している。サウジアラビアやオマーンなど中東諸国では宗教的内容での検閲が目立った。ロシア、イスラエルでは予想に反して検閲は確認されなかった。

北朝鮮とキューバは調査対象から外された。

（2007年5月20日　読売新聞）

6 経済的自由

憲法22条　何人も、公共の福祉に反しない限り、居住、移転及び職業選択の自由を有する。

2　何人も、外国に移住し、又は国籍を離脱する自由を侵されない。

憲法29条　財産権は、これを侵してはならない。

2　財産権の内容は、公共の福祉に適合するやうに、法律でこれを定める。

3　私有財産は、正当な補償の下に、これを公共のために用ひることができる。

経済的自由権には、職業選択の自由、居住・移転の自由、財産権がある。これらの権利は、封建的な拘束を排して、近代的市民階級が自由な経済活動を行うために主張された権利であり、市民革命当初は不可侵の人権として保護されたが、資本主義体制の発展に伴う自由放任体制の歪みから生じた貧富格差の是正や福祉国家への要請から、「公共の福祉」による制約を受けるようになった。

（1） 職業選択の自由

職業選択の自由とは、自己の従事する職業を決定する自由のことである。営業の自由もこれに含まれる。身分社会においては、職業の選択をすることは実質的に不可能であったが、自由・平等が保障されるにいたり、私たちは自らの人生で重要な価値をしめる職業を自分で選択できるようになったのである。

しかし、職業選択はまったく無制約であるわけではなく、衛生上の理由による場合（例、許可制の飲食業、届出制の理容業）、警察許可を必要とする場合（例、古物営業法による古物商の免許）など消極的規制や国家の独占事業とされる場合（例、民営化前の郵便事業の公営）、公益事業とされる場合（例、特許制の電気・ガス事業）など積極的規制に服する。

また、職業選択の自由は、誰でもつきたい職業になれるという結果を保障するものではない。例えば、医者や教師になるためには、当然、国家資格を修得しなければならないように、実際に希望する職種につくには各人の努力が必要である。この点、規制緩和に流れの下で規制は緩和される傾向にあるが、その中身は充分に考査されるべきであろう。→18

18

水道「民営化」法が成立
自治体の運営売却促す

水道事業を「民営化」しやすくする改正水道法が6日、衆院本会議で賛成多数で可決、成立した。水道の民営化をめぐり、海外での失敗例の分析が不十分だとして野党側は「審議不十分」と反発していた。

▼2面＝不安拭えず

野党は反発「審議不十分」

水道事業は、人口減や節水により水の使用量が減る中、水道管の更新費用が負担となり経営悪化が懸念される。改正法は事業の基盤強化を主な目的とする。水道を運営する自治体などに適切な資産管理を求め、事業の効率化のため広域連携を進める。

争点となったのは、コンセッション方式と呼ばれる民営化の手法だ。公共施設の所有権を自治体が持ったまま運営権を長期間、民間に売却できる手法で、今回の改正で、自治体が水道事業者という位置づけのまま、導入できるようになる。事業者が給水の最終責任を負うため、災害や運営企業の経営破綻《はたん》時の給水体制を自治体が担保し、導入を促す狙いがある。

厚生労働省によると、水道でこの方式の導入をこれまでに検討したのは6自治体。宮城県は市町村に水道水を「卸売り」する事業での導入を計画している。4月に全国で初めて下水道事業でコンセッション方式を始めた浜松市は、水道でも導入できるか検討する。一方、検討を進めた大阪市と奈良市は議会の賛同を得られず、水道での導入例はまだない。

国会審議では、厚労省が検証した海外の民営化の失敗例が3件のみだったことや、内閣府の民営化の推進部署で「水メジャー」と呼ばれる海外企業の関係者が働いていることが露呈。海外では水道料金の高騰や水質悪化などの失敗例が相次いでいることもあり、野党は問題視して追及を強めていた。

だが5日の参院本会議で可決後、与党側は審議なしで同日の衆院厚労委で、採決を強行した。

（姫野直行、阿部彰芳）

■改正水道法の概要

適切な資産管理
施設の維持・修繕を義務化、施設更新費用を含む収支見通しの公表を努力義務に

「コンセッション方式」の導入
水道事業の認可・施設の所有権を自治体が持ったまま民間に運営権を売却可能に（通常は20年間以上）

（2018年12月7日　朝日新聞）

（2）　居住・移転の自由

居住・移転の自由とは、自己の住所または居所を自由に決定し、移動することを内容とする。海外渡航を含む旅行の自由も含まれる。今ではあたり前の人が自由に好きな街に住み、好きな場所に旅行をするという自由も、身分制度が存在し、国民に自由と平等が保障されていない封建社会では、住む場所と従事する職業が密接に関わり合う関係などから厳しく制限されていたのである。

また、憲法22条は、外国移住および国籍離脱の自由も認められると考えられている。ただし、海外渡航にはパスポートの所持が義務づけられているし、国籍離脱の自由はあるが、国籍法11条1項は「日本国民は、自己の志望によって外国の国籍を取得したときは、日本の国籍を失う」として二重国籍や無国籍となることを認めていない。

また、日本に在住する外国人には出国の自由はあるが、再入国の自由についてはアメリカ人女性が指紋押捺を拒否していることを理由に再入国申請が拒否された森川キャサリン事件の最高裁判決(9)は、「我が国に在留する外国人は、外国へ一時旅行する自由を憲法上保障されているものではない」として認めていない。しかし、日本に在住する外国人をひとくくりにして再入国許可の自由裁量を認めてしまうことには問題があろう。

（3）　財産権の保障

憲法29条は、財産権の不可侵（1項)、公共の福祉による制限（2項)、財産権の制限と正当な補償（3項）を規定している。

財産権の内容は、個人の財産上の権利保障と私有財産制の保障の二つを意味する。また、財産権は「公共の福祉」に適合するように法律（例、建築基準法・借地借家法）で定められているので、個人の絶対・無制限な自由ではなく、現代社会においては、社会的公平と調和の見地から積極的規制にも服する。

さらに、この私有財産は、「公共のために」収容または制限される場合もあ

（9）　最判平成4年11月16日最高裁判所裁判集・民事166号575頁

る。例えば、道路拡張のための土地収用である。ただし、この場合には「正当な補償」が必要であり、公共のためといえども個人の財産が何の対価もなく侵害されることはない。この「正当な補償」には相当補償説と完全補償説があるが、損失補償制度の公共のための行為を個人の負担にしないで国民一般の負担に転嫁させるという本質によるならば完全補償説によるべきであろう。

7　人身の自由

（1）基本原則

憲法18条　何人も、いかなる奴隷的拘束も受けない。又、犯罪に因る処罰の場合を除いては、その意に反する苦役に服させられない。

憲法31条　何人も、法律の定める手続きによらなければ、その生命若しくは自由を奪はれ、又はその他の刑罰を科せられない。

私たちは各種の自由を保障されているが、もし、私たち自身が国家権力によって不法に逮捕・拘留されたり、拷問を受けることによって自由な活動を制限されたら自由権そのものが存在しえなくなってしまう。

そこで、明治憲法下に行われた国家権力による人身の自由に対する侵害が繰り返されることのないように、詳細な規定が日本国憲法では明記されている。

また、私たちが、人として幸福に生きていくためには、国家を含めるおよそすべてから、非人道的な扱いを受けるようなことがあってはならないのであって、人身の自由の内容は、国家からの適正手続の保障のみならず私人による奴隷的拘束も禁止している。

具体的に、「奴隷的拘束」とは、自由な人格者であることと両立しない程度の身体の自由が拘束されている状態のこと。「その意に反する労働」とは、広く本人の意思に反して強制される苦役のこと。「苦役」とは、強制労働のように苦痛を伴う労役のことである。この規定により、戦前のタコ部屋的強制労働や娼妓契約など非人道的な行為は禁じられている。

この点、兵役の強制である徴兵制については、憲法９条および本条の「意に反する苦役」として日本では平時・有事に限らず認められない（政府見解も）

と解されているが、国連人権Ｂ規約８条[10]は兵役を強制労働とはしていない。

適正手続の保障は、アメリカ憲法修正14条の適正手続条項に由来する。具体的には、①法律で定めた手続が適正でなければならない（例、告知・聴聞）、②実体もまた法律で定められなければならない（罪刑法定主義）、③法律で定められた実体規定も適正でなければならないなどである。つまり、適正な法（法で規定すればどんな内容でもいいのではない）による法の適正な手続に従った場合でなければ、私たちは公権力に身体の制限を受けないということである。

この詳細な内容は、被疑者と被告人の権利として憲法32～40条に規定され、さらに刑事訴訟法等で具体化されている。

（２）　被疑者の権利

①　不法な逮捕・抑留・拘禁からの自由

憲法33条　　何人も、現行犯として逮捕される場合を除いては、権限を有する司法官憲が発し、且つ理由となつてゐる犯罪を明示する令状によらなければ、逮捕されない。

憲法34条　　何人も、理由を直ちに告げられ、且つ、直ちに弁護人に依頼する権利を与へられなければ、抑留又は拘禁されない。又、何人も、正当な理由がなければ、拘禁されず、要求があれば、その理由は、直ちに本人及びその弁護人の出席する公開の法廷で示されなければならない。

---

(10)　市民的及び政治的権利に関する国際規約（人権Ｂ規約）　第８条

１　何人も、奴隷の状態に置かれない。あらゆる形態の奴隷制度及び奴隷取引は、禁止する。

２　何人も、隷属状態に置かれない。

３(ａ)　何人も、強制労働に服することを要求されない。

(ｂ)　(ａ)の規定は、犯罪に対する刑罰として強制労働を伴う拘禁刑を科することができる国において、権限のある裁判所による刑罰の言渡しにより強制労働をさせることを禁止するものと解してはならない。

(ｃ)　この３の規定の適用上、「強制労働」には、次のものを含まない。

(i)　作業又は役務であつて、(ｂ)の規定において言及されておらず、かつ、裁判所の合法的な命令によつて抑留されている者又はその抑留を条件付きで免除されている者に通常要求されるもの

(ii)　軍事的性質の役務及び、良心的兵役拒否が認められている国においては、良心的兵役拒否者が法律によつて要求される国民的役務

(iii)　社会の存立又は福祉を脅かす緊急事態又は災害の場合に要求される役務

(iv)　市民としての通常の義務とされる作業又は役務

19

逮　捕　状（通常逮捕）	
被疑者の氏名	
被疑者の年齢 住居，職業 罪名 被疑事実の要旨 被疑者を引致すべき場所 請求者の官公職氏名	別紙逮捕状請求書のとおり
有効期間	平成　年　月　日まで
有効期間経過後は，この令状により逮捕に着手することができない。この場合には，これを当裁判所に返還しなければならない。 有効期間内であっても，逮捕の必要がなくなったときは，直ちにこれを当裁判所に返還しなければならない。	
上記の被疑事実により，被疑者を逮捕することを許可する。 平成　年　月　日 裁判所 裁判官	
逮捕者の官公職氏名	
逮捕の年月日時及び場所	平成　年　月　日　午　時　分 で逮捕
記名押印	
引致の年月日時	平成　年　月　日　午　時　分
記名押印	
送致する手続をした年月日時	平成　年　月　日　午　時　分
記名押印	
送致を受けた年月日時	平成　年　月　日　午　時　分
記名押印	

20

「証拠収集に重大な違法」
被告の一部無罪確定
最高裁初判断

警察官が窃盗事件の逮捕状を携行し忘れ、容疑者の男性に示さず逮捕したら、尿から覚せい剤反応が出た。さらに自宅を捜索したところ、覚せい剤が見つかった——こうした場合、男性を罪に問えるかが争われた裁判の上告審判決が14日、あった。

一、二審判決は覚せい剤の使用も所持も無罪と判断。検察側が上告していたが、最高裁第二小法廷（梶谷玄裁判長）は「逮捕手続きには重大な違法があり、採尿結果は証拠にならない」として覚せい剤使用について検察側上告を棄却した。男性の一部無罪が確定する。

証拠収集手続きの重大な違法を理由に最高裁が証拠を排除する判断をしたのは初めて。

しかし、第二小法廷は覚せい剤の所持については、「自宅の捜索は令状に基づいて適法に行われており、自宅で見つかった覚せい剤と、採尿結果との関連性は密接ではない」と判断。所持についても無罪を言い渡した一、二審判決を破棄し、審理を一審・大津地裁に差し戻した。

梶谷裁判長は「警察官がうその報告書を書いたり、公判でうそを証言したりして違法を隠そうとした態度も考えると、逮捕手続きの違法は、令状主義の精神を没却する重大な場合だ」と述べた。

（2003年2月14日　朝日新聞夕刊）

21　逮捕後の手続の流れ

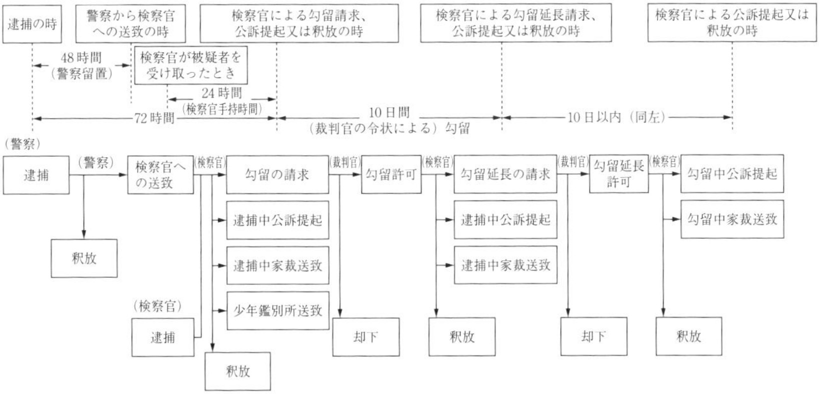

（警察庁のHPより）

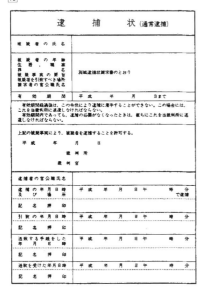

たとえ捜査のためであったとしても、現行犯や現行犯に準ずる緊急逮捕以外、私たちは裁判所の発する逮捕状がなければ逮捕されることはない。なぜならば、適正な裁判によって無罪になったとしても、逮捕や身体の拘束がされること自体が大きな人権侵害であるからである。→⑲　⑳　㉑

② 住居等の不可侵

憲法35条　何人も、その住居、書類及び所持品について、侵入、捜索及び押収を受けることのない権利は、第三十三条の場合を除いては、正当な理由に基づいて発せられ、且つ捜索する場所及び押収する物を明示する令状がなければ、侵されない。
2　捜索又は押収は、権限を有する司法官憲が発する各別の令状により、これを行ふ。

私たちの個人的な生活領域に公権力が立ち入ることは、たとえ捜査という正当な理由があったとしても必要最小限度でなければ許されない。そこで、捜査や押収に際しても逮捕と同様に令状を必要としているのである。

（3） 被告人の権利

① 裁判に関わる権利

憲法32条　何人も、裁判所において裁判を受ける権利を奪はれない。
憲法37条　すべて刑事事件においては、被告人は、公平な裁判所の迅速な公開裁判を受ける権利を有する。
2　刑事被告人は、すべての証人に対して審問する機会を充分に与へられ、又、公費で自己のために強制的手続により証人を求める権利を有する。
3　刑事被告人は、いかなる場合にも、資格を有する弁護人を依頼することができる。被告人が自らこれを依頼することができないときは、国でこれを附する。

32条の「裁判を受ける権利」は、刑事手続の裁判に限定されるものでないが、刑事手続上は「裁判所の裁判でなければ、刑罰を科せられない」ことを意味する。つまり、いくら厳格な手続を定めても、正当な裁判所の適正な審理を経ない判決によって刑罰が科されては人権が結局侵害されてしまうからである。

この裁判は、証人尋問の機会などが実質的に与えられ（適正な裁判）、さらに、公正を保つために公開でなされなければならない。

また、いくら公正な裁判であっても何十年もかかるような不当な遅延した裁判では被告人は非常に不安定な身分で長期間おかれることになってしまうので迅速な裁判がなされなければならない。

さらにあらゆる要件において適正な裁判の機会が被告人にあたえられても、法的知識等にかける被告人が裁判を維持することは困難である。そこで、弁護人依頼権が権利として保障されている。

②　自己負罪の拒否等

> 憲法38条　何人も、自己に不利益な供述を強要されない。
> 2　強制、拷問若しくは脅迫による自白又は不当に長く抑留若しくは拘禁された後の自白は、これを証拠とすることができない。
> 3　何人も、自己に不利益な唯一の証拠が本人の自白である場合には、有罪とされ、又は刑罰を科せられない。

自白のみで有罪が確定してしまうと、自白を引き出すために手続が歪められてしまったり、拷問などにより事実と違う内容が形式的に引き出される危険性があるので、憲法は、自白のみの有罪確定を条文で否定したものである。

③　事後法・二重処罰の禁止・一事不再理

> 憲法39条　何人も、実行の時に適法であつた行為又は既に無罪とされた行為については、刑事上の責任を問はれない。又、同一の犯罪について、重ねて刑事上の責任を問はれない。

行為時には適法であった行為が、その後に成立した法によって処罰されるようなことは、国民の予見可能性を侵害することになる。また、同じことで何度も刑事上の責任が問われるようなことも人権侵害であるので許されない。

④　残虐刑の禁止

> 憲法36条　公務員による拷問及び残虐な刑罰は、絶対にこれを禁止する。

死刑が残虐な刑罰にあたるかが問題とされているが、判例は「火あぶり、はりつけ、さらし首、釜［かま］ゆで等、死刑の執行の方法等がその時代と環境において人道上の見地から一般に残虐性を有するものと認められる場合には、憲法に違反するが、刑罰としての死刑そのものが、一般に直ちに残虐な刑罰に該当するとは考えられない」[11]としている。→22　23　24　25

22　死刑廃止論

死刑は人の生命を断つ刑罰であり、沿革的には最も古い刑罰である。その一方、1516年のトーマス・モアの『ユートピア』に死刑反対の記述がみられるなど、かなり古くから疑問がなげかけられてきた。また、1989年には国連で死刑廃止条約も採決されて死刑制度を廃止している国も多い。

死刑廃止論の理由は主に、①国家といえども国民を殺すことは許されないこと、②死刑に犯罪の威嚇力はないこと、③誤審があった場合の救済が不可能であること等であり、人権尊重の日本国憲法では死刑制度は憲法違反であるとの主張もある。

ただし、憲法31条は「何人も、法律の定める手続によらなければ、その生命若しくは自由を奪はれ、又はその他の刑罰を科せられない」というように法律による死刑制度を禁じてはいないし、平成26年の内閣府の世論調査によれば、「場合によっては死刑もやむを得ない」が80.3%と「死刑は廃止すべきである」の9.7%を大きく上回っている。

23

暴行の訴え250件
刑務官処分ゼロ
受刑者「情願」2年間で

受刑者が人権侵害などを法相に直訴する「情願《じょうがん》」で、過去二年間に刑務官からの暴行を訴えるものが約二百五十通あったにもかかわらず、国家公務員法に基づく懲戒処分を受けた刑務官は一人もいなかったことが八日、法務省の内部調査でわかった。

法務省によると、情願数は二〇〇一年が二千九百四十二通、二〇〇二年が三千四百五十五通。このうち、「刑務官からの暴行」を訴えた情願は二〇〇一年が約百二十通、二〇〇二年は約百三十通あった。主な内容は「手錠をかけられ暴行を受けた」「複数の刑務官から暴行を受けた」だった。

監獄法と同法施行規則は、受刑者が情願を申し入れるまでの手順は定めているが、訴えの処理方法は明確でない。このため、「長年の実務慣行に基づく内部運用」（法務省矯正監査室）で処理されてきた。

約二百五十通もの暴行の訴えにもかかわらず、懲戒処分を一件もしなかったことについて、法務省は「情願の内容を調査し、適正に処理した。暴行を隠ぺいしたことはない」としている。

（2003年3月9日
読売新聞）

(11)　最大判昭和23年3月12日刑集2巻3号191頁

24

4人死刑執行

確定囚100人超を懸念

進む厳刑化　歴代法相は消極的

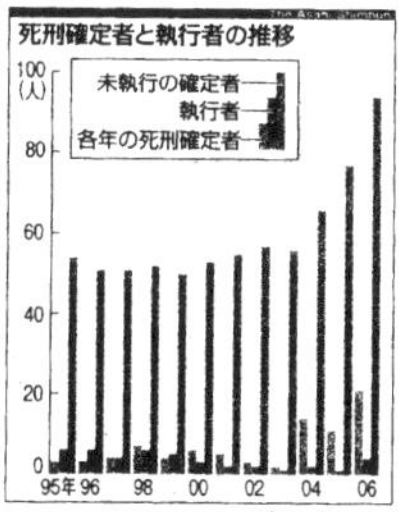

法務省は25日、9年ぶりとなる「一度に4人の死刑執行」に踏み切った。就任3カ月足らずの長勢法相が執行命令書に署名した背景には、執行されていない死刑確定囚の「100人超え」が目前に迫っていた現状と、署名を拒否した杉浦正健前法相の存在があった。

死刑判決は近年多く出ており、死刑確定者は03年ごろまで毎年2〜7人程度だったが、06年は20人を超えた。

一方、実際に死刑囚の命を奪うことになる命令書への署名には消極的な法相が多い。最近10人の法相は、約30カ月の在任期間中に5人分の署名をした森山真弓元法相を除けば、最高で3人しか署名していない。結果、03年まで50人台で推移してきた未執行者は24日現在で98人。年明けに100人を超える勢いだった。

「100人超えを許したら制度としておかしくなる。終身刑の議論はあっていいが、段階を踏まないと」。法務省幹部は危機感を募らせていた。

昨年10月から今年9月まで法相だった杉浦氏は命令書への署名を拒否した。死刑執行者数の統計は、年締め。執行ゼロになれば92年以来14年ぶりだった。幹部は「今年をゼロにするのは絶対に避けたいという気持ちはある」と「年内執行」への執着を認める。

別の幹部は「一度に4人というが、(杉浦前法相が拒否した)前回との2回分だから」と話す。

執行は、国会審議に影響を与えにくい閉会中に行うのが通例。19日の閉会後、天皇誕生日の前は避けたいとの配慮も働いたとみられ、クリスマスの朝の執行となった。

長勢法相は25日午後、記者団に「法の規定にのっとって適正に、慎重に判断した」と話した。

(市川美亜子)

(2006年12月20日　朝日新聞)

25

受刑者「不審死」68人

過去10年　司法検視対象484人

全国の刑務所・拘置所で02年までの10年間に死亡した1592人の受刑者らのうち、変死または変死の疑いで68人が司法解剖されていたことが25日、明らかになった。衆院法務委員会で法務省が説明した。事件や事故の可能性がある場合に、司法解剖に先立って行われる司法検視の対象者も484人いたことが同委員会の質疑でわかった。

(39面に関係記事)

受刑者らの死亡状況を記載した「死亡帳」を全国の刑務所から取り寄せ、法務省が司法解剖と司法検視があったケースを抜き出した。当初は府中、名古屋など4刑務所で8人の司法解剖があったと公表したが、今回、国会の求めに応じて改めて全施設を対象に調べた。

死亡帳は監獄法施行規則に基づく公文書。本人の病歴や死因、検視結果などが記載され、病死のほか自殺、死刑などのすべての死亡事案が対象。

法務省は名古屋刑務所の刑務官による暴行事件をきっかけに、国会から過去の死亡事例の精査を求められており、現在、再調査を進めている。

(2003年3月26日　朝日新聞)

刑事訴訟法第475条　死刑の執行は、法務大臣の命令による。

2．前項の命令は、判決確定の日から6箇月以内にこれをしなければならない。但し、上訴権回復若しくは再審の請求、非常上告又は恩赦の出願若しくは申出がされその手続が終了するまでの期間及び共同被告人であった者に対する判決が確定するまでの期間は、これをその期間に算入しない。

憲法セクション6

第15章　参政権・国務請求権

1　参　政　権

憲法15条　公務員を選定し、及びこれを罷免することは、国民固有の権利である。
2　すべて公務員は、全体の奉仕者であつて、一部の奉仕者ではない。
3　公務員の選挙については、成年者による普通選挙を保障する。
4　すべての選挙における投票の秘密は、これを侵してはならない。選挙人は、その選択に関し公的にも私的にも責任を問はれない。

国民主権が憲法に定められていても、実際に国民が国政に参加する機会が何ら与えられていなかったとしたら、それは絵に描いた餅になってしまう。日本国憲法は、国政に参加する権利を参政権として定め、具体的には国民の選挙権と罷免権を保障している。参政権の内容は、国会議員選出の選挙権をその中心とするが、自らが選挙に立候補することができる被選挙権や法で定められたその他の直接民主制的制度への参加も含み、公務員就任権もその内容であるとする考え方もある。

また、国民に選挙の機会が権利として保障されていても、選挙制度自体が不公平な内容であったり実質的に機能しないようであっては意味がない。そこで、選挙権については、財産または納税の額などの経済的要件を認めない普通選挙を保障し、国民が自由に選挙権を行使できるように秘密選挙の保障も明文で規定した。

ただし、実質的な選挙権を保障するためには、財力の要件のみでなく、性別や教育その他あらゆる不合理な要件は排除されなければならない。とくに、国民の一票の価値は選挙区によってその重みが著しく違うことは平等の観点からも許されず、選挙区ごとのいわゆる「一票の較差」（議員定数の不均衡）の問題は早急に国会自身が積極的に是正する義務がある。→1　2

また、選挙制度は国民と国のあり方を密接に結びつけるものであるので、そ

1　主な議員定数不均衡裁判

衆　議　院

最高裁昭和51年判決（最大判昭和51年4月14日民集30巻3号223頁）

昭和47年12月に行われた衆議院選挙についての千葉県第一選挙区の選挙人の訴えに対して「本件選挙における約五対一の偏差は、選挙権平等の要求に反する程度になっており、また、憲法上要求される合理的期間内に是正されなかったものと認めざるを得ない。そして、選挙区割及び議員定数の配分は不可分一体をなし、全体として違憲となる。しかし、選挙は違法と宣言するにとどめ、無効としない」として定数配分規定は違憲の瑕疵を帯びるとしたが事情判決の法理により選挙自体は無効にしないで違憲の宣言にとどまった。

最高裁昭和58年判決（最大判昭和58年11月7日民集37巻9号1243頁）

昭和55年6月の衆議院総選挙についての訴えに対して、「昭和五五年六月施行の総選挙当時の投票価値の最大一対三・九四の較差は、一般的に合理性を有するものとは考えられない程度に達していたが、昭和五〇年に議員定数配分が改正され、最大一対二・九二の較差に是正されたことにより、昭和五一年大法廷判決によって違憲と判断された右改正前の投票価値の不平等状態は一応解消されたものと評価することができ、本件選挙の時点において、憲法上要求される合理的期間内における是正がされなかったものと断定することは困難なので、本件選挙当時の定数配分規定は違憲ではない」として合理的期間論を用いて合憲とし、三対一の基準を示唆した。

最高裁昭和60年判決（最大判昭和60年7月17日民集39巻5号1100頁）

「昭和五八年一二月施行の総選挙当時の投票価値の最大一対四・四〇の較差は、既に違憲状態に達していた昭和五五年六月の衆議院選挙当時から本件選挙までの間に較差の是正が何ら行われなかったのであり、合理的期間内の是正が行われなかったものとして、違憲と断定せざるを得ず、定数配分規定は全体として違憲である。しかし、選挙は違法と宣言するにとどめ、無効としない」

最高裁平成7年判決（最一小判平成7年6月8日民集49巻6号1443頁）

最大一対二・八二の平成5年7月の総選挙当時の定数配分は、定数の増員、減員および選挙区の区域の変更を行う等のいわゆる九増一〇減等を内容とする平成4年改正法によって一定の是正がされているので選挙権の平等に反しないとして合憲の判断を下した。

最高裁平成11年判決（最大判平成11年11月10日民集53巻8号1441頁）

平成6年の公職選挙法改正により衆議院小選挙区比例代表並立制が採用されたが、当初から選挙区の定数配分は最大較差一対二を上回っており、平成8年施行の総選挙後に選挙無効訴訟が提起された。最高裁は「都道府県は選挙区割りをするに際して無視することができない基礎的な要素の一つであり」として人口以外の要素も考慮しうるとして区割りが不合理でないとして合憲の判断をした。

最高裁平成25年判決（最大判平成25年11月20日民集67巻8号1503頁）

平成21年8月30日施行の衆議院議員総選挙当時と同様に憲法の投票価値の平等の要求に反する状態にあったが、憲法上要求される合理的期間内における是正がされなかったとはいえず、上記規定が憲法14条1項等に違反するものということはできない。

参　議　院

最高裁昭和58年判決（最大判昭和58年4月27日民集37巻3号345頁）

昭和52年7月の参議院議員選挙について「参議院地方選出議員の選挙制度の仕組みの下では、投票価値の平等の要求は人口比例主義を基本とする選挙制度の場合と比較して一定の譲歩、後退を免れず、また、事実上都道府県代表的な意義ないし機能を有する要素を加味することも、国会にゆだねられた裁量権の合理的行使として是認し得るので、いわゆる逆転現象が一部の選挙区において見られたとしても、一対五・二六の最大較差の定数配分規定は、著しい不平等が生じていたとするには足りない」と参議院地方区の地域代表的性格を重視して合憲判決を下した。

最高裁平成8年判決（最大判平成8年9月11日判時1582号3頁）

平成4年7月の参議院議員選挙について合理的期間論を用いて合憲とした。

最高裁平成10年判決（最大判平成10年9月2日判時1653号31頁）

平成6年の四増四減の定数改正が行われていることなどを理由に合憲の判断。

最高裁平成26年判決（最大判平成26年11月26日）

選挙区間における投票価値の不均衡は平成24年法律第94号による改正後も違憲の問題が生ずる程度の著しい不平等状態にあったが、上記選挙までの間に更に上記規定の改正がされなかったことをもって国会の裁量権の限界を超えるものとはいえず、上記規定が憲法14条1項等に違反するに至っていたということはできない。

の制度は、絶対的に平等であるということのみならず、国民の意思をより尊重できて国民に理解されやすい制度であることが望まれよう。→　[3]～[6]

2　国務請求権

国務請求権とは、人権保障をより確実にするために、国民が国に対して一定の行為を請求する権利である。注意すべきは、国務請求権は、国民の請求が必ず結果的に認められる性格のものではなく、国に国民の請求に対して国家制度的に対応することを求め、請求の理由が認められた場合に国は責任をもって対応することを意味している。

日本国憲法は、国務請求権として請願権、裁判を受ける権利、国家賠償請求権、刑事補償請求権を保障している。

3

ネット選挙運動 解禁

参院選から 改正公選法成立

インターネットを使った選挙運動を解禁する公職選挙法改正案が19日午前の参院本会議で全会一致で可決し、成立した。選挙期間中も随時、ネット上の情報が更新でき、候補者や政党の情報が得られるようになる。7月の参院選から選挙運動が様変わりしそうだ。

自民、公明、日本維新の会が共同提出した法案を衆院で修正し、全党が賛成に回った。参院選以降は地方選挙でも適用される。

現行の公選法は選挙期間中に配布できる文書類を一定のビラやはがきなどに限っており、ホームページ（HP）などインターネット上で選挙運動にかかわる記載をすることは禁じている。成立した改正公選法ではHPだけでなく、ツイッターやフェイスブックといったソーシャルメディアを使って演説の案内や投票の呼びかけもできるようになる。候補者や政党の発信力が問われそうだ。

有権者は手軽に候補者や政党の主張を知ることができ、政策を見比べやすくなる。選挙期間中に街頭演説の動画や写真をネット上で目にすることもできるうえ、候補者とツイッターなどで議論することも可能。

一般の有権者がネットを使って特定の候補者への投票を呼びかけることもできるようになる。

一方、中傷や他人をかたる「なりすまし」への心配から、電子メールによる選挙運動は政党と候補者に限った。選挙運動用のメールを送るには送信先の同意が必要。事前にアドレスを教えた人や候補者のメールマガジンの読者らが対象になる。

一般の有権者はメールでの選挙運動はできず、候補者や政党から受信したメールの転送もできない。国会審議ではメールの解禁範囲が焦点になり、将来の解禁に道筋を付けるように法案の付則が修正された。有料ネット広告は原則禁止するが、政党のHPに限り他のHPなどから誘導する「バナー広告」を認めている。

（2013年4月19日　朝日新聞夕刊）

2

4倍の得票でも落選

選挙区 10万票台の当選5人

選挙区で最も少ない得票数で当選したのは、十四万八千八百三十四票の高知の田村公平氏（自民）。落選者の中で最も多い票を獲得したのは、大阪の山下芳生氏（共産）で五十九万四千六十三票。その格差は三・九九倍に上った。

低得票の当選者をみると、田村氏をはじめ少ない方から五人が十万票台だった。一方、高得票落選者は、山下氏が飛び抜けて票数が多く、続いて三十万票台の獲得者が十一人もいた。

選挙区の全候補者を得票順に並べて当落を判定してみると、当選者のうち得票が低い下位十六人が落選、逆に落選者のうち高得票の上位十六人が当選という勘定になる。

		得票数	氏名		選挙区名
下位当選者ランキング	①	148,834	田村　公平	自前	高知
	②	174,574	常田　享詳	自前	鳥取
	③	175,107	森　裕子	由新	新潟
	④	198,387	北岡　秀二	自前	徳島
	⑤	199,171	小斉平敏文	自新	宮崎
	⑥	203,664	中島　真人	自前	山梨
	⑦	220,704	和田　洋子	民前	福島
	⑧	229,206	谷　博之	民新	栃木
	⑨	239,560	松村　龍二	自前	福井
	⑩	250,203	角田　義一	民前	群馬
上位落選者ランキング	❶	594,063	山下　芳生	共前	大阪
	❷	385,440	鈴木　正孝	自前	静岡
	❸	376,501	阿部　幸代	共前	埼玉
	❹	372,065	藤岡　和美	自新	三重
	❺	364,248	岡島　一正	由新	千葉
	❻	361,965	遠藤　宣彦	由新	東京
	❼	345,810	小宮山泰子	由新	埼玉
	❽	320,824	平松　順子	共新	兵庫
	❾	319,367	古川　忠	無新	福岡
	❿	308,554	上田　恵子	社新	神奈川

（2001年7月30日　日本経済新聞）

4

在外選挙権の制限「違憲」

立法の怠慢認定

原告勝訴　国に賠償命令

最高裁

海外に住む日本人の選挙権を制限している公職選挙法の規定が「国民に平等な選挙権を保障した憲法に反する」として、在外邦人ら13人が、国を相手に選挙権の確認や1人当たり5万円の損害賠償を求めた訴訟の上告審判決が14日、最高裁大法廷（裁判長・町田顕長官）であった。大法廷は公選法を違憲と判断し、請求を退けた2審・東京高裁判決を破棄して原告の選挙権を確認するとともに、国に1人当たり5000円の賠償を命じた。原告の逆転勝訴が確定し、これを受け、政府は同日、来年の通常国会までに公選法を改正する方針を固めた。判決は、違憲立法審査権を最高裁が積極的に行使した内容で、今後の憲法訴訟に大きな影響を与えそうだ。〈判決の要旨15面、関連記事3・14・15・38・39面〉

政府、公選法改正の方針

裁判官14人のうち11人の多数意見。最高裁が法律の規定を違憲と判断したのは、戦後7件目で、立法不作為（怠慢）について最高裁が国の賠償責任を認めたのは初めて。

訴えていたのは、米、独など5か国に住む在外邦人（2人は帰国）。公選法は選挙人の資格を「国内の市町村に3か月以上住民登録している者」と定めていたため、在外邦人は投票できなかった。98年の公選法改正で在外投票制度が導入されたが、衆参の比例選に限られていた。

判決はまず、「憲法の趣旨に照らすと、国民の選挙権の制限は、選挙の公正の確保のためにやむを得ない場合に限られる」との初判断を示した。そのうえで、現在の公選法が、候補者の[illegible]理由に選挙権を制限している点について、「通信手段が発達し、情報伝達が著しく困難とは言えないから、やむを得ない制限とは言えず、違憲だ」と述べた。

そして、2審が門前払いした選挙権確認の訴えについて、「選挙権の重要性を考えると、確認の利益を認めるべきだ」と判断し、次回以降の国政選挙で、原告の選挙権を確認した。さらに、賠償請求について、判決は「立法の内容や立法不作為が、国民の憲法上の権利を明白に侵害したり、権利行使を長期間妨げたりした場合などは賠償責任がある」と指摘。「在外投票を導入しようとした公選法改正案が86年に廃案になった後、10年以上、何らの措置も取らなかったのは国会の過失」として、賠償を命じた。

一方、横尾和子、上田豊三両裁判官は「選挙権の制限は、国会の裁量の範囲内」との反対意見を述べ、泉徳治裁判官は賠償命令のみ反対した。津野修裁判官は、内閣法制次長時代に在外投票の立法にかかわっているため、判断に加わらなかった。

一審・東京地裁と2審は、請求を退けていた。

◇

在外投票制度が憲法違反と判断されたことを受け、政府は14日、公職選挙法改正の具体的検討に入った。

小泉首相は14日、「最高裁の判決だから、それに沿って対応しなければいけない。次の選挙までにやらなければならない」と述べた。

改正案の提出時期について、細田官房長官は同日の記者会見で「なかなか直ちにはいかない」と述べ、21日に召集される特別国会での法改正は困難との見方を示した。10月の参院補選には間に合わない見通しだ。

解説

国会の裁量に大きく踏み込む

この日の違憲判決は、国権の最高機関である国会に委ねられている選挙制度の領域に、大きく踏み込んだものだ。

選挙権は、表現の自由などとともに国民の政治参加を保障しているという点で、民主主義国家の根幹を支えており、憲法上、最も重要な国民の権利の一つと言える。判決は、国民のかけがえのない権利を、情報伝達の困難さといった技術的な問題を理由に侵害するのは違憲だと判断した。

また、立法不作為に対する国の賠償責任まで認めたことも注目される。これまでの最高裁判例は、国会に賠償責任が生じるケースを著しく限定していたが、今回の判決はこの判断基準を事実上、緩和した。今後、国会は、国民の基本的な権利がかかわる問題には、より機敏に対応することが求められることになる。

裁判所は戦後ほぼ一貫して、国会の裁量を尊重して、違憲判断には消極的と言われてきた。しかし、近年の司法制度改革とともに、立法、行政の逸脱や怠慢をチェックする司法の役割は重みを増している。この日の判決は、最高裁がその期待に応える用意があることを示したと言える。

ただ、在外投票の拡大に真っ向から反対する政治勢力はなく、違憲判決をためらう理由が少なかったのも事実だ。「憲法の番人」の真価が問われるのは、むしろこれからだろう。

（社会部　田中史生）

（2005年9月15日　読売新聞）

※2006年の公職選挙法改正により在外選挙の対象が選挙区選挙にも拡大された。

5

きょうスタート

新たに62万人に参政権

在外投票　洋上投票

海外に住む日本人や遠洋航海中の船員が国政選挙に参加できるようにする選挙制度「在外投票」と「洋上投票」が一日からスタート。合わせて有権者は約六十二万人で、六月に行われる見通しの次期衆院選から実施される。

企業活動の国際化などで海外在留邦人が急増する中、参政権拡大に寄与するものだ。ただ、選挙情報の伝達、選挙違反の取り締まりなど懸案が残っており、両制度とも改善の余地がありそうだ。

在外投票に必要な在外選挙人登録の申請者数は四月二十七日現在で九・八％の五万七千七百人と依然低率。外務、自治両省は「登録手続きに時間がかかるので早めに申請してほしい」と呼び掛けている。

在外投票は特定の大使館、総領事館の管轄に三カ月以上居住していることが条件で、推定有権者は約五十九万人。出国時期に応じ国内最終住所地か本籍地の市区町村選管に在外選挙人登録をすれば衆参比例選挙に限り、在外公館での直接投票か、郵便投票ができる。

一方、洋上投票は遠洋航海をする指定船舶の船員約三万人が対象。衆参比例選挙と衆院小選挙区、参院選挙区のいずれも投票が可能で、候補者名が隠れる特殊なファクスが使用される。

（2005年5月1日　神奈川新聞）

6

難病ALSで郵便投票できず
制度不備は「違憲状態」
東京地裁判決　賠償請求は棄却

運動神経が侵されて手足などがまひする「筋萎縮《いしゅく》性側索硬化症（ALS）」の患者三人が、「自力で字が書けないことを理由に郵便投票を認めないのは選挙権の侵害に当たり違憲」として、国を相手に計二百七十万円の損害賠償などを求めた訴訟の判決が二十八日、東京地裁であった。

福田剛久裁判長は「原告らが選挙権を行使できる投票制度がなかったことは憲法違反の状態だった」と述べ、現行の投票制度の不備を指摘する初の判断を示した。

しかし「違憲状態にあることが国会議員の一般認識だったとはいえず、立法措置をとらなかったことが国家賠償法上の違法性までは認められない」と判断し、請求は退けた。原告らは控訴する方針。

判決理由で、福田裁判長は「原告らは自書できないので郵便投票を利用できず代理投票するしかないが、外出は不可能で現行投票制度下では選挙権行使は不可能」と患者の現状に理解を示した。そのうえで、「自書することもできない有権者がいれば、選挙権行使の機会を保障する制度を設けることが憲法上要請されている」と指摘した。

訴えていたのは、東京都板橋区の笹川彰さん（五二）ら三人。このうち女性患者は昨年七十一歳で死亡し、夫が訴訟を引き継いだ。三人は四肢がまひし、人工呼吸器を装着して療養している状態。意思の伝達も文字盤などを使うしかないという。

現行の公職選挙法施行令では、自分で署名できれば郵便による不在者投票ができるが、三人は「郵便投票しか方法がないが、自書できないので選挙権があっても投票できない」と主張。国側は「不正防止のため代筆による投票は認められない」などと反論していた。

ALSは運動神経が侵され筋肉の萎縮が進行する厚生労働省指定の難病で、有効な治療法は見つかっていない。日本ALS協会によると、国内のALS患者は約六千二百人。このうち人工呼吸器をつけて自宅療養をしている患者は約二千五百人。

■筋萎縮性側索硬化症（ALS）　運動神経が侵され筋肉の萎縮が進行する厚生労働省指定の難病。有効な治療法は見つかっていない。軽症であれば会話や食事もできるが、症状が進むと全身の運動機能がまひして寝たきりとなり、人工呼吸器を装着しなければ死に至る。意識ははっきりしており、文字盤のどの文字に視線を向けるかを周囲が読み取ったり、かすかな指の動きなどを利用する特殊なパソコンを使えばコミュニケーションは可能。英国の著名な宇宙物理学者、ホーキング博士もALS患者。

（2002年11月29日　産経新聞）

※2003年の公職選挙法改正により郵便投票対象者の拡大と代理記載制度の創設がなされた。

（1）　請願権

憲法16条　何人も、損害の救済、公務員の罷免、法律、命令又は規則の制定、廃止又は改正その他の事項に関し、平穏に請願する権利を有し、何人も、かかる請願をしたためにいかなる差別待遇も受けない。

請願権は、民主主義や言論の自由が機能している現代においては、専制君主が絶対的支配をしていた時代と比べてその役割は減少していると思われる。制度的にも、請願法5条が「この法律に適合する請願は、官公署において、これを受理し誠実に処理しなければならない」と定めるように請願の内容を審理する法的拘束力を保障したものではない。

請願権の行使は、選挙権の行使がある一面で政党や議員の公約に対する賛否の表明という受動的な作用であるのに比べ、具体的な政策を提示する点では能動的作用であり、より積極的な国政参加とも考えられる。ただし、両議院や地方議会に対して個人が請願するのに紹介議員を必要とするのは問題であるし、特定団体のロビー活動の手段として利用されている側面も否定できない。→7

（2）　裁判を受ける権利

刑事裁判における「裁判を受ける権利」はもちろん国家請求権的裁判を受ける権利の側面もあるが、「裁判所の裁判でなければ刑罰を科せられない」という一種の自由権的意味を含むものであった。国家請求権としての裁判を受ける権利は、民事・行政裁判における外国人を含めた裁判請求権が保障されることを意味する。つまり、裁判所は適正な手続による裁判請求を拒否することは認められないのである。

（3）　国家賠償請求権

憲法17条　何人も、公務員の不法行為により、損害を受けたときは、法律の定めるところにより、国又は公共団体に、その賠償を求めることができる。

憲法は国民の権利を明文化したり各種の制度を保障することなどにより、国

7　**請願の提出**

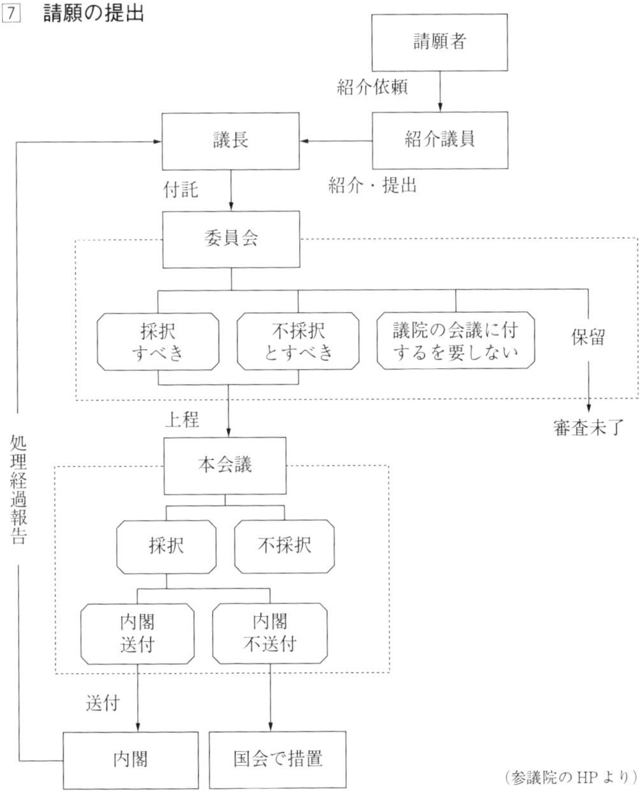

（参議院のHPより）

家による国民の権利侵害がないように細心の努力が当然になされている。しかし、それでも、国家の不法行為によって国民の権利侵害がなくなることは皆無ではなく、その場合は、故意・過失によらずに金銭的賠償を求める国家賠償請求権を保障することによって事後的救済を具体化している。国家賠償法は憲法17条を具体化するために成立したものである。

（4）　刑事補償請求権

憲法40条　　何人も、抑留又は拘禁された後、無罪の裁判を受けたときは、法律の定めるところにより、国にその補償を求めることができる。

国民の人身の自由を保障するために憲法の規定を受けて刑事訴訟法が詳細な刑事手続を定め、また機能している。しかし、拘留・拘禁された被告人に無罪の判決がなされる場合は、その手続自体は不法な行為ではないが、結果的に被告人は権利を侵害されたことになる。そこで、憲法は、明治憲法には規定がない被告人の被った損害を金銭的に補償するための刑事補償請求権を保障することにより事後的救済を図っている。→8

具体的には、刑事補償法4条は、抑留・拘禁について1日当たり1,000円以上12,500円以下の範囲内で、裁判所が定める額（1項）、死刑執行については3,000万円以内、（但し、本人の死亡で財産上の損失が生じた場合は、「損失額＋3,000万円」以内の額）（3項）、罰金・科料については支払った額に加え、1年につきその額の5%の金額を補償（5項）、没収については没収品が処分されていない場合についてはそのまま返却し、処分済みの場合はその物の時価相当額を補償（6項）としている。

8

「松山事件」再審無罪の斎藤さん

国家賠償請求を棄却

最高裁

宮城県松山町で昭和三十年、一家四人が殺害された「松山事件」で、死刑確定後に再審で無罪となった会社員、斎藤幸夫さん(七〇)と母親のヒデさん(九四)が「違法な捜査や起訴、裁判で長い間苦しめられた」などとして、国と県に総額約一億四千三百万円の慰謝料を求めた国家賠償訴訟で、最高裁第一小法廷（井嶋一友裁判長）は二十日、「事実誤認や法令違反の主張で、適法な上告理由に当たらない」として斎藤さん側の上告を棄却する決定をした。斎藤さんの請求を退けた一、二審判決が確定した。

再審無罪となった元死刑囚による唯一の国賠訴訟。無罪判決による国賠訴訟で原告の主張を認め、勝訴したケースはあるが、再審で無罪となった人が起こした国賠訴訟で勝訴が確定したケースはなく、再審無罪事件での国賠訴訟の壁の厚さを改めて示すものとなった。

一審・仙台地裁は平成三年、斎藤さん側が捏造《ねつぞう》の証拠として主張していた斎藤さん宅から押収された布団のえりあてについていたとされる血痕を、「押収時から存在していたと認められる」として、斎藤さん側の主張を退けた。

「裁判官は期待される合理的な判断を誤った」との主張についても、「違法または不当な目的で裁判をした場合など特別な事情がある場合に限って、国家賠償上の責任を負う」とし、「責任を負うべき事情があったとはいえない」とした。

二審・仙台高裁も昨年三月、この結論を支持した。

斎藤さんは昭和三十年十月、強盗殺人容疑などで逮捕、起訴され、三十五年に最高裁で死刑が確定したが、再審請求が認められ五十九年に無罪となった。斎藤さんは無罪確定後、約七千五百万円の刑事補償金を得ている。

（2001年12月21日
産経新聞）

憲法セクション7

第16章　社　会　権

1　社会権とは

社会権とは、「国家による自由」ともいわれる社会的・経済的弱者が国家に対して積極的な配慮を請求することができる権利であり、国家が積極的に機能することにより一定の自由が保障される権利のことである。自由権が国家に対して不当な介入の排除を求める不作為請求権であるのに対して、社会権は国家に対して一定の行為を要求する作為請求権であるといえる。もっとも、自由権である表現の自由から派生した知る権利には情報公開を請求するなど作為請求権的側面の機能が不可欠であるように自由権と社会権の実質的内容を追求していくとそれぞれの目的の合一化傾向がみられる。

憲法は社会権として、生存権、教育を受ける権利、労働基本権を保障している。

2　生　存　権

憲法25条　すべて国民は、健康で文化的な最低限度の生活を営む権利を有する。
2　国は、すべての生活部面について、社会福祉、社会保障及び公衆衛生の向上及び増進に努めなければならない。

（1）　生存権とは

自由を絶対的な価値とした資本主義社会の発展は、絶対的な私有財産制度と自由競争を背景に社会に富と繁栄をもたらした。しかし、実のところでその繁栄の果実は一部の特権階級に配分され、多くの国民には失業と貧困をもたらし、資本の較差はそのまま人権の較差へと拡大していった。この貧困の中の繁栄という事態の中で国民に健康で文化的な人間に値する生活を国家が保障するためには、無秩序な自由の放任ではなく、市民社会への一定の介入を含む積極的な努力が義務とされるにいたったのである。

生存権とは国民が健康で文化的な人間として幸せに生活する権利であり、国民がある一定の生活をするために国が、必要な社会福祉、社会保障および公衆衛生の向上および増進などを義務として遂行することである。具体的には生存権を具体化するための法を整備して着実に実行することである。

例えば、社会福祉の実現のために、生活保護法や老人福祉法などが、社会保障制度として、国民健康保険法や国民年金法などが、公衆衛生のための制度として保健所法や食品衛生法などが整備されて機能している。

そして、私たちが健康で文化的な生活をするためには、これらの生存権もさることながら、きれいな空気や水である環境が良好であることも不可欠である。そこで、1960年代の高度成長の時代に見落とされてきた環境の大切さに着目して、新しい人権としての「環境権」が提唱されるようになった。

（２）　生存権の法的性格

憲法25条１項の「健康で文化的な最低限度の生活を営む権利」とは、具体的には、どの程度の生活レヴェルを指すのであろうか。

この問題は、生存権の法的性格と関連して憲法制定当時からさまざまな議論がなされてきた。つまり、ある国民が自分は最低限度以下の生活をしていると考えた場合に、具体的に生活保護法のような救済法が存在すらしていなかった場合や存在はしているが救済の範囲に含まれていない場合に、直接25条を理由として裁判を提起することが可能であるかは、結局、25条の法的性格をどのように判断するかにかかってくるのである。

①　**プログラム規定説**　　この説は、憲法25条を国の政策目標・政治的道徳義務と解する。当初は最高裁判所も「すべての国民が健康で文化的な最低限度の生活を営みうるよう国政を運営すべきことを国家の責務として宣言したものであり、この規定により直接に個々の国民は、国家に対して、具体的、現実的にかかる権利を有するものではない」(1)としていた。また、基準の設定については「健康で文化的な最低限度の生活たるものは、抽象的な相対的概念であり、

その具体的内容は、文化の発達、国民経済の進展に伴つて向上するのはもとより、多数の不確定的要素を総合考量してはじめて決定できるものである。したがつて、何が健康で文化的な最低限度の生活であるかの認定判断は、いちおう、厚生大臣の合目的な裁量に委されており、その判断は、当不当の問題として政府の政治責任が問われることはあつても、直ちに違法の問題を生ずることはない」(2)として厚生大臣の裁量の問題とした。

②　**抽象的権利説**　　この説は、生存権を法的権利と解しつつ、それを具体化するには立法によって基準が指されなければならないとする。判例にも「国民は、国家に対し、健康で文化的な最低限度の生活を営むために、立法その他の国政の上で必要な措置を講ずることを要求する権利を有する。ただ、第25条第1項は、抽象的な権利に過ぎないから、立法によってこれを具体化することを要し、国民は、それによって具体的な生活保障を要求する権利を保障されることになる」(3)と抽象的権利説と解せるものもある。

③　**具体的権利説**　　この説は、憲法25条1項は、その権利主体、権利内容、規範の名宛人において、合理的にかつ客観的に確定できる明確な規範内容をもっているとし、生存権の権利の内容は確定しうるとする。そして、その内容は行政権が直接にこの規範を執行することができるほどに明確ではないが、立法権と司法権が直接現実的に執行できる程度には明確で、憲法25条1項の生存権は具体的な法的関係にほかならないと解し、立法不作為の違憲確認訴訟が認められる。

思うに、社会権条項一般がそうであるように、国家の作為を前提とする権利の具体化には法の整備が不可欠であり、そのことは生存権についても例外ではない。つまり、どの程度の場合に国の救済が必要であるかを決めるということは25条1項の「健康で文化的な最低限度の生活を営む権利」の具体的レヴェル

---

(1)　最大判昭和23年9月29日刑集2巻10号1235頁（食管法違反事件）
(2)　最大判昭和42年5月24日民集21巻5号1043頁（朝日訴訟最高裁判決）
(3)　東京地判昭和35年10月19日行集11巻10号2921頁（朝日訴訟地裁判決）

を決めることにほかならず、その結果、法によって金銭的給付を受けられる人とそうではない人を分けることになる。この場合など、より多くの国民に金銭的保障を施すことが生存権の充実と思われるが、無策な福祉政策の金額的拡充は金銭的支出を伴う点で、国の財政事情と関係がないとは現実的にいえないし、無政策に金銭的支出を増やすことは、多くの国民にとっては増税やサービスの低下を招く結果を招き、かえって不平等な事態を発生させてしまうといえよう。

では、このような困難で、社会の状況や国民意識と共に変化する基準を誰が確定するべきかといえば、それは国民の代表たる国会にほかならず、そもそも25条が意図している事項に関する立法の不存在や著しい不備以外は、裁判所の判断は及ばないと思われる。そうであるなら、生存権の法的性格については、権利である以上単なるプログラム規定とは解せないが、すでに法律が成立している場合は、原則としてその法を尊重すべきである。また、法が不存在の場合は立法不作為の違憲確認訴訟の提起が可能であると考えられる。

この点、判例も基準の設定については「『健康で文化的な最低限度の生活』なるものは、きわめて抽象的・相対的な概念であつて、その具体的内容は、その時々における文化の発達の程度、経済的・社会的条件、一般的な国民生活の状況等との相関関係において判断決定されるべきものであるとともに、右規定を現実の立法として具体化するに当たつては、国の財政事情を無視することができず、また、多方面にわたる複雑多様な、しかも高度の専門技術的な考察とそれに基づいた政策的判断を必要とするものである。したがつて、憲法二五条の規定の趣旨にこたえて具体的にどのような立法措置を講ずるかの選択決定は、立法府の広い裁量にゆだねられており、それが著しく合理性を欠き明らかに裁量の逸脱・濫用と見ざるをえないような場合を除き、裁判所が審査判断するのに適しない事柄であるといわなければならない」(4)と立法の裁量権を認めている。

（4） 最大判昭和57年７月７日民集36巻７号1235頁（堀木訴訟最高裁判決）

（3）環　境　権

環境権とは、一般に健康で文化的な生活をするための空気、水、緑などの良好な自然環境を享受し保全する権利と理解されている。

1960年代の大量の公害発生に対して環境破壊を予防し排除するために環境権は登場し、現在では公害の防止はもちろん、よりよい環境を選択する自由権的内容も併せもつと考えられる(5)。しかし、環境の整備は個人の選択だけではなく国家的政策や立法が不可欠であるので自由権ではなく、社会権として性格づけられよう。

そして、環境権の内容も公害対策のみならず、現在では、各リサイクル法など国民の義務的側面が重要になってきている。

また、環境権の内容について、自然環境のみならず、図書館や美術館の整備など社会的・文化的環境までも含めるとする考え方もある。

3　教育を受ける権利

憲法26条　すべて国民は、法律の定めるところにより、その能力に応じて、ひとしく教育を受ける権利を有する。

2　すべて国民は、法律の定めるところにより、その保護する子女に普通教育を受けさせる義務を負ふ。義務教育は、これを無償とする。

教育を受ける権利とは、具体的には子どもの学習権を保障したものと解される。

ここで注意すべきは、26条の保障が、「教育を受ける自由」ではなく「教育を受ける権利」であることである。自由権が保障されて国民の自由な決定権が与えられても、例えば、ある一定の教育がされていなければ、職業選択の実現が困難であるように、個人としての自立に教育は不可欠である。また、国民主

（5）大阪高判昭和50年11月27日判時797号36頁（大阪国際空港公害訴訟二審）は「人間として生存する以上、平穏、自由で人間たる尊厳にふさわしい生活を営むことも、最大限度尊重されるべきであって、本条はその趣旨に立脚し、憲法二五条も反面からこれを裏付けており、このような、個人の生命、身体、精神及び生活に関する利益は、各人の人格に本質的なものであって、その総体を人格権ということができる」としている。

権で国のあり方を最終的に決める権限を国民が行使するには、やはり、ある一定の教育がなされなければ、民主主義は制度ではなく儀式となってしまうであろう。つまり、このような教育のしめる重大な意義から貧困などが理由で国民が教育の機会を失わないように、教育を受ける権利は保障されているのである。

また、憲法26条は、国に対しては義務教育の無償を定め、具体的な義務を課しているが、子どもに教育を受けさせる義務を負うのは国だけでなく親にもその責任がある。具体的には、仕事を理由にすることはもちろん、子ども自身の要望があっても正当な理由なく親が子どもを学校に行かせないことは許されない。

つまり､親や子ども自身の義務教育を放棄することは認められないのであり､「教育を受ける権利」は子どもの権利であると共に親に対しての義務的側面ももち合わせているのである。そうであるなら、子どもの権利を名目に、安易に不登校等を容認してしまうことは、教育を受ける権利の側面では大いに問題である。→ 3

さらに、義務教育を推し進めるためには第一次的には、国に対して学校の整備や教師の養成を要請するが、そのことだけでは実質的な教育行政は完了しない。

例えば、学校でのいじめ問題の解決、問題教師への実効的な対策、学校での防犯上の安全の確立など生徒が安心して学校に通うことができる実質的な条件整備をする義務を負うものと考えられる。→1　2

また、校舎の耐震構造強化はもちろん、たとえ一部の生徒にだけ関することであっても、学校のバリアフリー化やシックハウス対策も当然なされなければならないであろう。

1

問題行動の小中学生

出席停止 厳格に適用

文科省報告書 学校秩序を維持

児童生徒の指導のあり方を調査・研究していた国立教育政策研究所生徒指導研究センターと文部科学省は、問題行動を起こした小中学生を出席停止とするなど厳格な対応を求める報告書をまとめ、22日公表した。高校生には退学や停学などの懲戒処分を実施して学校秩序の維持を図る内容となっている。（3面に解説、社会面に関連記事）

全国の公立小中高校生の暴力行為が98年度以降3万件前後で推移するなど問題行動が相次いでいるのを受け、センターなどが生徒指導の厳格化を軸に見直しを進めていた。

昨年11月から生徒指導体制の強化策を提言するため、大学教員や弁護士、ＰＴＡ理事や保護司など15人の協力を得て審議してきた。

報告書は、生徒指導の基準や校則を明確化し、入学後の早い段階で児童生徒や保護者に周知徹底する。そのうえで、学校側は毅然とした指導を粘り強く行うよう提言。具体的な指導方法として、小さな問題行動から注意するなど、段階的に罰則を厳しくする「段階的指導」を挙げている。

現在の公立小中学校では、学校の秩序が維持できないほどの問題行動を起こす児童生徒がいたとしても、停学や退学などの処分は認められていない。

報告書は「居残り」「清掃」「訓告」などの懲戒や出席停止制度の活用、高校などでは停学・退学処分の適切な運用を求めた。

小中学校の出席停止制度は、他の子どもの学習権を保障するため、市町村教委が適用。学校教育法の改正（02年1月施行）で出席停止の要件が明確化されるなど適用しやすくなったが、中学校では02年度37件、03、04年度ともに25件の適用にとどまり、小学校では02年度以降1件もない。【長尾真輔】

（2006年5月23日　毎日新聞）

2

わいせつ教員処分200人

20年度 半数で警察関与

児童生徒らへの性犯罪・性暴力（わいせつ行為）や同僚らへのセクハラで、2020年度に処分された公立小中高と特別支援学校、幼稚園の教員は計200人だったことが21日、文部科学省の「人事行政状況調査」でわかった。103件で警察が関与したことも初めて明らかになった。19年度（273人）よりは減ったが、8年連続で200人台に上った。

調査は、47都道府県と20政令市の計67教育委員会を対象に実施した。5月に成立した「教員による児童生徒性暴力防止法」などを受け、文科省は今回、わいせつ行為の表現を「性犯罪・性暴力」と改めた。

発表によると、処分者の内訳は、懲戒処分が178人（免職113人、停職45人、減給17人、戒告3人）、訓告などは22人。今回からは幼稚園の教員も対象となり、1人が処分を受けた。勤務校の児童生徒や18歳未満の子供らへの行為での処分者は96人で、全体の約5割だった。

性犯罪・性暴力等による処分教員数の推移　※文科省調査を基に作成（20年度は幼稚園含む）

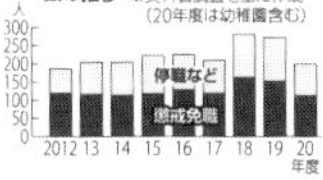

文科省は今回、防止策についても初めて調査した。その結果、62教委はSNSによる児童生徒との私的なやりとりを禁じていた。一方、1教委は性暴力防止に関する教員への研修を実施していなかった。

刑事告発の状況についても初めて調べた。教委が告発したのは16件で、警察が教委側に情報提供したケースなどを合わせ、計103件で警察が関与していた。

一方、「被害者や保護者が望まない」として告発されなかった事案は39件、「犯罪に当たらないと判断した」は30件、「その他の対応」は28件だった。

文科省は「依然として厳しい状況だ」としつつも、「対策強化を進めたことや、問題が報道で大きく取り上げられたことで未然防止の効果があり、処分者数が前年度より減ったのでは」と分析する。コロナ禍での一斉休校などの影響は「分からない」とした。

現行では、懲戒免職になった教員は3年たてば教員免許を再取得できる。来年4月に新法が施行されると、更生の証明書や保護者らからの嘆願書など各種書類をそろえる必要が出てくる。そのうえで、専門家からなる「再授与審査会」の全会一致が原則求められ、再取得は極めて難しくなる。

（2021年12月22日　読売新聞）

3

米でも深刻…「不登校問題」

そこで 通わせない親に厳罰

ワイドTODAY

スクールバスで下校する小学生たち（米ニューヨーク・マンハッタンで）＝山岸直子撮影

日本と同様、子供たちの不登校が問題となっている米国で、生徒の親に対し禁固刑を適用するなど、罰則を厳しくする傾向が強まっている。

（ニューヨーク　寺田　正臣）

まず検察が警告 それでもだめなら 罰金や刑務所行き

やむを得ず「伝家の宝刀」

米ミシガン州デトロイト市で、常習の不登校生を抱える保護者六十六人が地元検察当局の召喚を受け、今月八日、緊急協議が開かれた。この席で担当検事のジョージ・ウォード氏は「お子さんを親の責任で学校に通わせてください。無断欠席がこれ以上重なると、あなた方が、禁固刑など刑事訴追を受けることになります」と警告を発した。

一九〇六年に制定された同州義務教育法は、無断欠席常習者の親に対する罰則として、最高九十日の禁固刑、五十ドルの罰金を定めているが、禁固刑はこれまでほとんど適用されたことがない。

この「伝家の宝刀」を抜かざるを得なくなった背景には、「無断欠席が市の大問題になり、断固とした処置が必要になってきた」（同市教育委員会広報責任者のフランシーン・バーゴスさん）という事情がある。

1か月以上の欠席3割超

デトロイト市（人口約百万人）では、昨年度、約十八万人の生徒（小・中・高校）のうち、三分の一にあたる約六万三千人が一か月以上学校を無断欠席するなど、教育の荒廃が進んでいる。このため市教育委員会は今秋、常習者の名簿を検察当局に提出した。召喚された六十六人の八割は小学生の親で、生徒たちの無断欠席は年間百日以上に及んでいる。八日の会議に出席したのは、このうち三十八人。ウォード検事の召喚要請を無視した残り二十八人の「無断欠席者」に対しては、直ちに裁判所への出頭命令が出された。同検事は、「この召喚は抑止効果を狙ったもので、これからも続ける。もちろん、耳を貸さない親は逮捕、起訴され、九十日間、投獄されることになる」と語る。

一方、同州議会には今月、罰則強化策として、禁固刑に加え①罰金を五百ドルに引き上げ②五十時間の親の労働奉仕③生徒の運転免許証取り消し――などを柱にした新法案が提出された。

最も厳しい州 禁固刑1年

米国では、親に対する罰則として、五十州のうち三十三州で、禁固刑、罰金が科されている。最も厳しいのはミシシッピ州で、禁固一年（罰金も全米最高の千ドル）。十六州は罰金のみで、罰則規定がないのはカンザス州だけ。カリフォルニア州ではさる九月、母親が五十日間、アラバマ州では六月、生徒の保護者十人が九十日間の禁固刑をそれぞれ受けた。またバージニア州では今春、六か月の禁固刑を盛った新法が成立した。

罰則を規定している各州の義務教育法は、そのほとんどが、十九世紀後半から今世紀初めにかけて制定された。当時の、学外での児童労働の行き過ぎに歯止めをかける狙いもあって、親の責任を厳しく追及する内容となっている。

これまで頻繁には適用されてこなかったこうした罰則規定が、ここ一、二年、適用面などで急速に強化されているのは、全米平均で一割と言われる無断欠席が、非行の温床になり、頻発する校内での銃乱射事件などの遠因になっている、との危機感があるためだ。米教育省のウィリアム・モゼルスキー部長によると、フロリダ州マイアミ市では、十三歳から十六歳までの非行少年のうち71%は無断欠席常習者だ。またカリフォルニア州サンディエゴ市では少年犯罪の44%が、授業が行われている午前八時半から午後一時半までの間に発生しているという。

慎重な意見 反発も根強く

南フロリダ大のジェルマン・ドーン教授（教育学）は罰則強化について、「日本人と違って米国人は、子供たちに行動を強制するのはあまり得意ではない。だから問題解決のためにはやむなく、公権力に頼らざるを得なくなる時もあるのだ」と、「厳罰」の効用を指摘する。

ただ、子供の行為により親が刑事訴追を受けるということについては、慎重な意見や反発も強い。デトロイト市で、中学生を頭に三人の子供を学校に通わせているロナルド・ホワイトサイドさん（37）は、「司法の介入も必要かもしれないが、我が家のような父子家庭では（子供の教育で）難しい問題もあることを理解する必要がある」と言う。ニューヨーク市のある父親は、「罰則強化の動きは自由を柱とする市民社会への脅威である」と反発している。

日本は「不就学」の罰則のみ

●メモ　米国では、教育の運用は各州にゆだねられている。禁固刑、罰金のほか、二十七州が採用しているのが「ラーンフェア」（learnfare）規定。貧困者などに支給される援助金を受けている家庭の子供が無断欠席の常習者とわかれば、援助金が削減される。

一方、日本では、学校教育法で、教育委員会の督促を受けても保護者が子どもを就学させない場合、「十万円以下の罰金」を科すと規定してはいるが、適用例は「近年、聞いたことがない」（文部省幹部）のが実情。学校生活の事情などが主な理由で起きる不登校問題で、この規定の適用は考えられないとしている。

各州の禁固刑

1年	ミシシッピ
6か月	ニューメキシコ、ネバダ、インディアナ他
90日	ミシガン、アラバマ、ネブラスカ他
60日	フロリダ他
30日	ニューヨーク、オハイオ、ジョージア他

（1999年12月15日　読売新聞）

4　勤労の権利・労働基本権

憲法27条　すべて国民は、勤労の権利を有し、義務を負ふ。
2　賃金、就業時間、休息その他の勤労条件に関する基準は、法律でこれを定める。
3　児童は、これを酷使してはならない。
憲法28条　勤労者の団結する権利及び団体交渉その他の団体行動をする権利は、これを保障する。

（1）　勤労の権利

絶対的な契約自由が妥当していた時代では、雇われる側である労働者は、雇う側である企業と比べると圧倒的にその立場は弱かったといえよう。労働者は、職を得るために安い賃金や時間外労働等を強要されても、それはお互いが合意していると形式的には判断されていたのである。しかし、形式的な雇用契約の自由の放任は実質的な人権侵害の放置にほかならず、一定の労働条件等については法律で定める必要が生じたのである。憲法27条２項を受けて労働基準法や最低賃金法が定められている。

また、27条３項は児童酷使の禁止を定めているが、これは歴史的に抵抗力がない児童が過酷な労働に従事させられてきた歴史を踏まえたものであり、労働への従事により教育の機会を奪われなくするためでもある。→④

（2）　労働基本権の内容

さらに、私たちは、労働の対価として賃金を得て生活をし、納税の義務を果たしているのであるが、その労働条件は決して最低条件が定められていれば満足するものではない。つまり、私たちは常によりよい労働条件を求めているのである。しかし、雇う側である企業等が、法に定められた最低条件だけを遵守すれば良いという状態では一向に事態は改善されない。

そこで、憲法28条は、法に定められた労働条件の保障はもとより、より良い労働条件を得るための条件を保障するために、団結権、団体交渉権、団体行動権の三権を保障している。

4 年少者に関する労働基準法の主な条文

（最低年齢）

第56条　使用者は、児童が満十五歳に達した日以後の最初の三月三十一日が終了するまで、これを使用してはならない。

2　前項の規定にかかわらず、別表第一第一号から第五号までに掲げる事業以外の事業に係る職業で、児童の健康及び福祉に有害でなく、かつ、その労働が軽易なものについては、行政官庁の許可を受けて、満十三歳以上の児童をその者の修学時間外に使用することができる。映画の製作又は演劇の事業については、満十三歳に満たない児童についても、同様とする。

別表第一（第三十三条、第四十条、第四十一条、第五十六条、第六十一条関係）

一　物の製造、改造、加工、修理、洗浄、選別、包装、装飾、仕上げ、販売のためにする仕立て、破壊若しくは解体又は材料の変造の事業（電気、ガス又は各種動力の発生、変更若しくは伝導の事業及び水道の事業を含む。）

二　鉱業、石切り業その他土石又は鉱物採取の事業

三　土木、建築その他工作物の建設、改造、保存、修理、変更、破壊、解体又はその準備の事業

四　道路、鉄道、軌道、索道、船舶又は航空機による旅客又は貨物の運送の事業

五　ドック、船舶、岸壁、波止場、停車場又は倉庫における貨物の取扱いの事業

六　土地の耕作若しくは開墾又は植物の栽植、栽培、採取若しくは伐採の事業その他農林の事業

七　動物の飼育又は水産動植物の採捕若しくは養殖の事業その他の畜産、養蚕又は水産の事業

八　物品の販売、配給、保管若しくは賃貸又は理容の事業

九　金融、保険、媒介、周旋、集金、案内又は広告の事業

十　映画の製作又は映写、演劇その他興行の事業

十一　郵便又は電気通信の事業

十二　教育、研究又は調査の事業

十三　病者又は虚弱者の治療、看護その他保健衛生の事業

十四　旅館、料理店、飲食店、接客業又は娯楽場の事業

十五　焼却、清掃又はと畜場の事業

（労働時間及び休日）

第60条　第三十二条の二から第三十二条の五まで、第三十六条及び第四十条の規定は、満十八歳に満たない者については、これを適用しない。

2　第五十六条第二項の規定によつて使用する児童についての第三十二条の規定の適用については、同条第一項中「一週間について四十時間」とあるのは「、修学時間を通算して一週間について四十時間」と、同条第二項中「一日について八時間」とあるのは「、修学時間を通算して一日について七時間」とする。

3　使用者は、第三十二条の規定にかかわらず、満十五歳以上で満十八歳に満たない者については、満十八歳に達するまでの間（満十五歳に達した日以後の最初の三月三十一日までの間を除く。）、次に定めるところにより、労働させることができる。

一　一週間の労働時間が第三十二条第一項の労働時間を超えない範囲内において、一週間のうち一日の労働時間を四時間以内に短縮する場合において、他の日の労働時間を十時間まで延長すること。
二　一週間について四十八時間以下の範囲内で厚生労働省令で定める時間、一日について八時間を超えない範囲内において、第三十二条の二又は第三十二条の四及び第三十二条の四の二の規定の例により労働させること。

（深夜業）
第61条　使用者は、満十八才に満たない者を午後十時から午前五時までの間において使用してはならない。ただし、交替制によつて使用する満十六才以上の男性については、この限りでない。
2　厚生労働大臣は、必要であると認める場合においては、前項の時刻を、地域又は期間を限つて、午後十一時及び午前六時とすることができる。
3　交替制によつて労働させる事業については、行政官庁の許可を受けて、第一項の規定にかかわらず午後十時三十分まで労働させ、又は前項の規定にかかわらず午前五時三十分から労働させることができる。
4　前三項の規定は、第三十三条第一項の規定によつて労働時間を延長し、若しくは休日に労働させる場合又は別表第一第六号、第七号若しくは第十三号に掲げる事業若しくは電話交換の業務については、適用しない。
5　第一項及び第二項の時刻は、第五十六条第二項の規定によつて使用する児童については、第一項の時刻は、午後八時及び午前五時とし、第二項の時刻は、午後九時及び午前六時とする。

（危険有害業務の就業制限）
第62条　使用者は、満十八才に満たない者に、運転中の機械若しくは動力伝導装置の危険な部分の掃除、注油、検査若しくは修繕をさせ、運転中の機械若しくは動力伝導装置にベルト若しくはロープの取付け若しくは取りはずしをさせ、動力によるクレーンの運転をさせ、その他厚生労働省令で定める危険な業務に就かせ、又は厚生労働省令で定める重量物を取り扱う業務に就かせてはならない。
2　使用者は、満十八才に満たない者を、毒劇薬、毒劇物その他有害な原料若しくは材料又は爆発性、発火性若しくは引火性の原料若しくは材料を取り扱う業務、著しくじんあい若しくは粉末を飛散し、若しくは有害ガス若しくは有害放射線を発散する場所又は高温若しくは高圧の場所における業務その他安全、衛生又は福祉に有害な場所における業務に就かせてはならない。
3　前項に規定する業務の範囲は、厚生労働省令で定める。

①　**団結権**　　団結権とは、労働組合を組織する権利である。一労働者が個人で企業と労働条件を個別に協議することは実質的に不可能で労働者は団結することによって使用者と対等な地位に近くなる。権利である以上、企業が労働組合を結成することを認めないとすることは許されない。

②　**団体交渉権**　　労働組合が使用者と労働条件について交渉する権利である。組合を結成することが認められても使用者と協議できなければ意味がない。そこで、使用者は協議すること自体を拒否することは許されず、交渉の結果として労働協約が締結される。

③　**団体行動権**　　団体行動権とは、労働者の団体が労働条件の実現を図るためにストライキなどをする権限である。労働者は許された範囲の争議行為であれば法的責任を問われることはない。

（3）　公務員の労働基本権

公務員も勤労者であることに何らかわりがないが、現行法上、公務員の労働基本権は広汎に制限されている。その理由は「公共の福祉」や公務員が「全体の奉仕者」であることなどの抽象的な理由や公務員の勤務条件が国会の法律と予算できまるという私企業との制度的違いなどであるが、公務員を一律に一般勤労者と区別することは妥当でないであろう。→5

（4）　今後の課題

労働基本権は、従来、大企業と労働者、国と公務員というような特定の集団モデルを前提としてそのあり方を議論されてきた。もちろん、公務員と一般企業の労働基本権の較差是正も重要な議論であるが、いわゆるフリーターの増加や派遣職員やパートタイム従業員の台頭など労働環境は憲法制定当時と比べて大きく変化している。つまり、労働組合にさえ入ることのない労働者が増加している現状において、組合前提の労働問題解決だけでは、もはや、多くの勤労者の権利を保障することは困難ではないだろうか。今後は、個人の視点に立った労働基本権の保障も必要になってくるであろう。→6　7

5　公務員の労働基本権の現状

区分		団結権	団体交渉権	協約締結権	争議権
国家公務員	非現業職員（警察職員、自衛隊員等除く）	○	△（注1）	×	×
	現業、特定独法と郵政公社職員	○	○	○	×
地方公務員	非現業職員（警察、消防職員除く）	○	△（注1）	×（注2）	×
	現業職員	○	○	○	×
民間		○	○	○	○

注1:非現業職員は交渉できるが団体協約は締結できない
注2:非現業職員（地方）は書面協定を結ぶことができるが、書面に法的拘束力はない

（2007年5月24日　産経新聞より）

6

労組組織率 最低17.5%

14年調査　女性組合員は微増

雇用者に占める労働組合員の割合（組織率）は今年6月末時点で、1年前より0・2ポイント低い17・5%となり、4年続けて過去最低だった。組合員数も同0・3%減の984万9千人だった。厚生労働省が17日発表した2014年の労働組合基礎調査でわかった。

一方、女性の組合員数は305万4千人で、前年より2万人（0・7%）増えた。パートの組合員数も、5万6千人（6・2%）多い97万人。卸、小売業など、非正規の多い産業でパートの組織化が進んだ。

（2014年12月18日　朝日新聞）

7

非正規雇用33%　最高の1677万人

06年調査

年収「199万円以下」過半数

総務省が2日に発表した労働力調査結果（2006年平均）によると、雇用者（役員を除く）全体に占めるパート・アルバイトや派遣社員ら「非正規社員・職員」の割合は、前年比0・4ポイント増の33・0%となり、02年の調査開始以来、最高を更新した。雇用者のほぼ3人に1人が非正規雇用となっている。非正規雇用の割合は、男性が17・9%、女性が52・8%だった。

雇用者数は計5088万人で、このうち、正規が3411万人、非正規は1677万人だった。前年に比べて、正規は37万人増、非正規は44万人増で、非正規の増加の方が多かった。ただ、非正規の対前年比伸び率は鈍化傾向がみられた。

非正規の内訳は、パート・アルバイトが1125万人と最も多く、次いで契約社員・嘱託の283万人だった。

正規と非正規の年収をみると、男性の場合、正規は「500～699万円」が21・2%と最も多く、非正規は「199万円以下」が56・8%と過半数を占めた。

厚生労働省によると、「フリーター」と呼ばれる15歳～34歳のパート・アルバイトらに限定すると、06年は187万人で前年比14万人減だった。ピークの03年の217万人から3年連続で減少した。

一方、総務省が2日に発表した労働力調査（速報）によると、今年1月の完全失業率（季節調整値）は4・0%と前月と同率だった。男性は4・1%、女性は3・8%だった。厚労省によると1月の有効求人倍率（同）は1・06倍と前月比0・01ポイント低下した。

（2007年3月2日　朝日新聞夕刊）

※2021年の総務省の労働力調査によると非正規の職員、従業員は2060万人、割合は36.6%
コロナ禍で2期ぶりに4万人減少した

憲法セクション8

第17章 平 等 権

1 平等とは

「人は自由かつ平等である」という原則は、現代では日本国憲法はもちろん世界各国の憲法や世界人権宣言1条の「すべての人間は、生れながらにして自由であり、かつ、尊厳と権利とについて平等である。人間は、理性と良心とを授けられており、互いに同胞の精神をもつて行動しなければならない」との宣言のように普遍的な価値として認められている。

平等概念は、古くは、アリストテレス（前384～前322）が、『政治学』の中で、「等には、二種類ある一つは数におけるそれであり、他の一つは値打ちに応じたそれである」と述べ、その後、ルター（1483～1546）による「神の下での平等」、トマス・ホッブス（1588～1679）やジョン・ロック（1632～1704）の自然権思想に基づく平等論などを経て、アメリカ独立・フランス革命に大きな影響を与えた。

しかし、「平等」とは何かという問いに対する答えとその実現はなかなかむずかしい。例えば、アリストテレスの考えた平等論は、人を自由民と奴隷民、男性と女性に分け、奴隷や女性に対する差別を容認していたので人権の総則的な意味をもつ現代の平等論と相容れない。

では、すべての国民に機械的に平等を与えれば、平等な社会を実現できるかというと、ことはそう易しくない。19世紀から20世紀にかけて自由と平等は絶対的価値として個人を法的に均等に扱い、経済的自由などを制限なく保障した形式的平等（機会の平等）の結果は、その後の社会権の登場で明らかなように実質的に不平等な、理想的社会にほど遠いものであった。

日本国憲法においては、形式的平等（機会の平等）のみならず実質的平等をも憲法上考慮して社会権の保障がなされ各種関連法が整備され、税制においても累進課税がとられるなど実質的平等に基づく政策がなされている。ただし、選挙権の平等や身分差別の禁止などは、むしろ形式的平等が憲法上も要請されているし、国がすべての国民に同じ生活レヴェルを保障することはありえないように、憲法の意図する平等がどのような内容であるのかは個別に検討されなければならない。

2　法の下の平等

憲法14条　すべて国民は、法の下に平等であつて、人種、信条、性別、社会的身分又は門地により、政治的、経済的又は社会的関係において、差別されない。
2　華族その他の貴族の制度は、これを認めない。
3　栄誉、勲章その他の栄典の授与は、いかなる特権も伴はない。栄典の授与は、現にこれを有し、又は将来これを受ける者の一代に限り、その効力を有する。

「法の下に平等」とは、法律上の差別（差別待遇）が禁止されるという意味であり、国民が国家により利益の面でも不利益の面でも差別されないことを意味する。ただ、注意すべきは、国民には性別、年齢、財産、能力など事実的・実質的差異が存在するので、憲法が禁止しているのは、同一程度の事情と条件下での不均等な取扱いであることである。つまり、労働基準法65条で女性に産前産後休暇が認められても、その取扱いには合理的理由が認められるように、「法の下の平等」とは絶対的平等の意味ではなく不合理な差別を禁ずるという相対的平等を意味する。

また、法の下に平等であるといえるには、国家が法を国民に対して機械的に適用することのみならず、法そのものの内容が平等原則に沿ったものであることが要請されていると解される。

3　平等権の具体的内容

（1）　禁止される差別

14条１項後段は「人種、信条、性別、社会的身分又は門地により、政治的、経済的又は社会的関係において、差別されない」と憲法の禁止する差別を列挙しているが、これらの規定は例示であると解される。例えば、列挙された内容には身体障害者に対する差別は含まれていないが、このような差別も含め、不合理な差別的取扱いはすべて許されない。

① **人　種**　「人種」とは、白人・黒人・黄色人種など、主として遺伝的な身体の諸特徴（肌の色等）によって区別されるヒトの集団のこと。人種差別としては、アメリカや南アフリカの黒人差別やナチスドイツのユダヤ人差別などが挙げられるが、日本においても、アイヌ民族差別、在日朝鮮人差別などが現在も指摘されている。→[1] [2]

② **信　条**　「信条」とは、宗教的な信仰や教義に限らず広く人生観や政治観など人の考え方ないし信念のことである。信条差別には、旧体制下での国家神道や皇国史観の強制による個人の思想や宗教団体への弾圧が挙げられる。

なお、公務員にも当然に思想・良心の自由は保障されるが、「日本国憲法施行の日以後において、日本国憲法又はその下に成立した政府を暴力で破壊することを主張する政党その他の団体を結成し、又はこれに加入した者」について公務員になることができないとする国家公務員法38条５号の規定は、公務員としての合理的な最小限の条件であると考えられるので違憲とはいえないだろう。→[3]

③ **性　別**　「性別」とは、男女の別のことであり、女子への就職や勤務条件等の差別は性別の差別であり許されない。戦後、男女平等の具体化として婦人参政権の実現、男女共学が推進され、妻の無能力制の廃止や女子差別撤廃条約の批准（1981）、また、男女雇用機会均等法が成立し、さらに、1999年には男女共同参画社会基本法が施行された。

現在、女子のみ百日の再婚禁止期間をもうける民法733条[1]の規定や民法

（1） 民法733条　女は、前婚の解消又は取消しの日から起算して百日を経過した後でなければ、再婚をすることができない。
２　前項の規定は、次に掲げる場合には、適用しない。
一　女が前婚の解消又は取消しの時に懐胎していなかった場合
二　女が前婚の解消又は取消しの後に出産した場合

（2） 民法750条　夫婦は、婚姻の際に定めるところに従い、夫又は妻の氏を称する。

1　ちびくろサンボ絶版問題

> イギリス人のヘレン・バナーマン原作の『ちびくろサンボ』は、日本においても親しまれた作品であったが、1988年に黒人差別を理由に、一時的であるにしろ絶版になった。黒人差別の理由は、①「サンボ」という名前、②黒人にとって不快と思われるイラスト、③黒人のマイナスイメージのストーリー（黒人が「未開」であるとか「愚か」といった）などであった。
>
> また、『ピノキオ』についても、1976年に「びっこのきつねとめくらのねこ」の登場による障害者差別との抗議によって、一部の出版社が本の回収を行い、事実上閲覧できない公立図書館もあった。
>
> さらに、手塚治虫原作の『ジャングル大帝』の黒人描写についても、黒人差別との抗議が1990年にあった。

2

黒人の挿絵「唇、厚過ぎる」

英語教科書　検定意見つき出版社が修正

唇を厚く描いた修正前の挿絵㊤と修正後の挿絵

02年度の教科書検定で、黒人の挿絵に「厚い唇を誇張し、誤解を与えるおそれがある」と検定意見がつき、出版社が修正していたことが8日、分かった。

東京書籍の「リーディング（英語）」で、米国の黒人女性作家が書いたエッセーの挿絵に「子供の唇を厚く誇張し、すべてのアフリカ系アメリカ人の唇が厚いと誤解を与える」と検定意見がつき、同社は子供だけでなく母親の顔の形や鼻なども修正した。

黒人の差別などに関する問題では88年、岩波書店の児童図書「ちびくろサンボ」が「黒人を侮辱している」として絶版になり、90年には飲料会社「カルピス」のシンボルマークの図柄が「黒人差別にあたる」と指摘され、変更された。教科書検定でも97年度に黒人を描いた英語教科書の挿絵に「唇が厚い」、白人女性の挿絵に「鼻が長くとがって誇張しすぎている」と意見がつき、出版社が修正したことがある。

（2003年4月9日　毎日新聞）

750条[2]が夫婦別姓を許していないことなどが女性差別として問題になる。

思うに、再婚禁止期間については医学的進歩によって合理的必要性が弱まったと考えられる。しかし、夫婦別姓については法が夫の氏を強制しているのでなく自由な選択による事実的結果として夫の氏を名乗るケースが多いのが現状なので法的差別の問題とはいえない。また、夫婦別姓にした場合の子どもの氏をどうするかなどの問題もある。ただし、立法的判断で夫婦別姓にすることは認められる。→4　5　7

④　**社会的身分による差別**　「社会的身分」とは、出生によって決定される社会的な地位または身分のこと。社会的身分による差別として、部落差別、非嫡出子の相続分差別、尊卑差別などが挙げられる。この点、尊卑差別といわれた刑法旧200条は削除され、非嫡出子の相続分差別を定めた民法900条４号但し書前段についても、2013年９月に最高裁が違憲の決定をして、同年に問題個所を削除する法改正が行われた。

⑤　**門地による差別**　「門地」とは、特権または特殊な栄誉を伴う家柄のことを指す。具体的には明治憲法下の華族や士族のことを指す。

⑥　**「政治的関係」における差別**　「政治的関係による差別」とは、国民の政治生活における差別で、選挙権・被選挙権についての差別や公職就任にあたっての差別のことである。

⑦　**「経済的関係」における差別**　「経済的関係における差別」とは、国民の経済生活における差別のことである。租税の賦課や財産権についての差別がこれにあたる。女性だからという理由で賃金が低くされるのは経済的関係における差別である。

⑧　**「社会的関係」における差別**　「社会的関係における差別」とは国民の社会生活における差別のことである。例えば、特定の宗教を信じているという理由で居住・移転・就学の拒否をしたとすれば社会的関係における差別になろう。

（２）　貴族の禁止

憲法14条２項は、明治憲法下で認められていた華族その他の貴族の制度を認めないが、これは身分・門地による差別禁止に反する制度の撤廃を徹底するためである。ちなみに、「華族」とは、華族授爵の詔（1884）により華族に列せ

3

オウム転入拒否訴訟
2自治体敗訴確定

最高裁

東京都杉並区と名古屋市中区から住民登録を拒否されたオウム真理教の信者が、転入届の不受理処分の取り消しを求めた二件の訴訟の上告審で、最高裁第一小法廷は二十六日、「自治体の区域内に居住実態があれば転入届の不受理は許されない」として、一、二審判決を支持し、自治体側の上告を棄却する判決を言い渡した。自治体側の敗訴が確定した。

教団信者の住民登録をめぐる特別抗告に対し、最高裁が同趣旨の判断を示したことはあるが、判決は初めて。この問題では、全国の地裁、高裁でも自治体側敗訴の判決が相次いでおり、訴訟を継続中の自治体は新たな対応を迫られることになりそうだ。

今回の二件の訴訟では、杉並区と名古屋市の信者計六人が提出した転入届が受理されなかったため、信者側が提訴していた。

◇

現在、係争中の訴訟は二十件で、信者計五十八人が大阪市やさいたま市など計十市区町に転入届不受理処分の取り消しなどを求めている。このうち、大阪府吹田市は「自分の訴訟の最高裁判決が出ない限り、転入届を受理することはない」と、今回の最高裁判決について、静観の構えを見せる。

一方、東京都世田谷区のように、すでに転入届を受理することに方針転換し、同時に、教団進出に反対する住民団体への補助金支出を可能とした条例を策定するなどして、教団施設の大規模化を阻止しようとしている自治体もある。

ただ、自治体だけの対策には限界があるとして、国に教団の拠点作りや集団居住に対する規制を実施してほしいと望む声は多い。教団施設などを抱える全国の三十一市区町村などで作る「オウム真理教対策関係市町村連絡会」は同日の総会で、教団規制のための新法制定を検討する部会の設置を決める予定。

（2003年6月26日　読売新聞夕刊）

4

遺族年金の男女差、違憲
地裁判決　夫に年齢制限「差別」

地方公務員の配偶者が亡くなった場合、妻は年齢を問わず遺族補償年金を受け取れるのに、夫は55歳以上でないと受給できないのは男女差別で法の下の平等を定めた憲法14条に違反するとした判決が25日、大阪地裁で言い渡された。中垣内《なかがいと》健治裁判長は「配偶者の性別で受給権を分ける差別的扱いは合理性がない」と述べた。▼38面＝見直し急務

判決は、地方公務員災害補償法（地公災法）の「格差規定」を無効とし、死亡した女性教諭の夫の請求を認めて地方公務員災害補償基金の年金不支給決定を取り消した。原告側によると、遺族補償年金の受給資格をめぐる違憲判決は初めて。同様の格差は国家公務員災害補償法や民間対象の労働者災害補償保険法の規定にもあり、判決は広い影響を及ぼす可能性がある。

原告は堺市に住む女性教諭の夫(66)。判決などによると、女性教諭は勤務先での校内暴力などで１９９７年にうつ病を発症し、夫が51歳だった98年に自殺。２０１０年に労災にあたる「公務災害」と認められ、夫は遺族補償年金の支給を求めた。しかし基金は11年、地公災法の年齢制限規定を理由に不支給とした。

判決はこの規定について１９６７年の制定当時は「正社員の夫と専業主婦が一般的な家庭モデルだった」とし、「合理性があった」と認めた。しかし、90年代には共働き世帯が専業主婦世帯を上回ったことや、男性の非正規雇用が増加するなど、日本型雇用慣行が変容したとして「規定は差別的で違憲だ」と結論付けた。

（2013年11月26日　朝日新聞）

られた人のことで、華族令・華族身位令・華族世襲財産法などで特権を与えられた公爵・侯爵・伯爵・子爵・男爵のことをいう。これらの法令は、1947年に廃止された。

また、「貴族」とは、血統や門閥などにより一般国民に優位した世襲的特権を有する階級のことで、華族などのことをいう。貴族は貴族院令（1889）により貴族院議員に就任することができたが、貴族院令は1947年に廃止された。

（３） 栄　　典

「栄誉」とは、公的に認められた名誉の表彰のことで国会表彰、名誉市民の表彰などがこれにあたる。

「勲章」とは、名誉を表彰するために公的に与えられた賞牌のこと。明治時代には金鵄勲章、文化勲章などが認められたが、金鵄勲章は1947年に廃止された。皇室に対する叙勲のあり方を定めた皇室身位令（1910）は1947年に廃止されたが、生存者叙勲（1946停止）は、「従前の例による」として復活した。

「栄典」とは、栄誉を表彰する目的で国法によって特定人に認められる特殊な地位のこと。栄誉も勲章も栄典に含まれる。戦後、栄典法制定への動きもあったが成立するにいたらず、1956年に閣議決定で生存者叙勲が復活するとともに、栄典法ではなく政令ないし戦前の慣行踏襲を名目に行われるようになった。

憲法14条３項は、栄誉・勲章その他の栄典の授与に、いかなる特権も伴わないことを規定しているが、栄典はそれ自体、他人との差別につながるので春秋の叙勲や文化勲章等の授与についても、叙勲・授与基準、叙勲者・授与者の選定経過などは民主的かつ公正でなければならないし、法的根拠もなく、時の政府が一方的に行っている現行の栄典制度は憲法の趣旨に反する疑いがある。

また、明治憲法下では、「天皇ハ爵位勲章及其ノ他ノ栄典ヲ授与ス」（旧15条）と規定し、天皇の栄典大権を認めていた。また、戦前の叙勲者270万人のうち軍人が199万人というように戦前の栄典は軍人・官僚に独占されていて、これらの叙勲は、在官、在職の内規年限さえくれば、否応なしにあがるというしくみであった。

5

昭和61年当時、主人公の五代は保父を目指して保母資格試験を受験する

（高橋留美子『めぞん一刻』「陽だまりの告白」）

6

名前が変わるおもな魚

旧　名	新しい標準和名
メクラウナギ	ホソヌタウナギ
オシザメ	チヒロザメ
バカジャコ	リュウキュウキビナゴ
セムシイタチウオ	セダカイタチウオ
イザリウオ	カエルアンコウ
ミツクチゲンゲ	ウサゲンゲ
アシナシゲンゲ	ヤワラゲンゲ
テナシゲンゲ	チョウジャゲンゲ
セッパリハギ	セダカカワハギ

日本魚類学会は差別的な言葉を含む魚の名前の改名を2007年に決めた。

7

女人禁制…村道だった

揺れる大峰山

奈良・天川村　市民グループ「差別だ」

女人禁制を守る修験道の根本道場、奈良県天川村の大峰山（山上ケ岳）にある修行道の一部が村道に認定されていたことが十五日、県議会代表質問の質疑で明らかになった。市民グループは「村道は公道なのに女性だけ排除するのはおかしい」と批判している。

天川村によると、山頂の大峯山寺が設けた「女人結界」により女人禁制とされる村道区間は、大峰大橋から大峯山寺を経て阿弥陀が森に至る約八キロと、枝道の約一キロ。

同村は「禁制は地域の慣行として通行者に理解を求めてきた。いきなりおかしいと言われても」と当惑している。

大峰山を含む「紀伊山地の霊場と参詣道」は近く、世界遺産への登録が審議される予定。

大峰山は開山以来千三百年の女人禁制の伝統があるといわれ、大峯山寺を管理する五護持院は今年四月、信仰上の理由から禁制の維持を確認した。

これに対し、「女性差別」と批判する市民グループが開放を求める一万二千人分の署名を文化庁などに出すなど議論が起きている。

（2004年6月16日　産経新聞）

これらの栄典制度は、現行憲法の実施により華族制度は全廃され、金鵄勲章なども廃止されたが、戦後、生存者叙勲その他叙位叙勲は、法律の根拠の無いまま閣議決定で決まった基準に従い行われている。

思うに、現行の叙位叙勲は、実態的にも戦前の官尊民卑の体質を継承したものであり、叙位叙勲の意義や方法などについて、2003年に等級の簡素化などの改革がなされたが、憲法14条の趣旨及び国民意識の観点からさらなる再検討が必要であろう。

4　家庭における両性の平等

憲法24条　婚姻は、両性の合意のみに基いて成立し、夫婦が同等の権利を有することを基本として、相互の協力により、維持されなければならない。

2　配偶者の選択、財産権、相続、住居の選定、離婚並びに婚姻及び家族に関するその他の事項に関しては、法律は、個人の尊厳と両性の本質的平等に立脚して、制定されなければならない。

憲法24条は、社会のみならず家庭においても女性が差別を受けないように相続など許されない差別を例示している。日本国憲法では「男性は外で働き、女性は家庭を守る」といったような価値観を一方的に国民に押し付けることは許されないのである。

ただし、このことは、憲法が夫婦の共働きを提唱していることではなく、平等な間柄の夫婦間で自由に夫婦のあり方を決定すればよいということである。もちろん、選択が実効性をもつために国には実質的に女性が社会で働けるような条件整備や啓蒙活動の責任が課せられていることはいうまでもない。

また、現在では、国は、社会的な法整備だけでなく、本来家庭内の問題とされてきたドメスティックバイオレンスなどの対応についても、家庭の領域を尊重しつつも、個人の人権を保障するために積極的に対処しなければならない。

この点、民法772条の嫡出の推定の否認を、夫の専権事項とし妻や子に認めていない民法774条の規定は問題があろう。

憲法セクション９

第18章　新しい人権

1　新しい人権のあり方

現代の国民の生活に不可欠である環境権であるとかプライバシー権について、憲法の条文は何も明記していない。日本国憲法が制定されて半世紀以上が経過しているが、これらの新しい権利について、憲法上どのように考えればよいのだろうか。これらの権利の社会的必要性からすれば、一切認めないとするとの主張は不適当であるが、何の根拠や制限もなく個別の権利を無制約に誕生させてしまうことは、結果的に権利のインフレを招いてしまい権利自体の価値の低下や本来的権利の侵害の口実を与え兼ねない。

つまり、新しい人権という概念を認めるにしても、社会的必要性に加えて、ある程度の法的根拠と新しい人権の範囲の確定が必要なのである。そして、具体的な範囲の確定の作業方法とは、憲法改正手続による憲法上、もしくは一般法律制定による権利の明文化であるが、現状では、まず、判例によって認知され、一定の範囲が示されることが多い。例えば、肖像権は京都府学連デモ事件の最高裁判決(1)において「個人の私生活の自由の一つとして、何人も、承諾なしに、みだりに容ぼう·姿態を撮影されない自由を有し、これを肖像権と称するかどうかは別として、警察官が、正当な理由なく個人の容ぼう等を撮影することは、本条の趣旨に反し、許されないが、現に犯罪が行われ若しくは行われた後間がないと認められる場合で、証拠保全の必要性・緊急性があり、その撮影が一般的に許容される限度を超えない相当な方法をもって行われるときには、警察官による撮影は許容される」と認知されてその一定の範囲が示された。

（1）　最大判昭和44年12月24日刑集23巻12号1625頁

2　幸福追求権

憲法13条　　すべて国民は、個人として尊重される。生命、自由及び幸福追求に対する国民の権利については、公共の福祉に反しない限り、立法その他の国政の上で、最大の尊重を必要とする。

新しい人権が既存の人権の実質的な人権保障の発展過程にその必要性が見出されて登場した場合、その新しい人権はその具体的な憲法条文自身を根拠にすることができよう。例えば、「知る権利」は表現の自由を定めた憲法21条から、「環境権」は生存権を定めた憲法25条から導き出された。

しかし、必ずしも既存の人権の延長でなくても、憲法13条の幸福追求権を根拠として新しい人権を導き出すことが可能であると解されている。

憲法13条の幸福追求権は、当初、14条以下に列挙された個別の人権の基礎をなす原則で具体的権利を引き出すことができない権利と考えられていたが、現在では、個人尊重の原理に基づく幸福追求権の意義が見直されて、具体的権利たる新しい権利の根拠となる包括的権利と解される。

3　幸福追求権から導き出せる個別的人権

憲法13条の幸福追求権から導き出される新しい人権としては、さまざまなものが主張されているが、判例は個人の身体・名誉・肖像など人格に関わる利益について保護を保障する権利の総称である「人格権」の存在については明確に認めている[2]。

（１）　プライバシー権

プライバシー権は、「ひとりでほうっておいてもらう権利」としてアメリカ

（２）　例えば、最大判昭和61年６月11日民集40巻４号872頁（北方ジャーナル事件）においては「名誉を違法に侵害された者は、人格権としての名誉権に基づき、侵害行為の差止めを求めることができる」と判示している。また、国の立法の不作為を認めたハンセン病訴訟熊本地裁判決（熊本地判平成13年５月11日）は「ハンセン病患者の隔離は……その人権の制限は、人としての社会生活全般にわたるものである。このような人権制限の実態は、より広く憲法13条に根拠を有する人格権そのものに対するものととらえるのが相当である」としている。

の判例で形成され、日本では「宴のあと」事件一審判決[3]で「私生活をみだりに公開されない権利」と定義されて、個人の私的領域に無断で立ち入らせないという自由権的権利として当初は認識されていた。そして、現在の高度情報化社会においては自由権的側面に加えて「自己に関する情報をコントロールする権利」と定義されて、自己に関する情報の閲覧や誤った情報の訂正などを求める権利としての社会権的意義も重要視されるにいたっている。ただし、個人情報には内申書等公立学校など公的機関が所有するもののみならず、マスコミなど民間企業が所有するものも含まれると解されるが、具体的にどの程度までの規制や請求が認められるかは個人情報保護法などの具体的立法による。

また、個人のDNA情報などの個人情報の保護の法制化も急務であろう。

（2）　自己決定権

自己決定権とは、個人が自己の私的領域について公権力の干渉を受けずに自ら決定できる権利のことである。ただし、私的領域の決定といっても、幸福追求権の範囲をめぐる議論とも関連して、髪型や服装などのファッションや飲酒・喫煙などライフスタイル一般の自由の決定まで保障すべき権利とするかは意見の対立がある。思うに、医療における治療方法の選択や安楽死・尊厳死などの自己の生命・身体に関わる決定や子どもを生むかどうかの決定などは人格的生存に不可欠な利益であるので権利として認められるが（人格的利益説）、一般的行為の自由をも権利として認める（一般的自由説）ことは、現実に公権力が個人のファッションやライフスタイルに干渉する場面が特殊な場合を除いて考えられないので、その必要性は少ないのではないだろうか。

この点、公立学校の制服着用義務や髪型を含めた校則が、自己決定権との関係で問題になる。思うに、私立学校においても、校則違反を理由として生徒を安易に退学させるようなことは許されないが、制服等を定めていたり校則の規制が厳しいことは、「校則の存在を知って入学した」ものと推定されるから、

（3）　東京地判昭和39年９月28日民集15巻９号2317頁

多くの場合は人権侵害の問題にそもそもならない。しかし、公立学校における校則については、「男子学生は丸坊主でなくてはいけない」というような合理性のない校則は許されない。しかし、ある一定の制限を課す校則のすべてを自己決定権の侵害としてしまうことも現実的ではないし、また、時代の変化で規制に関する認識も変わってこよう。結局のところ、その学校の学生、保護者に教師等が話し合いで既存の校則を改正していくことが何よりの対処と思える。ただし、未成年者である学生が自己決定についても合理的制限を受ける場合があることは否定できない。

また、個人の領域に関する決定は広義のプライバシー権としても解することができるが、そもそも、自己決定権もプライバシー権も人格権の一形態である側面があるので、両者を厳密に区分する意義はあまりないであろう。→1　2

（３）　その他の新しい人権

憲法の条文にないことをもって新しい人権というのであれば、表現の自由や生存権から導き出された「知る権利」や「環境権」なども新しい人権である。また、これらの権利の根拠についても憲法21条や25条からこれらを導き出すとする考えや13条の意義も加えるべきとする説など議論が分かれるが、結果的に国民に必要な権利が保障されるのであれば明確な区別にこだわる必要はないだろう。→3　4

（４）　従来の権利についての再検討

子どもの権利が語られる場合、従来の議論では早期の親子関係の決定や被養育権が主な内容とされていたが、これからは、児童の権利に関する条約７条の「出自を知る権利」、「出生の時から氏名や国籍を取得する権利」や「父母によって養育される権利」など新しい権利概念をも念頭に、子どもの福祉を考慮していく必要性があろう。→5

1

15歳未満の脳死臓器提供
「認めるべき」61%

本社世論調査

臓器移植法が施行されてから今月で三年がたつのを機に、読売新聞社が十四、十五の両日に実施した全国世論調査で、現在認められていない十五歳未満の脳死者からの臓器提供について、61%の人が「認めるべきだ」と考えていることがわかった。同法は、施行後三年で見直すことになっているが、この年齢制限は最大の焦点。小さな臓器が必要な子供の患者は、海外で移植の機会を待つしかない不自然な状況に置かれているためだが、過半数が解消を求めていることになる。

現行法は、脳死からの臓器提供の条件として、文書による本人の意思表示が不可欠としている。しかし十五歳未満については、民法でも遺言が無効なことを考慮して、この意思表示を有効とは認めていない。

調査では、十五歳未満の脳死臓器提供を認めるべきだとした人のうち67%が「十五歳未満でも本人の意思表示を認める」と回答し、意思表示の年齢引き下げを容認する意向を示した。

ただ、これを実現するには、民法との整合性をどう保つか、どこまで年齢を引き下げるかが難題。脳死判定についても、今の臓器移植法が、若い脳は回復力が高いとして対象から外した六歳未満の判定基準を、厚生省研究班が今月まとめた通り採用するかどうか、検討が必要になりそうだ。

「十五歳未満」の解決策としては、厚生省の別の研究班が今年八月、生前に臓器提供を拒む意思を表明していない限り、子供を含めて年齢を問わず、家族の承諾だけで脳死臓器提供を可能とする同法の抜本的な改正案をまとめている。しかし回答者の55%は「今のまま、本人の意思表示と家族の承諾の両方が必要」と現状維持を要望。「本人の意思表示だけがあればよい」の23%と合わせ、78%が本人意思の尊重を求めた。

脳死を人の死とみなすかどうかの質問には、「死と判定してもよい」が回答者の56・0%を占め、前回調査と比べ、0・5㌽とわずかに上昇、一九八二年の第一回調査から最高を記録した。「死と判定すべきではない」は22%だった。

（調査の詳報12面）

(2000年10月30日　読売新聞)
※2010年7月17日より本人の意思が不明な場合も家族の承認があれば臓器提供が可能となった。

2　安楽死と尊厳死

安楽死と尊厳死を同じように認識する場合があるが、適切でない。
安楽死とは、死期を目前にした傷病者の耐えがたい肉体の苦痛を緩和するために、本人の意思のもとで安らかな死を迎えさせることであり、尊厳死とは、回復の見込みがない患者に対して、生命維持治療を中止して人間として尊厳をもって死を迎えさせることである。安楽死は、死期が目前にせまっていて、患者本人の行為時の意思表示が可能であるが、尊厳死における植物状態の患者のケースでは、死期が目前とは限らず、苦痛も伴っていない。また、事前に延命治療中止の意思表示をしていないと、行為時には意思の確認はとることができない。
日本では、安楽死や尊厳死を正面から認める法律は存在しないが、近時、自らの死のあり方を自分で選択することをとらえて、安楽死と尊厳死は自己決定権の問題ととらえられている。

3

「景観利益は保護」最高裁初判断

東京都国立市の「大学通り」沿いの14階建てマンション（高さ約44㍍）をめぐり、地元の住民が「景観が壊された」と建築主の「明和地所」（渋谷区）などを相手に、上層部の撤去などを求めた訴訟の上告審判決が30日、あった。最高裁第一小法廷（甲斐中辰夫裁判長）は、「良好な景観の恩恵を受ける利益（景観利益）は法的保護に値する」とする初めての判断を示した。だが、今回の場合は「利益への違法な侵害はない」として、住民側の上告を棄却。住民側の敗訴が確定した。

国立マンション訴訟

住民の上告は棄却

第一小法廷は景観について「歴史的、文化的環境を形作り、豊かな生活環境を構成する場合には客観的な価値がある」と指摘。憲法の幸福追求権をベースに地域住民には「景観利益」があると認め、景観被害をめぐって住民が裁判で回復を求める道を開いた。

一方で、利益が違法に侵害されたと言うためには、「侵害行為が法令や公序良俗に反したり、権利の乱用に当たるなど、社会的に認められた行為としての相当性を欠く程度のものでなければならない」と、被害救済には高いハードルを設けた。

「大学通り」については、整備された経緯や街路樹と建物の高さの調和などから「景観利益がある」と判断。だが市には当時、高さなどを規制する条例はなく、建物自体に法令違反もないため、「容積と高さを除けば、調和を乱すような点はない」として、景観利益の侵害はないと結論づけた。

この訴訟では、一審・東京地裁判決が「地権者の景観利益を侵害する」として、通りに面した棟の20㍍を超える部分（7階以上）の撤去を命じたが、二審で覆された。

(2006年3月31日　朝日新聞)

4

グーグル検索

「忘れられる権利」取り消し

東京高裁逆転決定

逮捕歴削除認めず

インターネット検索サイト「グーグル」で検索すると、自分の逮捕歴に関する記事が表示されるのは人格権などの侵害だとして、埼玉県内の男性が米グーグルに検索結果の削除を求めた仮処分申請について、東京高裁は12日、削除を命じたさいたま地裁の仮処分決定を取り消し、男性の申し立てを却下する決定をした。杉原則彦裁判長は「事件から5年が経過しても逮捕歴の情報の公共性は失われておらず、検索結果を削除すると表現の自由や知る権利が侵害される」と述べた。

男性は2011年、児童買春・児童ポルノ禁止法違反で罰金50万円の略式命令を受けた。さいたま地裁は昨年6月、グーグルの検索結果に表示される49件の削除を命令。さらに同地裁は同年12月、グーグル側の異議申し立てに対し、「犯罪者といえども更生を妨げられないよう、過去の犯罪を社会から『忘れられる権利』がある」と判断して削除決定を維持した。

この日の決定は、削除の当否を判断するための考慮要素として、①対象の記述を公表した目的や社会的意義②削除請求した人の社会的地位や影響力③公表による損害の重大性――などを挙げた。その上で今回のケースについては「児童買春の防止は親にとって重大な関心事だ」と指摘。削除した場合は「看過できない多数の人の『知る権利』などを侵害する」と結論付けた。

グーグル広報部は「人々の知る権利と情報へのアクセスを尊重した判断と考える」としている。

「知る権利」を重視

東京高裁決定は、ネットの検索サービスが表現の自由や知る権利に大きく寄与している点を踏まえ、安易な削除を戒めた。

欧州連合（EU）の最高裁にあたる欧州司法裁判所は2014年、過去の個人情報の削除を事業者に求めることができる「忘れられる権利」を認めた。今回の男性のケースでさいたま地裁が「忘れられる権利」を認めたのも欧州の潮流を受けたものだった。

しかし、高裁は「忘れられる権利は日本の法律で定められておらず、要件や効果も明確でない」と指摘。検索結果を削除すれば「同じサイトにある（逮捕歴と）無関係な事実や意見も検索できなくなる」として、知る権利を優先した。

ネットがこれだけ普及した今、「過去」の削除をどこまで認めるかは多くの人にとって無縁ではない。他の同種裁判でも判断は割れており、最高裁が今後示す可能性がある統一判断が注目される。（広瀬誠）

（2016年7月13日　読売新聞）

※　最高裁判所第三小法廷平成29年1月31日決定も削除を認めなかったが、2022年6月24日の最高裁判決は、削除の対象、事案や逮捕後の経過年数等は違うが、Twitterの逮捕履歴投稿については、削除を命じた。

5

DNA型鑑定「血縁なし」

父子関係の解消 認めず

子の身分安定 優先

最高裁初判断

DNA型鑑定で血縁がないと証明されても、それだけで一度決まった父子関係を取り消すことはできない。最高裁第一小法廷（白木勇裁判長）は17日、3家族が争ってきた裁判の判決で、そうした判断を初めて示した。血縁よりも「子の法的な身分の安定」を重視した。

▼3面＝司法に難題、37面＝判決要旨、38面＝当事者の思い

5人の裁判官のうち、2人はこの結論に反対した。父子関係を116年前に定義した民法の「嫡出《ちゃくしゅつ》推定」＝🔑＝が、現代の科学鑑定で否定されるかが最大の争点だった。この日の判決では複数の裁判官が、新たなルール作りや立法などを求める意見を出しており、議論が高まりそうだ。

争っていたのは北海道、近畿地方、四国地方の各夫婦（2夫婦はすでに離婚）。訴えなどによると、このうち北海道と近畿の夫婦は、妻が夫とは別の男性と交際。出産した子と交際男性との間でDNA型鑑定をしたところ、生物学上の父子関係が「99・99％」との結果が出た。これを受けて妻が子を原告として、夫とは親子でないことの確認を求めて提訴した。

一、二審はいずれも父子関係を取り消す判決を出した。「DNA型の鑑定結果は親子関係を覆す究極の事実」などと指摘した。ともに父子関係の維持を求める夫側が上告した。

これに対して最高裁は、「科学的証拠によって生物学上の父子関係が認められないことは明らかであるうえ、夫婦がすでに離婚して別居している。それでも子の身分の法的安定を保つことは必要」と指摘。そのうえで「夫と子の間に嫡出推定が及ぶ」として二審判決を破棄し、夫と子の父子関係を認めた。

この判断について反対意見を出した金築誠志裁判官は「夫婦関係が破綻して子の出生の秘密が明らかになっている上、血縁上の父親と新たな親子関係を確保できる場合には、元の父子関係を取り消すことを認めるべきだ」などと指摘した。

一方、四国の夫婦をめぐる裁判は、夫がDNA型鑑定の結果を根拠に父子関係の取り消しを求め提訴。一審は「子の利益のため、確定した父子関係をDNA型鑑定で覆すことは許されない」と棄却し、二審も支持した。北海道、近畿の裁判とは反対の判断を示していた。最高裁も夫の上告を退け、判断を統一した。（西山貴章）

🔑 嫡出推定

結婚している妻が出産した子は夫の子（嫡出子）と推定する、と定めた民法の規定。父親を早期に決めて親子関係を安定させることが子の利益につながる、との考えにもとづく。1898（明治31）年に定められたもので、DNA型鑑定などは想定していない。ただし、子の出生を知ってから1年以内に限り、夫は父子関係の取り消しを求められるとしている。

（2014年7月18日　朝日新聞）

憲法セクション10

第19章　人権の制限が許される場合

1　権利の「限界」というより「調整」

日本国憲法は、基本的人権の尊重をその根本原則にして、憲法改正によっても侵すことのできない「永久の権利」として保障している。

しかし、そのことは人権が無制約であることを意味するものではなく、人権を制約する法律も目的や規制の態様に合理性が認められれば違憲ではない。なぜならば、個人の尊重を前提に国民に保障されている権利の名のもとに他の国民の権利が侵害されてしまうような事態の黙認は、権利濫用による本来的権利の否定にほかならず、そもそも、他人の権利侵害が前提となるような権利保障などはありえないからである。例えば、表現の自由の名を名目に他人の名誉やプライバシーを侵害するような法に触れる行為は許されないし、信教の自由の保障の内容に反社会的な教義の社会的容認などは当然含まれない。

また、個人の権利を侵害する場合のみならず、公共の福祉に反する一方的権利の主張も認められない。なぜならば、法に反する行為はもちろん、公共の福祉に反する行為も、結局は個人の権利侵害に結びつくからである。

思うに、そもそも、反社会的行為や他人の権利を侵害するような行為は権利の名に値しないし、「権利の限界」といういい回しは「権利が本来的に政府の制限に服する」との間違った印象を与え兼ねない。しかし、明らかに法に反するような行為であるならまだしも、通常は、例えば、報道の自由と公人の名誉権のように互いが正当と主張する権利同士の衝突の場合に権利の限界は問題となるのである。そして、その問題の解決は、結局のところ個別具体的に権利のあり方を考慮しながら慎重に判断していくしかないのである。

そのように考えると、「権利の限界」について考えるということは、現代社会における他人の人権との関係での制約、つまり、「人権相互間の調整」を現実的に判断することであるといえよう。

2　人権と公共の福祉

> 憲法12条　この憲法が国民に保障する自由及び権利は、国民の不断の努力によつて、これを保持しなければならない。又、国民は、これを濫用してはならないのであつて、常に公共の福祉のためにこれを利用する責任を負ふ。

日本国憲法は、基本的人権について、総括的に「(憲法が保障する自由及び権利は) 常に公共の福祉のために利用する責任を負ふ」(12条)・「公共の福祉に反しない限り、立法その他の国政の上で、最大の尊重を必要とする」(13条) と規定し、とくに職業選択の自由や財産権などの経済的自由については、個別に、公共の福祉による制約を明記している (22条・29条)。

人権が他人の人権との関係で調整が必要であり、無制約でないことはすでに述べたが、政府の「公共の福祉」やそれに類似する概念[1]を理由とする人権規制を安易に認めることは、権利間の調整を逸脱した人権自体への不当な制限を招く危険性が否定できないので、「公共の福祉」の条項がどのような法的意味をもつのかを検討する必要性がある。

この点、「公共の福祉」の法的意味は、当初、人権をあたかも外から制約できる一般的規制原理と考えられていた (一元的外在制約説)。しかし、この説では、政府による人権制限が容易に肯定されるおそれがあり、人権が「法律の留保」によって制限されていた明治憲法の人権保障と同じになる危険性がある。また、この説によれば憲法22・29条の「公共の福祉」は特別の意味をもたないことになる。

---

(1)　「公共の福祉」と類似する概念維持　「公共の福祉」に類似する用語は、「公共の安全」(警察法1条、破壊活動防止法1条、旧憲法8条・70条)、「治安の維持」(警察官職務執行法1条、自衛隊法78条・82条)、「公共の(安寧)秩序」(自衛隊法92条、東京都公安条例3条)、「安寧秩序」(旧憲法9条・59条、旧治安警察法8条、旧出版法27条、旧言論出版集会結社等臨時取締法1条、消防法1条)、「公共の利益」(土地収用法1条、地価公示法1条)、「公共の利害」(公共用地の取得に関する特別措置法1条、土地収用法3条)など、諸法に使用されている。その用法は、「公共の福祉」に準じられている。

その後、「公共の福祉」による制約が認められる人権は、経済的自由たる憲法22・29条の場合に限られ、憲法12・13条の「公共の福祉」は人権制約の根拠たりえない訓示的規定にとどまるとする説（内在・外在二元的制約説）が説かれた。この説は、「公共の福祉」を理由とする抽象的な人権制限を制限する点では優れているが、権利の区別が相対化している現状において、権利の制限が憲法22・29条に対する政策的規制のみに限定されることなどが問題とされた。

そして、現在では、「公共の福祉」は人権相互の矛盾・衝突を調整するための実質的公平の原理ととらえ（一元的内在制約説）、「公共の福祉」が各人権の論理的必然として内在する一般的制約原理と認めつつ、具体的な人権制約の合憲性は個々の事例を個別に判断すべきと解されている。

思うに、「公共の福祉」を人権相互の矛盾・衝突を調整するための実質的公平の原理と考えれば、概念的には「公共の福祉」が無制限な人権制限原理とはならないが、公共の福祉を理由とする人権制限的内容を含む法律の運用如何によっては、結果的に外的制約を受けたように人権が侵害されてしまう可能性を否定できない。

つまり、具体的規制の場面で、どのような人権に対する制限が合憲となるのかについては、「公共の福祉」論自体は何ら具体的な解決方法を示していないのであり、人権を制限する法律の合憲性を判断するのには、結局、別の理論が必要なのである。

3　人権制限立法の合憲性判断方法

（1）　比較衡量論

比較衡量論とは、人権を制限することによって得られる利益と、人権を制限しないことから維持される利益を比較して、前者の利益が高いと判断される場合は人権を制限することができるとする基準である。

比較衡量論に対しては、国家と国民個人との利益が衡量された場合に、概して国家の利益が優先されるのではないかなど判断がはたして的確になされるのかなどの疑問が呈されている。

（２）　二重の基準論

二重の基準論とは、精神的自由と経済的自由を区別して、民主制の過程に不可欠な精神的自由について経済的自由より優越的地位を認め、精神的自由を規制する法律の合憲性は、経済的自由を規制する法律の合憲性よりも厳格な基準により審査すべきであるとする、アメリカの判例理論に由来する考え方である。

二重の基準論のいう厳格な基準としては、①事前抑制禁止の基準、②明確性の基準、③明白かつ現在の危険の基準、④より制限的でない他の選びうる手段（LRA）の基準が挙げられる。

4　特別な法律関係における人権（特別権力関係論）

特別権力関係とは、公法上の特別の原因に基づき、公法上の特定の目的に必要な限度において包括的に一方が他方を支配し、他方がこれに服従することを内容とする関係をいう。例えば、国家公務員の国に対する勤務関係、国立または公立学校の学生生徒の在学関係、有罪服役者の刑務所における在監関係などである。

特別権力関係論とは、このような公権力と国民の特別な関係においては一定の目的に必要な範囲で人権の制限や司法審査の原則の排除が妥当とされる考え方である。

しかし、公務員関係・在学関係・在監関係など性質の異なる法律関係にある者を「公権力に服従している」という形式論で一括することや、法治主義に反することなどを理由に特別権力関係論をそのまま日本国憲法の理念の下で認めることはできない。

つまり、在監者が一般国民と同じように、常に、自由が保障される必要はなく、特別権力関係という概念自体は否定できないが、日本国憲法においては、各事例の具体的規制に関しては個別の法律に基づいてなされなければならないのである。

5　私人間における人権保障

憲法の人権規定の多くは、例えば「国家からの自由」と自由権がいわれるように公権力との関係で国民の権利・自由の保障を前提にしている。

しかし、現代社会において、私たち国民の権利を侵害する主体は、はたして国家などの公権力に限られるかというと、そうではない。むしろ、企業による不当解雇であるとかマスメディアによるプライバシーの侵害などの例にみられるように私的団体による個人への人権侵害が現代では問題となっており、憲法の人権規定を何らかの形でこれらの私人による人権侵害にも適用していく必要が指摘されているのである。

ただし、注意しなければならないのは憲法の規定をそのまま私人の行為に適用すること（直接適用説）は時として、新たな人権侵害を発生させるおそれがあるということである。例えば、国立大学は思想に基づいて学生の選抜をすることは許されないが、その原則を一般の個人企業にあてはめるのは適当ではないだろう。なぜなら、国家の強制が市民社会の許容されるべき私的自治の原則を不安定にするようなことがあってはならないからである。私企業と国家が禁止されている差別との関係については、もちろん私企業であっても従業員の信条や社会的身分を理由とする差別的取扱いは労働基準法３条[2]に明示されているように許されない。しかし、三菱樹脂事件最高裁判決[3]は「本条は、雇入れ後における労働条件についての制限であり、雇入れそのものを制限する規定ではない。したがって、特定の思想、信条を有することを理由として雇入れを拒んでも、本条違反とはならない」と採用の決定段階には私企業の雇用の自由が優先されると解している。

また、私人による人権侵害に憲法が対応するべきとしても、国家による人権侵害が依然、最も警戒すべき侵害であることにかわりはないように、権力への

（2）　労働基準法３条　　使用者は、労働者の国籍、信条又は社会的身分を理由として、賃金、労働時間その他の労働条件について、差別的取扱をしてはならない。

（3）　最大判昭和48年12月12日民集27巻11号1536頁

（4）　最判昭和56年３月24日民集35巻２号300頁（日産自動車事件）

警戒をなくしてしまうことも適当でないであろう。

この点、憲法規定の私人間効力は、私的自治を尊重しつつ、憲法の趣旨を取り込んで解釈した民法90条の公序良俗違反や709条の不法行為などの私法の一般条項を適用することによって私人間の行為を規律しようとする間接適用説が通説になっている。

判例も間接適用説により、民間企業の定年年齢の男女間較差を定める就業規則を、性別による不合理な差別であるとして民法90条により無効としている(4)。

憲法セクション11

第20章　三権分立

1　三権分立

モンテスキュー（1689〜1755）が『法の精神』（1748）において、国家権力を立法権・執行権・裁判権の三権に分け、自由を守るためには、「同一人物の手に、または同一の官職団体の手に立法権と執行権とが兼ねられる時、自由は存在しない。……裁判権が立法権と分離していない場合もまた、自由は存在しない。……もしもただ一人の人物、もしくは有力者であれ、貴族であれまた人民であれ、それらの一団体だけがこれらの三権、すなわち法を作る権、並びに犯罪もしくは個人間の争訟を裁判する権を行使するとすれば、すべては失われるであろう」と権力分立の必要性を主張しているように人権保障を徹底するには権力が一極に集中しない統治機構が必要である。また、フランス人権宣言16条が「権利の保障が確保されず、権力の分立が規定されないすべての社会は、憲法をもつものではない」と規定しているように、権力分立は近代的意味の憲法にとって不可欠な要因になっている。

この点、日本国憲法は、多くの議会制民主主義国でみられる立法権（国会）、行政権（内閣）、司法権（裁判所）からなる三権分立を採用しているが、例えば、孫文（1866～1925）の目指した憲法が、立法権、行政権、司法権に考試権[1]と監察権[2]をくわえた五権分立であったように権力分立は必ず三権分立を意味するものではない。

また、注意すべきは、三権分立は、制度として権力が集中することを防ぎ、権力間での抑制と均衡を期待するものであるが、権力内のチェック機能はもち合わせていないことである。つまり、三権分立は権力間の権限濫用防止は念頭にいれているが、近年、問題になっている行政内部の不正や税金の無駄使いの類の防止機能は備えていないのである。行政内部の組織的また個人の権限濫用に対しては、既存の法の適用や公務員自身の自覚はもちろん、情報公開や行政訴訟などの国民自身による監視が有効な手段と考えられている。

2　国　　会

憲法前文は冒頭で、「日本国民は、正当に選挙された国会における代表者を通じて行動し」と述べ、日本が代表民主政治を基調としていることを明らかにしている。この代表民主政治は議会を中心とするので、議会主義とも呼ばれる。憲法は、国会を「国権の最高機関」・「唯一の立法機関」（41条）と位置づけ、憲法上・政治上の重要な役割を担う機関としている。しかし、現状の国会は、本来の役割である立法について、そのほとんどが、官僚が作成した政府法律案の承認に終始するなど十分機能しているとはいい難い。

（1）　国会の地位

憲法41条　　国会は、国権の最高機関であつて、国の唯一の立法機関である。

①　**最高機関**　　国会が「国権の最高機関」であるということの意味は、国会が三権分立制において法的に国家権力を統括するような機関たりえないこと

（1）考試権　　官吏に有能な人材を登用するための試験を司る機関。中国には古くから科挙の制度があった。

（2）監察権　　官僚の業務を監督して不正を防止する機関。

から、政治的美称であるとする説が通説である。

また、「国権の最高機関」との文言は、憲法制定時のマッカーサー案では国会に総理大臣の国務大臣任命に対する「協賛権」や最高裁判決に対する「再審権」など他の機関に優位する規定を設けていたのが、その後の審議の過程で削除されて41条だけがそのまま残ったという事情があり、そのような事情を考慮すると「国権の最高機関」ということには、そもそも、意味がないということにもなる。

しかし、国会は三権の中で唯一直接的な民主的正当性が認められる機関であることから、並列的な国家諸機関のうちで最高の責任機関であるとする国民主権を重視する学説もある。

② **唯一の立法機関**　国会が「唯一」の立法機関であるとは、第一に、憲法が定める場合を除いては、国会による立法以外の立法は許されないこと（国会中心立法の原則）であり、明治憲法における天皇の緊急勅令（旧8条）・独立命令（旧9条）などは認められない。

第二に、国会以外の機関の参与を必要としないで立法がなされること（国会単独立法の原則）である。この点、国会は、発案・審議・議決・公布という立法過程のすべてをしなければならないのではなく、法律制定過程における最終の決定権者として審議権・議決権を有すればよいとされる。

しかし、政府提出の法律案が国会で成立する法律の大部分をしめる現状は、その審議権と決議権までも形骸化しているといわざるをえない。なぜなら、典型的な政府提出の法律案は、各省庁の「省議」で決定して、その後、最近の政権交代まで与党であった自由民主党での一連の手続を経る。自民党内の法律案の決定過程は、総務調査会の中にある「部会」→「政策審議会」→「総務会」→「役員会」という流れで行われ、その過程で役人の根回しが行われる。そして、与党の了解が得られた法律案は「事務次官会議」→「閣議」を経て、国会に提出される。法律案が国会に提出された時にはすでに与党の賛成は実質的に決まっている点で審議権や決議権は形式化されているし、慣例とはいえ全会一致を原則とする事務次官会議を経なければ閣議にも法律案をかけられないということは官僚の意図する法律案のみが政府提出の法律案であることをも意味する。

この点、このような国会の官僚支配を打破して政治主導を取り戻すために、中央省庁の再編や副大臣制等が設けられたが「事務次官会議」による事実上の法案承認が存続しているように官僚支配は払拭されていない。

思うに、国民主権や法律による行政を徹底させて人権侵害などが起こらなくするために権力を分立させ、立法と行政を分けているのに、行政が自分たちに都合のいい法律をつくることが、いわば制度として確立されているのは憲法上も問題である。立法の過度の官僚への依存の脱却には、首相のリーダーシップはもちろん、国会議員の自覚と努力が不可欠であろう。

（2）二　院　制

憲法42条　国会は、衆議院及び参議院の両議院でこれを構成する。

憲法45条　衆議院議員の任期は、四年とする。但し、衆議院解散の場合には、その期間満了前に終了する。

憲法46条　参議院議員の任期は、六年とし、三年ごとに議員の半数を改選する。

憲法54条　衆議院が解散されたときは、解散の日から四十日以内に、衆議院議員の総選挙を行ひ、その選挙の日から三十日以内に、国会を召集しなければならない。

2　衆議院が解散されたときは、参議院は、同時に閉会となる。但し、内閣は、国に緊急の必要があるときは、参議院の緊急集会を求めることができる。

3　前項但書の緊急集会において採られた措置は、臨時のものであつて、次の国会開会の後十日以内に、衆議院の同意がない場合には、その効力を失ふ。

憲法59条　法律案は、この憲法に特別の定のある場合を除いては、両議院で可決したとき法律となる。

2　衆議院で可決し、参議院でこれと異なつた議決をした法律案は、衆議院で出席議員の三分の二以上の多数で再び可決したときは、法律となる。

3　前項の規定は、法律の定めるところにより、衆議院が、両議院の協議会を開くことを求めることを妨げない。

4　参議院が、衆議院の可決した法律案を受け取つた後、国会休会中の期間を除いて六十日以内に、議決しないときは、衆議院は、参議院がその法律案を否決したものとみなすことができる。

憲法60条　予算は、さきに衆議院に提出しなければならない。

2　予算について、参議院で衆議院と異なつた議決をした場合に、法律の定めるところにより、両議院の協議会を開いても意見が一致しないとき、又は参議院が、衆議院の可決した予算を受け取つた後、国会休会中の期間を除いて三十日以内に、議決しないときは、衆議院の議決を国会の議決とする。

憲法61条　　条約の締結に必要な国会の承認については、前条第二項の規定を準用する。

憲法67条　　内閣総理大臣は、国会議員の中から国会の議決で、これを指名する。この指名は、他のすべての案件に先だつて、これを行ふ。

2　衆議院と参議院とが異なつた指名の議決をした場合に、法律の定めるところにより、両議院の協議会を開いても意見が一致しないとき、又は衆議院が指名の議決をした後、国会休会中の期間を除いて十日以内に、参議院が、指名の議決をしないときは、衆議院の議決を国会の議決とする。

国会は、衆議院と参議院の二院制を採用している。二院制の特色を活かすために、議員の資格・選挙区・議員の任期・解散の有無などが衆議院と参議院では異なっている。

法律案、予算および条約、内閣総理大臣などの指名などについて両院の意見が対立した場合は、両議院協議会が設けることができるが、法律案は、衆議院で可決し、参議院でこれと異なった議決をした場合に、衆議院において出席議員の三分の二以上の多数で再び可決すれば法律となり、予算・条約・内閣総理大臣の指名について両院協議会を開いても意見が一致しない時、または参議院が一定期間内に議決しない時は、衆議院の議決が国会の議決となる（自然成立）というように、最終的には衆議院の優越が認められている。また、内閣不信任決議権（69条）、予算先議権（60条１項）は衆議院にのみ認められている。

また、シェイエス（1748～1836）が「第二院が何の役にたとうか。もしそれが第一院と一致する時は、それは無用であり、もし第一院に反するならば、それは有害である」といったように、国民の意思を代表する機関は一つで十分であるとも考えられ、参議院の存在意義が問題にされる。この点、二院制採用の主たる理由としては、多数の専制に陥る危険性を防止すること、審議を慎重にすることなどが挙げられる。また、衆議院が解散されると、参議院は同時に閉会となって、国会の活動は停止されるが、この場合に国に緊急の必要がある時は、内閣は、参議院の緊急集会を求めることができ、緊急集会には緊急時における唯一の民意代弁の場としての役割が認められる。

また、一院制にするには憲法改正手続を必要とする。

なお、国会法56条１項は、「議員が議案を発議するには、衆議院においては議員二十人以上、参議院においては議員十人以上の賛成を要する。但し、予算を伴う法律案を発議するには、衆議院においては議員五十人以上、参議院においては議員二十人以上の賛成を要する」として、衆議院と参議院において議員が議案を提出する際の人数に差を設けているが、憲法的根拠はない。また、議員が法案提出を濫発することを防止する目的があるのかもしれないが、議案を提出するのに衆議院では最低20人を必要とする現行の制度は、事実上、少数政党の議案提出を事実上拒むものであり、議員の権能も不当に制限して、憲法上問題である。

（３）　選挙制度

憲法43条　　両議院は、全国民を代表する選挙された議員でこれを組織する。
　２　両議院の議員の定数は、法律でこれを定める。
憲法44条　　両議院の議員及びその選挙人の資格は、法律でこれを定める。但し、人種、信条、性別、社会的身分、門地、教育、財産又は収入によつて差別してはならない。
憲法47条　　選挙区、投票の方法その他両議院の議員の選挙に関する事項は、法律でこれを定める。

選挙の公正を確保するため、選挙は以下の五原則による。
①普通選挙：財産・納税額などにより制限しない選挙のこと
②平等選挙：一人の投票価値をすべて平等に扱う選挙のこと
③直接選挙：選挙人が直接に立候補者を選択する選挙のこと
④秘密選挙：選挙人が誰に投票したかわからない選挙のこと
⑤自由選挙：投票は強制的なものではなく自由な選挙のこと

（４）　国会議員の地位

憲法48条　　何人も、同時に両議院の議員たることはできない。
憲法55条　　両議院は、各々その議員の資格に関する争訟を裁判する。但し、議員の議席を失はせるには、出席議員の三分の二以上の多数による議決を必要とする。

憲法58条　両議院は、各〻その議長その他の役員を選任する。
2　両議院は、各〻その会議その他の手続及び内部の規律に関する規則を定め、又、院内の秩序をみだした議員を懲罰することができる。但し、議員を除名するには、出席議員の三分の二以上の多数による議決を必要とする。

国会議員たる地位は、選挙に当選することによって取得される。

また、国会議員は、任期の満了（憲法45条・46条）、解散（憲法45条）、資格争訟の裁判（憲法55条）、除名（憲法58条2項）、辞職（国会法107条[3]）、他の議院の議員への就任（憲法48条、国会法108条[4]）、被選挙資格の喪失（国会法109条[5]）、裁判所の判決による選挙無効・当選の無効（公職選挙法204条以下）などにより、その職を失う。

（5）　議員の特権

憲法49条　両議院の議員は、法律の定めるところにより、国庫から相当額の歳費を受ける。

憲法50条　両議院の議員は、法律の定める場合を除いては、国会の会期中逮捕されず、会期前に逮捕された議員は、その議院の要求があれば、会期中これを釈放しなければならない。

憲法51条　両議院の議員は、議院で行つた演説、討論又は表決について、院外で責任を問はれない。

①　**不逮捕特権**　議員は、法律の定める場合を除いては、国会開会中には逮捕されず、会期前に逮捕された議員は議院の要求があれば釈放される。「法律の定める場合」とは、現行犯で逮捕された場合[6]と、所属する議院の許諾があった場合[7]である。

（3）　国会法107条　各議院は、その議員の辞職を許可することができる。但し、閉会中は、議長においてこれを許可することができる。

（4）　国会法108条　各議院の議員が、他の議院の議員となつたときは、退職者となる。

（5）　国会法109条　各議院の議員が、法律に定めた被選の資格を失つたときは、退職者となる。

（6）　国会法33条　各議院の議員は、院外における現行犯罪の場合を除いては、会期中その院の許諾がなければ逮捕されない。

（7）　国会法34条　各議院の議員の逮捕につきその院の許諾を求めるには、内閣は、所轄裁判所又は裁判官が令状を発する前に内閣へ提出した要求書の受理後速かに、その要求書の写を添えて、これを求めなければならない。

不逮捕特権が議員に認められる本旨は、政府の不当な逮捕から議員の身体の自由を保障して、議員の審議権を確保することであり、汚職などを犯した議員の保身にあるのではない。

②　**免責特権**　　議員は議院で行った演説・討論・表決で、院外では責任を問われない。本規定も、議員の自由な議会活動を政府その他の圧力から守るためのものである。ただし、国会の運営に関係のない一般私人に対する名誉毀損の発言まで免除するべきではないであろう。

③　**歳費特権**　　議員は国庫より、一般職の国家公務員の最高給与額より少なくない歳費を受ける（国会法35条）。

（6）　国会の活動

①　国会の会期

> **憲法52条**　　国会の常会は、毎年一回これを召集する。
>
> **憲法53条**　　内閣は、国会の臨時会の召集を決定することができる。いづれかの議院の総議員の四分の一以上の要求があれば、内閣は、その召集を決定しなければならない。

国会は、一年中活動しているのでなく一定の限られた会期中だけ憲法上の権能を行使する。会期としては、毎年一回定期（1月中から150日間[8]）に召集される常会（憲法52条）、臨時の必要に応じて召集される臨時会（憲法53条）、衆議院が解散された総選挙の直後に召集される特別会（憲法54条1項）がある。

また、会期は常会においては一回、臨時会と特別会においては二回まで延長することができる[9]。

（8）　国会法2条　　常会は、毎年一月中に召集するのを常例とする。
　　国会法10条　　常会の会期は、百五十日間とする。但し、会期中に議員の任期が満限に達する場合には、その満限の日をもつて、会期は終了するものとする。

（9）　国会法12条　　国会の会期は、両議院一致の議決で、これを延長することができる。
　　2　会期の延長は、常会にあつては一回、特別会及び臨時会にあつては二回を超えてはならない。

②　会議の原則

憲法56条　両議院は、各〻その総議員の三分の一以上の出席がなければ、議事を開き議決することができない。

2　両議院の議事は、この憲法に特別の定のある場合を除いては、出席議員の過半数でこれを決し、可否同数のときは、議長の決するところによる。

憲法57条　両議院の会議は、公開とする。但し、出席議員の三分の二以上の多数で議決したときは、秘密会を開くことができる。

2　両議院は、各〻その会議の記録を保存し、秘密会の記録の中で特に秘密を要すると認められるもの以外は、これを公表し、且つ一般に頒布しなければならない。

3　出席議員の五分の一以上の要求があれば、各議員の表決は、これを会議録に記載しなければならない。

日本国憲法は、国会が議決をすることができる定足数を「総議員の三分の一」とし、表決数を憲法で特別の定めのある場合[10]を除き「出席議員の過半数」によるとしている。また、両議院の会議は公開が原則である（憲法57条）。

（7）　国会の権能

明治憲法下の帝国議会は天皇の協賛機関であったが、現行憲法下の国会は国民の代表機関として重要な権能が多数付与されている。

①　立法に関する権能

国会には、憲法改正の発議権（憲法96条）、法律の議決権（憲法41条）、条約の承認権（憲法73条３項）がそれぞれ認められている。→[1]

②　財政に関する権能　→　第21章　憲法と財政

③　国務一般に関する権能

憲法64条　国会は、罷免の訴追を受けた裁判官を裁判するため、両議院の議員で組織する弾劾裁判所を設ける。

2　弾劾に関する事項は、法律でこれを定める。

日本国憲法は国会に対して立法以外にも、内閣総理大臣の任命（憲法67条１項）、

(10)　憲法55条（資格訴訟の裁判）、57条１項（秘密会）、58条２項（議員の除名）、59条２項（再決議）、96条１項（憲法改正の発議）。

1　立法過程

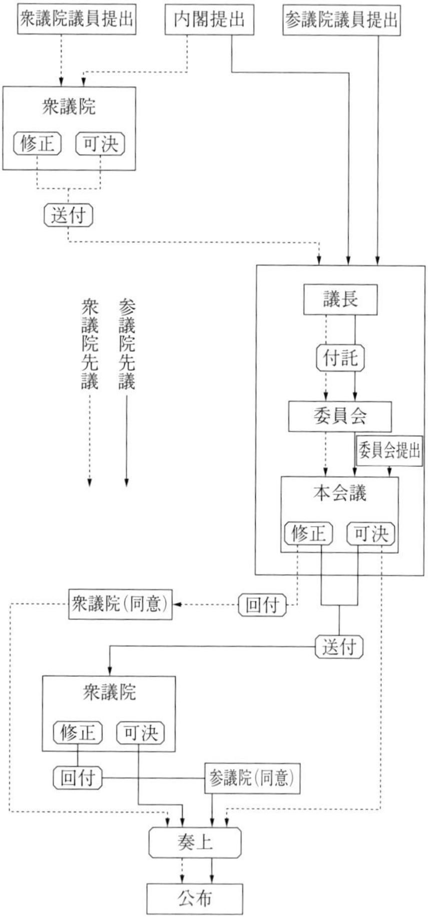

(参議院のHPより)

弾劾裁判所の設置権（憲法64条１項）や、その他法律に基づく権能として自衛隊の防衛出動等についての承認（自衛隊法76条・78条[11]）や警察法による緊急事態の布告の承認（警察法74条[12]）など、さまざまな権能を定めている。

（８）　各議院の権能

憲法62条　両議院は、各〻国政に関する調査を行ひ、これに関して、証人の出頭及び証言並びに記録の提出を要求することができる。

憲法63条　内閣総理大臣その他の国務大臣は、両議院の一に議席を有すると有しないとにかかはらず、何時でも議案について発言するため議院に出席することができる。又、答弁又は説明のため出席を求められたときは、出席しなければならない。

---

(11)　自衛隊法76条　内閣総理大臣は、外部からの武力攻撃（外部からの武力攻撃のおそれのある場合を含む。）に際して、わが国を防衛するため必要があると認める場合には、国会の承認（衆議院が解散されているときは、日本国憲法第五十四条に規定する緊急集会による参議院の承認。以下本項及び次項において同じ。）を得て、自衛隊の全部又は一部の出動を命ずることができる。ただし、特に緊急の必要がある場合には、国会の承認を得ないで出動を命ずることができる。
２　前項ただし書の規定により国会の承認を得ないで出動を命じた場合には、内閣総理大臣は、直ちに、これにつき国会の承認を求めなければならない。
３　内閣総理大臣は、前項の場合において不承認の議決があつたとき、又は出動の必要がなくなつたときは、直ちに、自衛隊の撤収を命じなければならない。
自衛隊法78条　内閣総理大臣は、間接侵略その他の緊急事態に際して、一般の警察力をもつては、治安を維持することができないと認められる場合には、自衛隊の全部又は一部の出動を命ずることができる。
２　内閣総理大臣は、前項の規定による出動を命じた場合には、出動を命じた日から二十日以内に国会に付議して、その承認を求めなければならない。ただし、国会が閉会中の場合又は衆議院が解散されている場合には、その後最初に召集される国会において、すみやかに、その承認を求めなければならない。
３　内閣総理大臣は、前項の場合において不承認の議決があつたとき、又は出動の必要がなくなつたときは、すみやかに、自衛隊の撤収を命じなければならない。

(12)　警察法74条　内閣総理大臣は、第七十一条の規定により、緊急事態の布告を発した場合には、これを発した日から二十日以内に国会に付議して、その承認を求めなければならない。但し、国会が閉会中の場合又は衆議院が解散されている場合には、その後最初に召集される国会においてすみやかにその承認を求めなければならない。
２　内閣総理大臣は、前項の場合において不承認の議決があつたとき、国会が緊急事態の布告の廃止を議決したとき、又は当該布告の必要がなくなつたときは、すみやかに当該布告を廃止しなければならない。

各議院には、①役員選任権（憲法58条）、②議員の資格に関する争訟の裁判権（憲法55条）、③議院規則制定権、④議員懲罰権、⑤国政調査権、⑥大臣出席請求権などが認められる。

また、衆議院には、内閣不信任決議権（憲法69条）、予算先議権が参議院に優越して与えられて、参議院には、緊急集会（憲法58条２項）の権能が独自に認められている。

3　内　　閣

（１）　内閣と行政権

憲法65条　行政権は、内閣に属する。

憲法66条　内閣は、法律の定めるところにより、その首長たる内閣総理大臣及びその他の国務大臣でこれを組織する。

２　内閣総理大臣その他の国務大臣は、文民でなければならない。

３　内閣は、行政権の行使について、国会に対し連帯して責任を負ふ。

憲法68条　内閣総理大臣は、国務大臣を任命する。但し、その過半数は、国会議員の中から選ばれなければならない。

２　内閣総理大臣は、任意に国務大臣を罷免することができる。

内閣は、行政活動全体を統括する行政権の主体である。「行政権」とは、国家作用から立法権と司法権に属する部分を除いた残りの作用と解される（控除説）。行政権は、現代社会において、国民生活全般に積極的な役割が期待された結果（行政国家化）、福祉行政の充実をもたらした（福祉国家化）が、その一方で肥大化を招き、多くの問題を露呈している。現在では、行政の効率化を促すための行政改革（中央省庁再編、公務員の削減など）や行政内部の不正を防止するためのチェック機能の強化などが進められている。

内閣は、首長たる内閣総理大臣およびその他の国務大臣で組織される。国務大臣は、内閣総理大臣に任命され（68条１項）、内閣総理大臣と国務大臣は、文民統制（civilian control）を徹底するために文民でなければならない。文民とは、憲法制定当時は職業軍人でない者と考えられたが、現在の日本においては自衛隊に所属していない者ということになろう。

（２）　議院内閣制

立法権と行政権との関係については、各国においてさまざまな制度があるが、大別すると、日本が採用している議院内閣制とアメリカを代表とする大統領制が挙げられる。

議院内閣制とは、行政権の長が議会の与党によって支えられる（通常、与党の党首が行政権の長に就任する）制度である。議院内閣制の要件としては、①議会と政府が一応分立していること、②政府が議会に対して連帯責任を負うこと、③内閣が議会の解散権を有することなどが挙げられる。

大統領制は、政府と議会が分離し、政府は議会解散権や法律案の提出権をもたず、議会は政府の政治責任の追及ができず、行政府の長たる大統領は民選される。

（３）　内閣総理大臣

①　内閣総理大臣の地位

憲法69条　内閣は、衆議院で不信任の決議案を可決し、又は信任の決議案を否決したときは、十日以内に衆議院が解散されない限り、総辞職をしなければならない。

憲法70条　内閣総理大臣が欠けたとき、又は衆議院議員総選挙の後に初めて国会の召集があつたときは、内閣は、総辞職をしなければならない。

憲法71条　前二条の場合には、内閣は、あらたに内閣総理大臣が任命されるまで引き続きその職務を行ふ。

憲法72条　内閣総理大臣は、内閣を代表して議案を国会に提出し、一般国務及び外交関係について国会に報告し、並びに行政各部を指揮監督する。

内閣総理大臣は、国会議員の中から国会の議決で指名されて（67条）、天皇に任命される（６条）。また、内閣総理大臣が死亡したり、内閣総理大臣の地位を失った場合は、内閣も総辞職するように内閣総理大臣と内閣には一体性がある。この点、現行法では、内閣総理大臣が急な病気や事故による行方不明など、生存しているが現実に職務を遂行できない場合について、あらかじめ首相が国務大臣の誰かを臨時代理に指名していないと、実質的な総理大臣不在という状態が発生してしまう。法的不備であり、危機管理上の視点からも早急の法的解決

を望みたい。→2

また、明治憲法では、内閣総理大臣は、他の大臣との関係で「同輩中の首席」にすぎず、他の大臣と対等であった。このため閣内の意見不統一の場合には、衆院を解散するか、総辞職せざるを得なかった。これに対し現行憲法は、内閣総理大臣に首長としての地位を認め、国務大臣の任免権・罷免権（68条）のほか、「内閣を代表して議案を国会に提出し、一般国務及び外交関係について国会に報告し、並びに行政各部を指揮監督する」（72条）権限を与え、憲法上は内閣には内閣総理大臣の意向の統一性が確保されている。

しかし、現状では、閣議は慣習として全会一致が原則とされているし、大臣の人選についても、内閣総理大臣は、必ずしも、自分の意向ではなく、与党の派閥に配慮して大臣を任命するため、リーダーシップが発揮できているとはいい難い。

また、近時、盛んに主張されている「首相公選制度」の導入は、確かに、議会への過度の配慮が必要でないので首相のリーダーシップが期待でき、より直接的に国民が首相を選べるという点では優れているとも考えられるが、憲法改正をしなければ導入は不可能である。

②　内閣総理大臣の職権

憲法74条　法律及び政令には、すべて主任の国務大臣が署名し、内閣総理大臣が連署することを必要とする。
憲法75条　国務大臣は、その在任中、内閣総理大臣の同意がなければ、訴追されない。但し、これがため、訴追の権利は、害されない。

内閣総理大臣は、憲法、その他の法律により、次のような強力な権限を有している。

憲法上の職権としては、国務大臣の任免・罷免権（68条）、内閣の代表権（72条）、行政各部の指揮監督（72条）、国務大臣の訴追に関する同意（75条）、法律・政令への大臣署名への連署（74条）、両議院への出席と発言（63条）が認められる。

2

論壇

「首相の危機」にみる法の不備

三浦《みうら》　一郎《いちろう》
鎌倉女子大学短期大学部
非常勤講師（日本国憲法）

小渕恵三首相の脳梗塞《こうそく》による昏睡《こんすい》という事実上の職務不能により、今月四日、小渕内閣は総辞職し、翌日森喜朗首相率いる新内閣が成立した。

私が問題にしたいのは、正当な指名が明らかでない首相の臨時代理が就任して、粛々とその後に行われた一連の超法規的な内閣総辞職の経緯である。日本の制度的危機管理の欠陥を露呈したともいえる今回の法的不備について振りかえってみたい。

今回の内閣総辞職は憲法七〇条の「内閣総理大臣が欠けたとき」を根拠に行われた。

「欠けたとき」とは、一九八〇年の大平内閣のように首相が死亡した場合、または五七年の石橋内閣や六四年の池田内閣のように首相が病気で辞職した場合もしくは議院での懲罰除名などによって国会議員の地位を失った場合と考えられる。しかし今回は首相が昏睡状態で事実上職務不能とはいえ生存している以上、本条の予定する「欠けたとき」にはあたらない。

つまり、今回の内閣総辞職は結果的に妥当としても憲法上規定のない超法規的行為だと言わざるを得ない。逆に言えば、日本国憲法には今回のような首相の職務不能状態の対処について規定がないことを意味している。

この点、イタリアでは共和国憲法（八六条二項）に「大統領の長期の事故」の場合の職務代行規定がある。

仮に政府の見解のように、首相が意識不明で、近い将来回復の見込みがない場合を「内閣総理大臣の欠けたとき」と解釈するとしても、そのような事態を認定する作業が絶対必要である。そうでなければ、意図的に職務不能状態がつくられる危険性を否定できないからである。フランスでは、共和国憲法（七条四項）によりこのような事態には憲法院による認定手続きをへて元老院議長が職務を代行する旨が規定されている。

また、内閣が総辞職する前に青木幹雄官房長官が首相臨時代理に就任したことも法的に問題がある。

内閣法九条は、「内閣総理大臣に事故のあるとき、または内閣総理大臣が欠けたときはそのあらかじめ指定する国務大臣が臨時に内閣総理大臣の職務を行う」としている。

しかし、今回の指名はいわば密室で行われたものであり、青木長官の説明が経過とともに変わるのを見ても分かる通り、本当に小渕首相の指名があったのか国民は何ら確認する手段がない。

つまり、今回の臨時代理就任は「あらかじめの指名」の適法性が客観的に存在せず、その正当性がはなはだ疑問であり、内閣成立時に代理の指名がなされていない応急的指名の場合の制度的不安定さを露呈している。また、仮に首相が指名すら行えなかった場合は、法的に臨時代理の就任は不可能で職務代行者の不在が続いてしまう。

アメリカでは合衆国憲法（二条一節六項及び修正二五条）の規定により、大統領が職務遂行不能の場合の副大統領の代行が明記されているので、今回のような場合にも法律にのっとった対応が迅速になされる。また、ドイツでも大統領代行の規定（連邦共和国基本法五七条）に、権限を行使するのが連邦参議院の議長と明記されている。

緊急発表すべき小渕首相入院の事実がそもそも当初極秘にされていたという政府の対応はもちろん、首相が職務不能になった場合の代行者、職務不能の判定手続き、また権限が明確にされていないという法的不備は、国民の生命・財産に直結する重要事項である以上、見逃せない問題である。

日本では、これまで東京直下型地震を想定して首相自身が被災して職務を遂行できない場合の代行者について「危機管理」マニュアルがあった程度だ。政府は今回、これに代えて首相の臨時代理について官房長官を筆頭に閣僚の継承順位を決めたが、これも単なる閣議了解に過ぎない。

やはり、迅速かつ正当な代行者の決定は国会で成立した法律によるべきであろう。危機管理の必要性が叫ばれる今、早急に与野党を挙げて必要な法律を制定することが望まれる。

＝投稿

（2000年4月18日　朝日新聞）

また、内閣法上の職権としては、閣議の主宰（4条）、内閣の代表権（5条）、大臣間の権限の裁定（7条）、各行政部の処分・命令の中止権（8条）、自らの臨時代理の指名（10条）が規定されている。→[2]

さらに、他の法律に基づく権限としては、行政処分執行停止裁判に対する異議申立（行政事件訟法27条[13]）、自衛隊の指揮監督（自衛隊法7条[14]）および治安出

---

(13)　行政事件訴訟法27条　　第二十五条第二項の申立てがあつた場合には、内閣総理大臣は、裁判所に対し、異議を述べることができる。執行停止の決定があつた後においても、同様とする。

2　前項の異議には、理由を附さなければならない。

3　前項の異議の理由においては、内閣総理大臣は、処分の効力を存続し、処分を執行し、又は手続を続行しなければ、公共の福祉に重大な影響を及ぼすおそれのある事情を示すものとする。

4　第一項の異議があつたときは、裁判所は、執行停止をすることができず、また、すでに執行停止の決定をしているときは、これを取り消さなければならない。

5　第一項後段の異議は、執行停止の決定をした裁判所に対して述べなければならない。ただし、その決定に対する抗告が抗告裁判所に係属しているときは、抗告裁判所に対して述べなければならない。

6　内閣総理大臣は、やむをえない場合でなければ、第一項の異議を述べてはならず、また、異議を述べたときは、次の常会において国会にこれを報告しなければならない。

(14)　自衛隊法7条　　内閣総理大臣は、内閣を代表して自衛隊の最高の指揮監督権を有する。

(15)　警察法71条　　内閣総理大臣は、大規模な災害又は騒乱その他の緊急事態に際して、治安の維持のため特に必要があると認めるときは、国家公安委員会の勧告に基き、全国又は一部の区域について緊急事態の布告を発することができる。

2　前項の布告には、その区域、事態の概要及び布告の効力を発する日時を記載しなければならない。

(16)　地方自治法旧246条の2　　内閣総理大臣は、普通地方公共団体の事務の処理又はその長の事務の管理及び執行が法令の規定に違反していると認めるとき、又は確保すべき収入を不当に確保せず、不当に経費を支出し、若しくは不当に財産を処分する等著しく事務の適正な執行を欠き、且つ、明らかに公益を害しているものがあると認めるときは、当該普通地方公共団体又はその長に対し、その事務の処理又は管理及び執行について違反の是正又は改善のため必要な措置を講ずべきことを求めることができる。普通地方公共団体の長が当該普通地方公共団体の条例、議会の議決又は法令の規定に基きその義務に属する事務の管理及び執行を明らかに怠つていると認めるときも、また、同様とする。

2　内閣総理大臣の前項の規定による措置は、市町村の事務の処理又はその長の事務の管理及び執行に係るものについては、都道府県知事をして行わせるものとする。但し、内閣総理大臣は、必要があると認めるときは、自ら当該措置を行うことができる。

3　市町村長は、前項の規定による都道府県知事の措置に異議があるときは、その措置があつた日から二十一日以内に内閣総理大臣に対し、その意見を求めることができる。この場合においては、内閣総理大臣は、その意見を求められた日から九十日以内に、理由を附けて、その意見を市町村長及び関係都道府県知事に通知しなければならない。

4　内閣総理大臣が自ら第一項の規定による措置を行う場合にあつては、当該措置は、当該事務を担任する主務大臣の請求に基いて行うものとする。

動（自衛隊法78条）、警察緊急事態の布告および警察の統制（警察法71条[15]）などがある。なお地方公共団体の事務処理の違反等に対する是正改善措置要求権（地方自治法旧246条の２[16]）は、国と地方公共団体とのより対等な関係構築のための平成11年改正法で各大臣による是正の要求（地方自治法245条の５）、是正の指示（地方自治法245条の７）に改正された。

（４）　内閣の権能

憲法73条　内閣は、他の一般行政事務の外、左の事務を行ふ。
一　法律を誠実に執行し、国務を総理すること。
二　外交関係を処理すること。
三　条約を締結すること。但し、事前に、時宜によつては事後に、国会の承認を経ることを必要とする。
四　法律の定める基準に従ひ、官吏に関する事務を掌理すること。
五　予算を作成して国会に提出すること。
六　この憲法及び法律の規定を実施するために、政令を制定すること。但し、政令には、特にその法律の委任がある場合を除いては、罰則を設けることができない。
七　大赦、特赦、減刑、刑の執行の免除及び復権を決定すること。

憲法90条　国の収入支出の決算は、すべて毎年会計検査院がこれを検査し、内閣は、次の年度に、その検査報告とともに、これを国会に提出しなければならない。
２　会計検査院の組織及び権限は、法律でこれを定める。

①　**一般行政事務**　行政権は内閣に属する（６条）ので、行政権に関する作用は原則として、すべて内閣の権限とされる。一般行政事務は、各省庁が管轄する法務、外交、財政、教育、福祉、防衛、環境、農林水産行政など、きわめて広範囲の分野にわたる。→3

ただし、中立的な行政の確保がとくに求められる人事院、公正取引委員会、国家公安委員会などの独立行政委員会は、その職務を行うにあたっては内閣から独立して活動している。

②　**憲法73条に列挙された事務**　外交関係の処理、条約の締結、官吏に関する事務の掌理、予算案の作成・提出、政令の制定、恩赦の決定。→4

③　**その他の権限**　憲法上内閣の職権とされている事項は、天皇の国事行為に対する助言と承認（３条・７条）、最高裁判所長官の指名（６条）、最高裁裁

３　解散権論再考

衆議院の解散権については、内閣総理大臣の「専権事項」とされ、時に「伝家の宝刀」とも例えられる。また、解散詔書の文言も「日本国憲法第七条により、衆議院を解散する」とあるように、解散が規定される憲法69条の場合に限定されない憲法慣行は確立している。

しかし、憲法の条文上、内閣総理大臣は元より、内閣についても衆議院の解散権を定めた規定は存在しないし、憲法７条の形式的・儀礼的な天皇の国事行為を根拠に、衆議院議員全員の議員の資格を失わせる恣意的な解散が行われることは、三権分立的にも非常に問題である。

さらに、国民の知る権利や国民への説明責任が重視される今日において、「解散権行使について首相は嘘をついてもいい」などということがまかり通ること自体、問題があろう。

私は、解散権の行使は憲法69条の場合に限られ、内閣総理大臣による「自由な解散権」なるものは、少数意見であるが、憲法違反と考える。

４　戦後の恩赦一覧

	恩赦事由
昭和20年10月17日	第二次大戦終局
昭和21年11月３日	日本国憲法公布
昭和22年11月３日	前２回の修正
昭和27年４月28日	平和条約発効
昭和27年11月10日	立太子礼（現上皇）
昭和31年12月19日	国際連合加盟
昭和34年４月10日	皇太子（現上皇）結婚
昭和43年11月１日	明治百年記念
昭和47年５月15日	沖縄復帰
平成元年２月24日	昭和天皇大喪
平成２年11月12日	現上皇の天皇即位
平成５年６月９日	皇太子(今上天皇)結婚
令和元年10月22日	今上天皇即位

判官・下級裁判所裁判官の任命（79条１項・80条１項）、臨時国会の召集決定（53条）、参議院の緊急集会の決定（54条）、予備費の支出（87条）、予算の国会提出（86条）、決算提出（90条）、国の財政事情についての国会報告（91条）などである。

④　**内閣の責任**　　内閣は、行政権の行使について、国会に対し連帯して責任を負う（66条３項）。その責任は法的責任ではなく、政治責任である。

⑤　**解散権**　　解散とは、任期満了前に議員の資格を失わせる行為である。日本国憲法には、内閣の解散権を明示した規定はないが、憲法69条の内閣不信任決議に基づく解散以外にも憲法７条による内閣の実質的な解散権の慣行が認められている。

ただし、自律的解散を内閣、取り分け内閣総理大臣の専権事項（いわゆる伝家の宝刀）として無条件に認めることは、少数野党の議員の議会活動の自由、国民の参政権の効果などを奪うことであり、問題である。

４　裁　判　所

（１）　裁判所と司法権

憲法76条　　すべて司法権は、最高裁判所及び法律の定めるところにより設置する下級裁判所に属する。
２　特別裁判所は、これを設置することができない。行政機関は、終審として裁判を行ふことができない。
３　すべて裁判官は、その良心に従ひ独立してその職権を行ひ、この憲法及び法律にのみ拘束される。

すべて司法権は裁判所にあり（76条１項）、裁判は独立した裁判所により法に基づき他の機関の影響を排して公正を旨とし行われる。明治憲法下の裁判は民事・刑事裁判に限られていたが、現行憲法下の裁判は民事・刑事裁判のほか、行政裁判を含む一切の争訟事件を裁き、違憲立法審査権（81条）も行使する。

（２）　司法権の意味と範囲

「司法権」とは、具体的争訟事件において、法を適用して、宣言することに

5　全新受事件の最近５年間の推移（全裁判所）

年　次	全事件	民事・行政事件	刑事事件等	家事事件	少年事件
平成25年	3 614 235	1 524 023	1 050 716	916 408	123 088
26年	3 494 107	1 455 734	1 018 673	910 676	109 024
27年	3 530 009	1 432 332	1 032 799	969 989	94 889
28年	3 575 884	1 470 647	999 059	1 022 855	83 323
29年	3 613 952	1 529 383	959 545	1 050 269	74 755

(注)
1　民事・行政事件及び家事事件は件数、刑事事件等及び少年事件は人員である。
2　刑事事件等には医療観察事件が含む。
3　家事事件には高等裁判所が第一審として行う家事事件及び高等裁判所における家事調停事件を含む。
（最高裁判所HP　司法統計より）

よって、これを裁定する国家の作用のことである。

「具体的争訟」とは、①当事者間の具体的な権利義務ないし法律関係の存否に関する紛争であって、②それが法律を適用することによって終局的に解決できるものであると解される。そうであるなら、抽象的に法令の合憲性を争ったりすること、例えば、芸術に関するような個人の主観的意見の当否や邪馬台国が何処に存在したかなどの学問上の論争など、宗教上の教義の解釈など法律関係の問題でなく、法規の適用によって終局的解決がなせない問題などは「具体的争訟」にあたらないことになる。→5

（３）　司法権の限界

①　**憲法上に特別の理由から明文で認められたもの**　　両院議員の資格争訟の裁判（55条）、両議院の弾劾裁判所（64条）など。

②　**法律上、他の国家機関等の判断に裁判所が拘束されている場合**　　独占禁止法80条[17]や国際法上の治外法権など。

---

(17)　独占禁止法80条　　第七十七条第一項に規定する訴訟については、公正取引委員会の認定した事実は、これを立証する実質的な証拠があるときには、裁判所を拘束する。

③　**憲法上、明文の規定はないが司法の本質や権力分立の構造から性質上裁判所の審査に適さないと考えられるもの**　　政治部門の自律権、統治行為、立法裁量、行政裁量、内閣総理大臣の異議、部分社会の法理などである。

（4）　裁判所の組織

憲法79条　　最高裁判所は、その長たる裁判官及び法律の定める員数のその他の裁判官でこれを構成し、その長たる裁判官以外の裁判官は、内閣でこれを任命する。

2　最高裁判所の裁判官の任命は、その任命後初めて行はれる衆議院議員総選挙の際国民の審査に付し、その後十年を経過した後初めて行はれる衆議院議員総選挙の際更に審査に付し、その後も同様とする。

3　前項の場合において、投票者の多数が裁判官の罷免を可とするときは、その裁判官は、罷免される。

4　審査に関する事項は、法律でこれを定める。

5　最高裁判所の裁判官は、法律の定める年齢に達した時に退官する。

6　最高裁判所の裁判官は、すべて定期に相当額の報酬を受ける。この報酬は、在任中、これを減額することができない。

憲法80条　　下級裁判所の裁判官は、最高裁判所の指名した者の名簿によつて、内閣でこれを任命する。その裁判官は、任期を十年とし、再任されることができる。但し、法律の定める年齢に達した時には退官する。

2　下級裁判所の裁判官は、すべて定期に相当額の報酬を受ける。この報酬は、在任中、これを減額することができない。

裁判所は最高裁判所と下級裁判所で構成される。

①　**最高裁判所**　　最高裁判所は最高裁長官と14人の最高裁判事とで構成され、最高裁長官は内閣の指名に基づき天皇が任命（6条2項)、最高裁判事は内閣が任命する（79条1項)。→6

②　**下級裁判所**　　下級裁判所は、高等裁判所、地方裁判所、家庭裁判所、簡易裁判所で構成される。裁判官の任命は最高裁の指名した名簿に基づき内閣が行う（80条1項)。

事件は、一般的には地裁→高裁→最高裁と上訴される三審制により裁かれる。

③　**特別裁判所の禁止**　　司法権は、通常、司法裁判所が行使するので、明治憲法下で行われていた軍法会議や皇室裁判所のような特別裁判の設置は認め

られない（76条２項）し、行政機関が、終審として裁判を行うことも禁止されている（76条２項）。

（５）　裁判所の権能

①　最高裁判所の規則制定権

憲法77条　　最高裁判所は、訴訟に関する手続、弁護士、裁判所の内部規律及び司法事務処理に関する事項について、規則を定める権限を有する。
２　検察官は、最高裁判所の定める規則に従はなければならない。
３　最高裁判所は、下級裁判所に関する規則を定める権限を、下級裁判所に委任することができる。

最高裁判所の規則制定権の趣旨は、裁判所の自主性の確保および現場実務の尊重にある。

②　違憲立法審査権　→第23章　憲法の保障

（６）　裁判官の地位

①　任　命　　最高裁判所長官は、内閣の指名に基づいて天皇が任命し（憲法６条)、下級裁判所の裁判官は、最高裁判所の指名した者の名簿によって、内閣でこれを任命する（憲法80条)。

②　最高裁判所裁判官に対する国民審査　　最高裁の裁判官は、その任命後初めて行われる衆議院総選挙の際に国民審査に付され、投票の多数が裁判官の罷免を可とした時は、その裁判官は罷免される（79条２項・３項)。

③　下級裁判所裁判官の任期・定年　　下級裁判所の裁判官の任期は10年で、定年に達するまで再任されることができる（80条１項)。

また、下級裁判所裁判官の任期経過後の再任については、裁判官の身分保障との関係で再任が原則とされるが、裁判官として不適格性を理由にする再任拒否も任免権者の裁量として認められるべきであろう。

6　最高裁大法廷

（最高裁判所HPより）

7　弾劾裁判一覧

判決宣告年月	被訴追者	事案の概要	結論
昭和23年11月27日	静岡地方裁判所浜松支部判事	知人の商用旅行に同行するために無断欠勤し、知人のヤミ取引の摘発を不問にするよう警察に迫った	不罷免
昭和25年２月３日	大月簡易裁判所判事	知人に捜索情報を流し、略式命令を受けた被告人に正式裁判をさせて自分でその裁判を担当	不罷免
昭和31年４月６日	帯広簡易裁判所判事	迅速な事件処理を怠り395件の略式命令を失効させたほか、あらかじめ署名捺印した逮捕状を職員に預け、職員に発行させたなど計４件	罷免
昭和32年９月30日	厚木簡易裁判所判事	担当する調停事件の当事者から飲食の提供を受けて、関係者に隠蔽工作（大月簡易裁判事と同一人物）	罷免
昭和52年３月23日	京都地方裁判所判事補	ロッキード事件をめぐり、検事総長名を語り不当に録音したテープを新聞記者に聞かせた	罷免
昭和56年11月６日	東京地方裁判所判事補	担当する破産事件の破産管財人である弁護士からゴルフクラブなどの供与を受けた	罷免
平成13年11月28日	東京高等裁判所判事	少女に対して現金を渡してわいせつ行為をして、児童売春禁止違反で有罪確定	罷免
平成20年12月24日	宇都宮地方裁判所兼宇都宮簡易裁判所判事	裁判所女性職員に対してのストーカー行為	罷免
平成25年４月10日	大阪地方裁判所	電車内での盗写に対しての大阪府迷惑防止条例違反	罷免

④　裁判官の身分保障

憲法78条　　裁判官は、裁判により、心身の故障のために職務を執ることができないと決定された場合を除いては、公の弾劾によらなければ罷免されない。裁判官の懲戒処分は、行政機関がこれを行ふことはできない。

裁判官は、①心身の故障により職務を執ることができない場合（78条）、②弾劾裁判所で罷免の裁判が行われた時（64条2項）、③最高裁裁判官が国民審査で罷免を可とされた時（79条）を除いてその意思に反して免官・転官・転所・職務停止・報酬減額などをされない（裁判所法48条[18]）。→7　8

8

痴漢不起訴の前神戸地裁所長

弾劾裁判に訴追せず

電車内での痴漢の疑いで書類送検され、神戸地検で不起訴（起訴猶予）になった田中正人・前神戸地裁所長(57)（現大阪高裁判事）について、国会の裁判官訴追委員会（委員長・谷川和穂衆院議員）は二十四日、「罷免の理由には当たらない」と判断し、裁判官弾劾裁判所に訴追しないことを決めた。出席した十四人の全員一致の結論だった。

最高裁はこの決定を受けて、預かりとしていた田中前所長の辞表を内閣に提出し、退官手続きを進める。田中前所長は十日、最高裁大法廷の分限裁判で戒告の懲戒処分を受けている。

一般市民からの訴追申し立てを受けた訴追委は、この日の委員会で、田中前所長の行為が、罷免理由の「裁判官の威信を著しく損ねる非行」に当たるかどうかを検討。委員からは「裁判官の権威を失墜させる非行だ」などの意見もあったが、罷免までは求めないことで一致した。

（2001年10月25日　読売新聞）

（7）　裁判公開の原則

憲法82条　　裁判の対審及び判決は、公開法廷でこれを行ふ。

2　裁判所が、裁判官の全員一致で、公の秩序又は善良の風俗を害する虞があると決した場合には、対審は、公開しないでこれを行ふことができる。但し、政治犯罪、出版に関する犯罪又はこの憲法第三章で保障する国民の権利が問題となつてゐる事件の対審は、常にこれを公開しなければならない。

裁判公開制は、裁判の公正を保ち、裁判に対する国民の信頼を高めるために採られたものである。「対審」とは法廷で行われる審理・弁論のこと、「公開」とは一般の人々に傍聴を許すことである。

---

(18)　裁判所法48条　　裁判官は、公の弾劾又は国民の審査に関する法律による場合及び別に法律で定めるところにより心身の故障のために職務を執ることができないと裁判された場合を除いては、その意思に反して、免官、転官、転所、職務の停止又は報酬の減額をされることはない。

憲法セクション12

第21章　憲法と財政

憲法83条　国の財政を処理する権限は、国会の議決に基いて、これを行使しなければならない。

1　財政民主主義

財政民主主義は、財政のあり方について行政に任せきりにするのでなく、国会のコントロールを強く要請する制度である。例えば、明治憲法下におけるような緊急財政処分を認めず、より徹底した租税法律主義（84条）、国費の支出および国の債務負担に対する国会の議決（85条）、予算に関する国会の議決（86条）、財政状況の国会への報告（90条）などを憲法は規定している。

財政とは、国家がその役割を果たすために必要な財を調達し、管理し、使用する作用のことである。私たち国民にとっては、どのように税金などが徴収されて、その使いみちがどのようになるのかは、国の政策ともリンクして非常に重要な関心事である。

本条の「国の財政を処理する権限」とは国の財政作用を行うために必要とされる各種の権限のこと、「国会の議決に基づいて」とは国会の意思に基づいてという意味である。しかし、財政民主主義の現状は、租税主義でない通達課税、負担の公平でない租税特別措置、議会監視の及ばない財政投融資などにより多分に形骸化されているといえる。

2　租税法律主義

憲法84条　あらたに租税を課し、又は現行の租税を変更するには、法律又は法律の定める条件によることを必要とする。

租税法律主義とは、国民に直接負担を求める租税については、国民の同意を得なければならないとする原則である。具体的には、租税の要件などについては、国会が法律と同じように議決することになる。

租税法律主義の主な内容としては、租税の賦課（新税の徴収や税率の変更）は法律で定め命令で定めてはならないこと（課税要件法定主義）、租税要件の明確性、遡及立法の禁止などが挙げられ、通常、租税を定める法律は一年主義ではなく永久主義によるとされている。

また、租税とは、国、または地方公共団体が、その経費にあてるため、強制的に徴収する金銭給付のことであるが、租税とはいえない国民に強制的に賦課される手数料や国の独占事業の料金なども租税法律主義の原則の趣旨から、国会の議決が必要であると解される[1]。

3　国費支出・債務負担に対する国会の議決

憲法85条　国費を支出し、又は国が債務を負担するには、国会の議決に基くことを必要とする。

「国費の支出」とは「国の各般の需要を充たすための現金の支払い」（財政法2条1項後段）を行うことであり、「国の債務」とは国が財政の各般の需要を充足するに必要な経費を調達するために負担する債務（国債など）のことである。要は、現金だろうが債権であろうが、結局、国の支出は国民の負担に帰するのであり、国会のコントロールが保障されなければならない。→[1]　[2]

また、現憲法においては、皇室財産と国有財産との区別を廃止し、皇室財産についても当然に国会のコントロールに服するものとされている（88条）。

[1]

金融機関の破たん処理

国民負担1人10万円

預保機構　取り崩し11兆円へ

預金保険機構が預金を全額保護する財源として用意している資金枠（十三兆円）のうち、今年三月までに累計で約十一兆円を使う見通しとなった。国民一人当たりの負担額は約十万円になる。ペイオフ（預金の払戻保証額を元本一千万円とその利息までとする措置）解禁を延期し、公的資金で預金を保護してきた結果、国民負担が膨らんでいる。

政府は旧日本長期信用銀行などが破たんした一九九八年に金融安定化を優先する措置として預金を全額保護するための公的資金枠（十三兆円）を決定。必要に応じて現金化できる基金として毎年計上してきた。

金融庁の昨年九月末までの集計によると、十三兆円のうち九兆六千四百九十二億円を取り崩した。その後、在日朝鮮人系の朝銀信用組合の事業譲渡が固まったことを受け約四千百億円の追加投入が確定。このほか破たんした石川銀行と中部銀行についても、今年三月末までに数千億円の投入が見込まれている。

（2003年1月12日
日本経済新聞）

（1）財政法3条　租税を除く外、国が国権に基いて収納する課徴金及び法律上又は事実上国の独占に属する事業における専売価格若しくは事業料金については、すべて法律又は国会の議決に基いて定めなければならない。

2　公債残高の累増

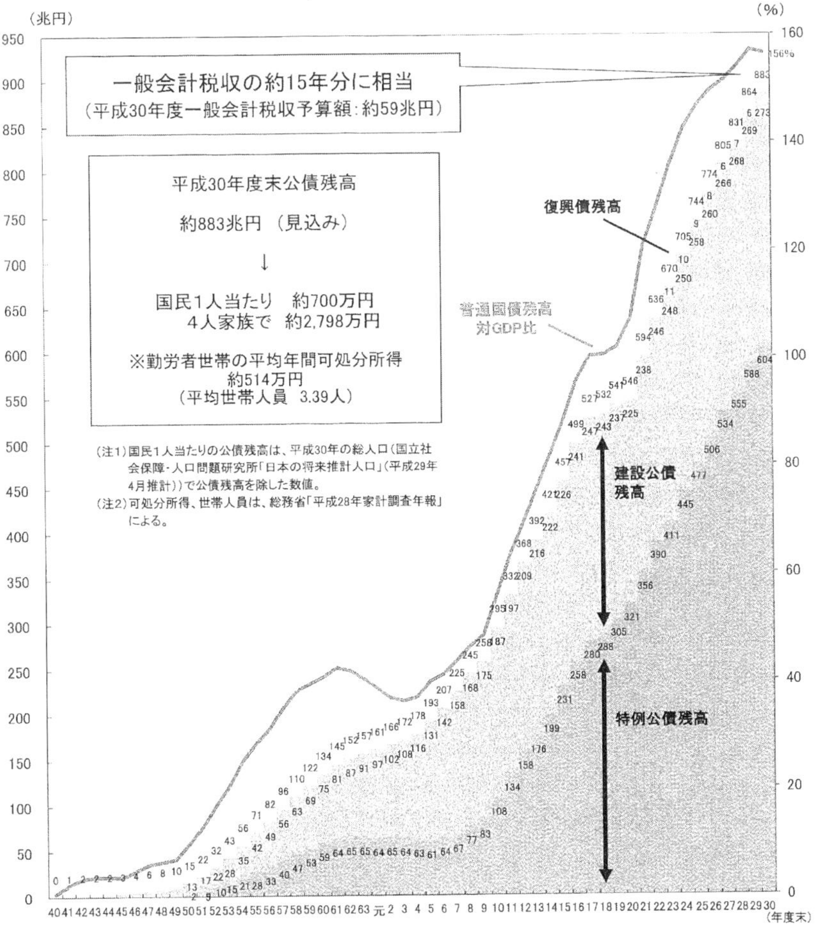

(注1)公債残高は各年度の3月末現在額。ただし、平成29年度末は補正後予算案に基づく見込み、平成30年度末は政府案に基づく見込み。
(注2)特例公債残高は、国鉄長期債務、国有林野累積債務等の一般会計承継による借換国債、臨時特別公債、減税特例公債及び年金特例公債を含む。
(注3)東日本大震災からの復興のために実施する施策に必要な財源として発行される復興債(平成23年度は一般会計において、平成24年度以降は東日本大震災復興特別会計において負担)を公債残高に含めている(平成23年度末:10.7兆円、平成24年度末:10.3兆円、平成25年度末:9.0兆円、平成26年度末:8.3兆円、平成27年度末:5.9兆円、平成28年度末:6.7兆円、平成29年度末:6.4兆円、平成30年度末:5.8兆円)。
(注4)平成30年度末の翌年度借換のための前倒債限度額を除いた見込額は828兆円程度。

(財務省　日本の財政関係資料平成30年より)

※普通国債残高は、令和4年度末には1000兆円に上ると見込まれる

4 公の財産の支出・利用制限

憲法89条　公金その他の公の財産は、宗教上の組織若しくは団体の使用、便益若しくは維持のため、又は公の支配に属しない慈善、教育若しくは博愛の事業に対し、これを支出し、又はその利用に供してはならない。

公金の支出は、国民の負担に関わる問題であるので、たとえ、その使いみちが一般論的に良いこととされることであっても、民主的コントロールを省略することは認められないし、政教分離原則を逸脱することも許されない。「公金」とは国や公共団体が、その目的達成のために用いる金銭のこと、「その他の財産」とは国や公共団体の所有する施設や山林などの財産のことである。

この点、慈善・教育・博愛事業と、「公の支配」の理解との関係で、私立学校への補助金支出を違憲とする厳格説と合憲とする緩和説の二説がある。思うに、私立学校は私立学校振興助成法等の法令により法人として一定の国家の管理に服している。また、私立学校自体の公共的性格に着目すれば、私学に対する補助金支出を全面的に禁止することは適当でない。むしろ、「公の支配」の名目で過度に教育内容等に介入することの方が、学問の自由に対する介入となるので許されない。

また、ＮＰＯ（非営利市民団体）などへの補助金の支出などについても新しい視点での議論が必要になろう。

5 予　　算

憲法86条　内閣は、毎会計年度の予算を作成し、国会に提出して、その審議を受け議決を経なければならない。

日本国憲法における予算は、憲法の基本的理念を反映し、福祉政策重視の考え方、貧富格差の是正を図る所得の再配分（累進課税・社会保障費・地方交付金）、公共サービス等を重視してきた。しかし、昨今の予算は、累積赤字の増大に比例する国債費の支出により年々硬直化し、歳出面での年金の引下げなどの社会保障費へのしわ寄せ、防衛費支出の拡大、などの問題があり、国民自身の対応も迫られている。

①　**予算とは**　　予算とは、国の一会計年度における歳入と歳出の見積もりのことである。その内容は、予算総則[2]、歳入・歳出予算[3]、継続費[4]、繰越明許費[5]、国庫債務負担行為[6]から成り（財政法16条）、その成立には国会の議決が必要である（憲法86条）。「歳入」とは一会計年度における一切の収入（税収入・印紙収入・専売納付金・官業収入等）のこと、「歳出」とは一会計年度における一切の支出のことである。→[3]　[4]

②　**予算の種類**　　予算には、一般会計予算・特別会計予算等がある。一般会計予算は、国の一般の歳入歳出を経理する会計のことで、税金などの財源を受け入れ社会保障・教育など国の基本的な経費を賄う。特別会計予算は、国が特定の事業を営む場合や特定の資金を保有してその運用を行う場合、その他特定の歳入をもって特定の歳出にあてる予算のことで一般会計予算と区別して経理する特別な場合の会計のことである。

③　**予算の性格**　　欧米諸国では、通例、予算と法律とを区別しないが（例、ドイツ連邦共和国基本法110条、フランス第五共和国憲法34条、アメリカ合衆国憲法１条９⑦）、日本では明治憲法以来、予算と法律とを区別してきた。

予算は、単なる歳入などの見積表ではなく、国の財政行為の準則として国会の議決により定立される法規範であり、その点で、法律と並ぶ国法の一形式であると解されている。

この点、予算と法律とは形式を異にすることから、法律があっても予算がない、逆に予算に計上されているのに法律がないといった矛盾が生ずる可能性が

（2）予算総則　　歳入歳出以下の四つの予算について総括的な規定を定めたもの。

（3）歳入・歳出予算　　予算の中心となるもので、単に「予算」ともいう。

（4）継続費　　単年度制の例外。完成に数年度を要する事業に５年以内として認められる。

（5）繰越明許費　　歳出予算のうち、その年度内に支出が終わらない見込みのあるもの（例、資材の特殊性、用地の確保などの関係から年度内に支出が終わらないもの）について、支出を翌年度に繰り越して認められるもの。

（6）国庫債務負担行為　　事項ごとに（例、外国人雇用契約、災害復旧のための債務負担など）、その必要理由・行為をなす年度・債務負担額を明らかにし、支出をする年限・年割額を示さなければいけないとされている行為のことである（財政法26条）。

③　主な国の債務残高

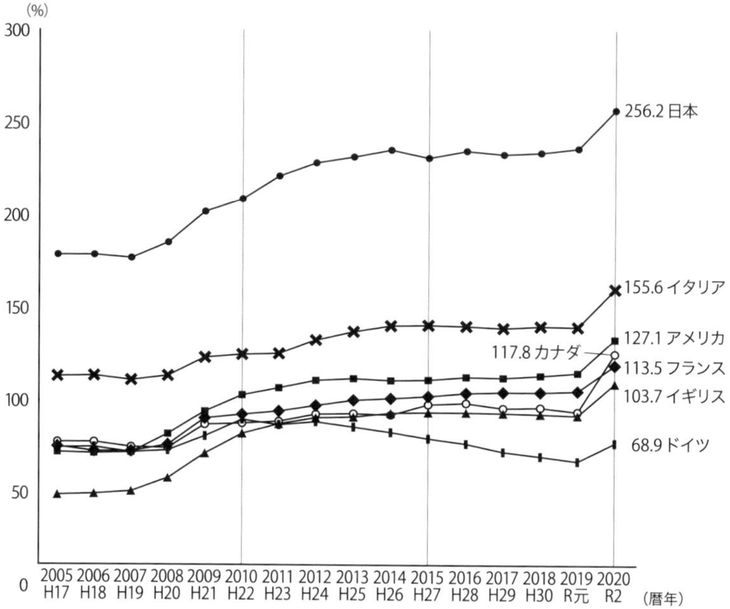

(出所) IMF "World Economic Outlook" (2021年4月)
(注1) 数値は一般政府（中央政府、地方政府、社会保障基金を合わせたもの）ベース
(注2) 日本、米国及びフランスは、2020年が推計値。なお、2021年については、日本：256.5%、米国：132.8%、英国：107.1%、ドイツ：70.3%、フランス：115.2%、イタリア：157.1%、カナダ：116.3%、と推計されている。

（財務省『財政を考える』より作成）

ある。この点、予算も法律も国会の議決によって成立するものであり、内閣は法律を誠実に執行する義務を負う（憲法73条１号）ものであるから、国会と内閣は、予算と法律の不一致は生ずることはないように努めなければならない。かりに、不一致が生じ、両者の調整が整わない場合は、そのままでは予算も法律も執行されないことになる。

④　**予算の成立**　　予算が成立するには、編成→提出→審議→議決という手続を経ることになる。具体的には、予算は、財務省主導の下に、７月下旬に概算要求基準の決定→８月末に各省庁の翌年度予算の概算要求の財務省への提出→予算要求の査定（財務省の各省庁からのヒアリング）→12月20日前後に財務省原案の内示→その後数日間、政府与党を巻き込んだ各省庁の復活折衝→閣議→

④ 歳出の増加を公債金で賄っている

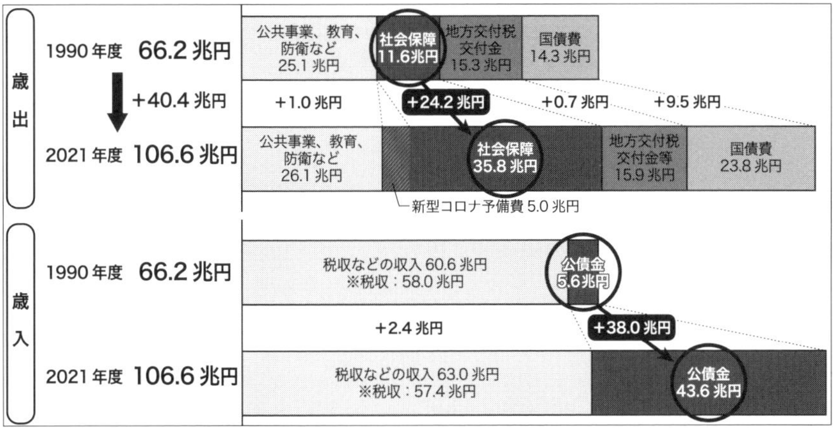

（注）当初予算ベース　　　　（財務省『財政を考える』より作成）

内閣から国会に予算案提出（73条5号・86条）→国会審議→国会議決の手順で成立する（86条）。国会の議決は、衆議院が参議院に優先する（60条2項）。

思うに、予算成立過程の旧大蔵省の主導を政府主導にするために、中央省庁再編時に内閣府に経済財政諮問会議が設けられたが今のところ政治主導の予算編成がなされているとはいい難く、与党の族議員と官僚の共同作業ともいえる予算の編成がこれからの日本国民の負担も考えられずに、今もって続けられている。

⑤　**予算の修正**　　予算の修正は、国会の議決で修正する方法のほか、内閣が予算案を撤回して再提出する方法、予算案の修正をしないで補正予算や予備費の取崩しによる実質的な修正を図る方法もある。

国会の予算修正権については、内閣の予算提出権を侵害する行為で許されないとする説もあるが、財政民主主義の基本原則や国会の予算議決権を考えると、減額修正と増額修正のどちらも認められるべきである。この点、政府は、「国会の予算修正は、内閣の予算提出権を損なわない範囲内において可能」（1977年統一見解）としている。

6　決算審査

憲法90条　国の収入支出の決算は、すべて毎年会計検査院がこれを検査し、内閣は、次の年度に、その検査報告とともに、これを国会に提出しなければならない。
2　会計検査院の組織及び権限は、法律でこれを定める。

「決算」とは、一会計年度における国の歳入歳出の実績を示す計算表のことである。決算審査は、内閣が常に適法に収入支出を行うという保証がないので、国会が予算の執行が現実かつ適正に行われたかどうかを検討するものである。ただし、国会の決算審査は、内閣の政治責任のみを明らかにするのみであり、法的効果は伴わない。

また、会計検査院は内閣に対して独立した地位を有し[(7)]、また、検査官の身分は法律で保障されている[(8)]。

（7）会計検査院法1条　会計検査院は、内閣に対し独立の地位を有する。

（8）会計検査院法4条　検査官は、両議院の同意を経て、内閣がこれを任命する。
2　検査官の任期が満了し、又は欠員を生じた場合において、国会が閉会中であるため又は衆議院の解散のために両議院の同意を経ることができないときは、内閣は、前項の規定にかかわらず、両議院の同意を経ないで、検査官を任命することができる。
3　前項の場合においては、任命の後最初に召集される国会において、両議院の承認を求めなければならない。両議院の承認が得られなかつたときは、その検査官は、当然退官する。
4　検査官の任免は、天皇がこれを認証する。
5　検査官の給与は、別に法律で定める。
会計検査院法5条　検査官の任期は、七年とし、一回に限り再任されることができる。
2　検査官が任期中に欠けたときは、後任の検査官は、前任者の残任期間在任する。
3　検査官は、満六十五歳に達したときは、退官する。
会計検査院法6条　検査官は、他の検査官の合議により、心身の故障のため職務の執行ができないと決定され、又は職務上の義務に違反する事実があると決定された場合において、両議院の議決があつたときは、退官する。
会計検査院法7条　検査官は、刑事裁判により禁錮以上の刑に処せられたときは、その官を失う。
会計検査院法8条　検査官は、第四条第三項後段及び前二条の場合を除いては、その意に反してその官を失うことがない。

7　予　備　費

憲法87条　　予見し難い予算の不足に充てるため、国会の議決に基いて予備費を設け、内閣の責任でこれを支出することができる。

2　すべて予備費の支出については、内閣は、事後に国会の承諾を得なければならない。

本条の「予見し難い予算の不足」とは、予算の範囲内で現実の支出が不可能な場合のことである。予算に計上される支出は、ある意味、予測に立脚し、その予見が常に正確であるとは限らないので、あらかじめ一定の金額が予備費として設けられている。「不足」には、予算にある費用が不足する場合（予算超過支出）と予算に新たな費用を加える必要が生じた場合（予算外支出）の二つがある。

8　財政報告義務

憲法91条　　内閣は、国会及び国民に対し、定期に、少くとも毎年一回、国の財政状況について報告しなければならない。

本条は、国の財政状況の公開を定め、財政民主主義の見地から、国会の財政監督権と国民の知る権利の保障を明確にしたものである。

憲法セクション13

第22章　地 方 自 治

ブライス（1838～1922）が、地方自治を「民主主義の源泉であり小学校である」といったように、私たちが、住民として自らの生活する地域のあり方を自主的に決めるということは、まさに、一番身近な民主主義の実践であるといえる。

また、1995年成立の地方分権推進法により、国と自治体との役割分担、地方分権の推進に関する国の施策、地方税財源の充実確保、および自治体の行政体質の整備・確立などでなる「地方分権の推進に関する基本方針」が定められ、地方分権推進委員会の第四次にわたる勧告を受けて地方分権推進計画が作成され、関係改正法律数475本からなる地方分権一括法が、1999年に中央省庁改革関連法と共に成立した。

憲法92条　地方公共団体の組織及び運営に関する事項は、地方自治の本旨に基いて、法律でこれを定める。

1　地方自治の沿革

明治初期の地方制は、藩籍奉還（1869）・廃藩置県（1871）の断行による府県への統一化によりはじまった。この府県という地方制の性格は中央政府の従属機関であって、地方自治とは異なる。その後、三新法（群区町村編成法、府県会規則、地方税規則）が制定され、三新法も市制・府県制・郡制の実施により廃止された。大正デモクラシーの一時期、地方自治制も進展したが、戦争の激化と共に中央集権的な統制が強化された。この中央集権体制は、天皇→内務大臣→知事→市町村長への縦の支配体制で、地方自治体はいわば国家の出先機関のような扱いであった。

戦後、中央集権体制への反省から、民主政治にふさわしい地方自治制の確立に向けて、憲法は地方自治の条章が新たに設けられた。すなわち、地方自治の基本原則（92条）、地方公共団体の機関とその直接選挙（93条）、地方公共団体の機能（94条）、特別法の住民投票（95条）の規定である。

2　地方自治の根拠

地方自治保障の性格について、学説は、①地方自治を前国家的な固有の権能であるという固有権説、②国から与えられた権能であるという承認説、③憲法によって制度的に保障された権能であるという制度的保障説に分かれるが、憲法上、地方自治の保障がなされることが重要で、条例と法令の関係について論ずる場合などに根拠論が関連づけて説明がなされるが、通常、その根拠の探求はあまり意義がないと思われる。

また、いずれの説によっても、憲法で保障された地方自治の権能は法律で奪うことは許されない。

3　地方自治の本旨

憲法92条の「地方自治の本旨」には、地方分権的要素である団体自治と住民の民主主義的要素である住民自治の二つの要素がふくまれると解される。

①　**団体自治**　　団体自治とは、一定の地域を基盤とする独立の団体が国家から独立した団体に委ねられ、国の関与をできるだけ排除して地域の行政を行うことである。

②　**住民自治**　　住民自治とは、地域の行政を行うに際しては、その地域の住民が自らの意思と責任において処理することである。

4　地方公共団体の機関

憲法93条　　地方公共団体には、法律の定めるところにより、その議事機関として議会を設置する。
2　地方公共団体の長、その議会の議員及び法律の定めるその他の吏員は、その地方公共団体の住民が、直接これを選挙する。

①　**地方公共団体とは**　　憲法93条は、地方公共団体に議事機関としての議会の設置、地方公共団体の長・議員および法律の定めるその他の吏員に対する住民の直接選挙を規定している。→1　2

地方公共団体とは、都道府県や市町村という普通地方公共団体をいい、東京23区の長の公選制の廃止が争われた事件の最高裁判決は[1]、「本条二項にいう地方公共団体といい得るためには、法律で地方公共団体とされているだけでは足りず、事実上住民が経済的文化的に密接な共同生活を営み、共同体意識を持

(1)　最大判昭和38年3月27日刑集17巻2号121頁

っているという社会的基盤が存在し、沿革的にも現実の行政の上においても、相当程度の自主立法権、自主行政権、自主財政権等地方自治の基本的権能を付与された地域団体であることを必要とするので、特別区は、本条二項の地方公共団体とは認められない」として東京23区などの特別地方公共団体は地方公共団体にあたらないとしている（昭和27年に廃止された公選制は昭和49年の地方自治法改正で復活している）。

また、都道府県を廃止・統合して道州制を導入することも、地方自治の保障がなされるのであれば憲法上可能であると解される。

② **議会と長の関係**　議会は、住民の公選した議員により構成され、議院の任期・資格要件・身分の喪失などの詳細は地方自治法が定めている。ただし、町村に限り、「議会を置かず、選挙権を有する者の総会を設けることができる」（地方自治法94条）とされている。

また、地方自治体の長は、直接選挙によって住民から選ばれる。

議会と長の関係は、それぞれ直接に住民に選挙された議決機関と執行機関の関係にあり、それぞれ自主的な活動を尊重し合うのが建前である。しかし、両者が何らかの理由で、意見の不一致あるいは政治的対立状態が続き調整不能の場合には、議会は、長の不信任を議決することができる（地方自治法178条）。また、長は、議会の議決に対して異議により再議に付すること（地方自治法176条）、不信任決議通知後10日以内の議会解散権（地方自治法178条）、議会が成立しない場合の専決処分権（地方自治法179条）が認められる。

5　地方公共団体の権能

憲法94条　地方公共団体は、その財産を管理し、事務を処理し、及び行政を執行する権能を有し、法律の範囲内で条例を制定することができる。

① **地方公共団体の事務**　地方公共団体の事務につき、旧地方自治法２条２項は、①権力的要素を含まないもので、住民の福祉増進を目的にして各種の事業を実施し、施設の設置・経営・管理等を行う、水道・ゴミ事業や公立の学

1

青森・平川市議15人逮捕

欠員8 きょう補選告示

残る7人 辞職せず

市議20人のうち15人が公職選挙法違反容疑で逮捕された青森県平川市議会の補欠選挙が20日、告示される。この15人のうち辞職・失職した8人の欠員を補うもので、残る逮捕者7人のうち4人以上が今後、辞職・失職すれば再補選が必要となる。現職の任期が切れる来年7月末までに本選挙も行われることになり、市民からは「税金の無駄遣い」との声が上がる。

市議15人が逮捕されたのは、今年1月の同市長選を巡る選挙違反事件。再選を目指した当時の現職、[redacted]被告(69)（公選法違反で公判中）と、県議だった[redacted]氏(65)の一騎打ちとなり、激戦の末、[redacted]氏が当選した。

逮捕者らの公判での冒頭陳述などによると、[redacted]被告の支持者（公選法違反で公判中）から、票の取りまとめの見返りとして、20万～100万円の現金を受け取ったとされる。買収工作は、[redacted]氏陣営の切り崩しのためにも行われたとされ、逮捕された市議の中には[redacted]氏の支持者も含まれている。

補選は、6月11日までに有罪判決を受けた5人の辞職・失職で、実施が決まった。今月18日には、3人が辞職したため、補選は欠員8で行われる。投開票は27日。

ただ、逮捕されたうち7人は現在も議員を続けており、今後、議員を辞職したり、有罪判決が確定して失職したりして、4人以上の欠員が出れば公選法の規定で再補選が必要となる。

現在の議員は、来年7月末で任期満了を迎えるため、同市では1年以内に3回の選挙が実施される可能性もある。

今回の補選だけでも、市選管は、欠員8に対し24人分の選挙ポスター用の掲示板を市内各所に設置するなど費用は2800万円に上る。

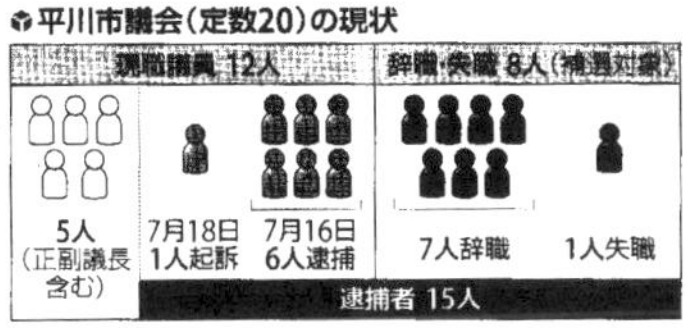

（2014年7月20日　読売新聞）

2

リコール町長返り咲き

滋賀・豊郷 校舎問題

55票差「正しい判断」

「町民の皆さんには正しい判断をいただいた」――。小学校校舎の保存問題をめぐり、町長のリコールにまで発展した滋賀県豊郷町の出直し町長選は、前町長の大野和三郎さん(47)が、わずか五十五票の小差で返り咲きを果たした。

リコールの発端となった校舎の新築計画については、「子供たちに安全な施設を提供するのが我々大人の責任だ」とこれまでの主張を繰り返したうえで、「速やかに委員会を開き、工事に着手したい」と話した。しかし、一方で、「相当の批判票もあったのは確かなので、説明責任と情報公開を進めます」とも。

選挙戦は、校舎新築派の大野さんと、リコール運動の住民団体が擁立した保存派の元町議・伊藤定勉《さだむ》さん(55)、それに、住民団体から離脱した元町長の戸田年夫さん(61)の三人による争い。二位の伊藤さんの得票二千百四十九票と三位の戸田さんの二百六十五票を合わせると、当選した大野さんの二千二百四票を二百票余り上回る。

それだけに住民団体側のショックは大きく、伊藤さんは「私の力不足。申し訳ありません」と、支持者約百人に土下座した。また、住民団体「豊郷一新の会」は解散を決定した。

別の住民団体「豊郷小の歴史と未来を考える会」代表の本田清春さん(52)は、「今後は、校舎新築差し止め訴訟も継続していくし、工事に着手することになれば座り込みなど住民運動で対抗する」と話した。

（2003年4月28日　読売新聞）

校・病院などの公共事務（固有事務）、②法律またはこれに基づく政令により委任された国民年金事業等の委任事務、③住民の福祉を妨げるようなものを排除することを目的とする権力的な規制である交通事故取締り等の行政事務の三種の事務を挙げて、その他にも国の指揮権を受ける機関委任事務が存在していた。

しかし、検疫、生活保護、各種試験など、多義にわたる機関委任事務の地方公共団体の圧迫などを解決し、「国と地方公共団体との間の適切な役割分担」（＝主従関係から対等の関係へ）するために、1999年に地方自治法は大幅な改正を受けた。その内容は、地方自治法２条２項において、「普通地方公共団体は、地域における事務及びその他の事務で法律又はこれに基づく政令により処理することとされるものを処理する」として、地方公共団体の事務を「自主事務」と「法定受諾事務」に区別し、従来の三種の事務を「自主事務[2]」とし、「機関委任事務」を廃止して「自主事務」と「法定受諾事務[3]」に再配分するものである。また、役割分担に応じた地方自治体の財源確保のために地方財源法も改正された。→[3]　[4]

ただし、事務の名称の変更等がなされても実質的な仕事の質に大きな変化はなく、財源についても地方自治体の裁量権は増えたが、国からの補助金制度は従来通りであることなどから、本当の意味での地方分権の推進ができるかどうかは今後の動向にかかっているといえよう。

また、司法、刑罰、郵便、外交、国防、幣制などに関する事務は、その性質

（2）　地方自治法２条８項　　この法律において「自治事務」とは、地方公共団体が処理する事務のうち、法定受託事務以外のものをいう。

（3）　地方自治法２条９項　　この法律において「法定受託事務」とは、次に掲げる事務をいう。

一　法律又はこれに基づく政令により都道府県、市町村又は特別区が処理することとされる事務のうち、国が本来果たすべき役割に係るものであつて、国においてその適正な処理を特に確保する必要があるものとして法律又はこれに基づく政令に特に定めるもの（以下「第一号法定受託事務」という。）

二　法律又はこれに基づく政令により市町村又は特別区が処理することとされる事務のうち、都道府県が本来果たすべき役割に係るものであつて、都道府県においてその適正な処理を特に確保する必要があるものとして法律又はこれに基づく政令に特に定めるもの（以下「第二号法定受託事務」という。）

3

財政破たん　夕張市

かつての炭鉱とメロンで知られる北海道夕張市。民間企業でいえば倒産状態となり、来年度から「財政再建団体」となることが決まった。国の厳しい監視の下、住民は行政サービス低下や増税にさらされることになる。世帯によっては年15万円を超える負担増で、市職員の平均年収は4割減となる見通しだ。05年の国勢調査で、同市は高齢化率が39・7%と全国で最も高い。将来への不安から人口流出の兆しもあり、再建計画により地域崩壊を危惧する声さえでている。【有田浩子、横田愛】

荒療治　地域崩壊も

人口流出に拍車

保育料　最大12万円増　小中11校↓2　市職員1/3に

クローズアップ 2006

「協力してくれって言ったって、（市の）破たんの責任はどうなっているんだ」「孫や子にまで責任を負わすのはかわいそうだ」。夕張市は、再建計画に伴う市民負担の試算を発表した17日以降、市内各地で住民説明会を続けている。18日はあいまいな市の説明に出席者の怒りが爆発。開始から3時間半で約200人が一斉に退席し説明会が中断する場面もあった。

市の計画に最も衝撃を受けたのは子育て世帯だ。同市はこれまで独自の所得区分を設け、実質的に保育料を軽減してきた。これを国の基準に改めると、保育料だけで最大で年約12万円の負担増になる世帯が出る。

市役所近くにある新夕張保育園に3歳と6カ月の子どもを預ける広永綾さん(23)の場合、2人で月約1万円アップするという。「市民税などとあわせて、月々の負担がいくらになるかはまだわからない。来年4月から実施というが、毎日がいっぱいいっぱいで、心の準備ができていない」と話す。

市が今年6月、「再建団体」となることを表明後、「将来が不安」「仕事がない」と5人の園児が同保育園を退園し、保護者とともに夕張を離れた。

保育料は前年の収入で決まる。そのため来年は給料は下がりながら、保育料は上がる二重負担に苦しむ世帯が出る。稲村孝子園長(52)は「せめて1年間アップを猶予してほしい。このままでは若い人たちがどんどん夕張を出て行ってしまう」と訴える。2人の子どもを別の保育園に通わせる市職員(37)は年収が200万円近く減るため市役所を辞めるつもりだ。

夕張市は少子高齢化の進展が全国一で、計画の前提としている人口は現在の約1万3000人から2030年には約6300人に減ると見込んでいる。しかし、市民負担が大きくなれば、夕張を出ていく人が増えると考えられ、試算以上に人口が減る可能性は大きい。

住民説明会に参加した男性(70)は「20年後には我々は死に、誰もいなくなってしまう」とため息をついた。

説明に納得できず大半が退席した住民説明会。中央は後藤健二市長＝夕張市の市民研修センターで18日、吉田勝写す

負担のモデルケース

①65歳以上夫婦２人暮らし
＝年２万5400円の負担増
（収入300万円＝年金、持ち家なし
軽自動車有）

②夫婦40歳代
＝年16万5880円の負担増
（小学生と３歳以上幼児、
収入400万円、持ち家なし軽自動車有）

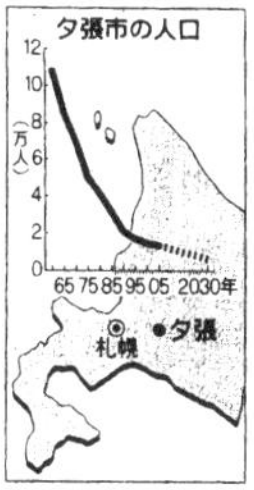

◇再建計画で夕張市はこうなる◇

≪各種税の引き上げ≫

▷市民税月額（個人・均等割）3000円→3500円
▷同　（所得割）　6.0%→6.5%
▷固定資産税　1.40%→1.45%
▷軽自動車税　現行税率の1.5倍
▷入湯税新設（市内温泉）150円

≪生活全般≫

▷施設使用料の50%引き上げ
▷ごみ有料化の実施
家庭系混合ごみ　２円/㍑、粗大ごみ20円/㌔
▷下水道使用料
10立方㍍当たり1470円→2440円
▷11の小中学校を２校に
▷市道の除雪　降雪10㌢以上から15㌢以上

≪市職員≫

▷職員数、220人（消防職員除く）を09年度当初までに130人程度、さらに10年度には70人程度に
▷一般職給与　平均30%削減
▷特別職給与　60%削減
▷退職金は支給上限（57カ月）を段階的に引き下げ10年には20カ月分に
☆職員の数や給与はすべて全国最低水準に

粉飾のツケ　赤字360億円

夕張市は来年度から通常の年収（標準財政規模）の8倍に上る約360億円の赤字を20年程度で解消する考えだ。直近で再建団体となった福岡県旧赤池町（現福智町、92〜01年指定）は、標準財政規模の1・3倍の赤字（約32億円）を10年かけて解消した。夕張市の赤字は旧赤池町の約10倍で再建期間も長期にわたるため、住民や市職員がこうむる負担も過酷なのだ。

炭鉱閉山後、夕張市は生き残りをかけた観光事業で失敗。残された巨額の赤字を隠すために、市は短期資金（一時借入金）として金融機関から融資を受け、決算を黒字に粉飾し続けた。結果として赤字は雪だるま式に膨れ上がった。

粉飾決算を続ける中、市の人口はピーク

年18億円返済へ

時（1960年、約12万人）の10分の1まで減ったが、行政改革は後手に回り、職員数（220人）は人口や産業の似た自治体（類似団体）の約2倍に上る。

赤字解消のため夕張市が打ち出したのは、職員を3年間で、約3分の1の70人まで減らし、給料も平均30%削るというもの。年平均約18億円の返済が必要で、人件費削減で約8億5000万円を賄うという。増税や保育料増額など市民負担で約1億7000万円の歳入増を見込む。

予備軍　全国の２割

政府、自治体へ「見せしめ」狙い

夕張市だけでなく、財政破たん予備軍の市町村は全国に広がっている。

総務省は8月末までに、自治体の財政健全度を示す新たな指標「実質公債費比率」の算定結果（速報値）を公表した。実質公債費比率は、自治体の収入に対する借金返済額の割合だが、全体の2割が「黄」信号の18%超だった。ちなみに夕張市は28・6%で、赤信号とされる25%超だった。

このほか、上位には歌志内市（40・6%）をはじめ、上砂川町（36・0%）、洞爺湖町（28・2%）と北海道の市町が並ぶ。炭鉱閉山後の経済政策や過去の公共事業費の償還などで苦しんでいるためだ。また、長野県王滝村（33・3%）は村営スキー場の巨額債務、山形県新庄市（28・9%）は山形新幹線延伸に合わせた駅周辺の基盤整備費が重くのしかかっている。

西日本でも、沖縄県座間味村（30・7%）、兵庫県香美町（28・8%）が財政難にあえいでいる。

こうした中、夕張市の過酷とも言える再建プランは政府にとって、全国自治体への「見せしめ」的な意味合いが強いとみられている。総務省は、破たんを回避するため、自治体の財政再建を2段階で進める破たん法制の整備を目指しており、実際に破たんに陥った自治体の惨状を強調することで地方に危機感を広げ、法整備への地ならしとする狙いが透けてみえる。

夕張市が「財政再建の基本的枠組み案」を発表した後の今月21日、菅義偉総務相は記者会見で「現行法の中で再建するには、それなりの厳しいことが必要だと思っている」と言い放ち、新制度導入の必要性を訴えた。【清水隆明、川上克己】

（2006年11月25日　毎日新聞）

4

国と地方の借金 1035兆円

国民1人あたり815万円

財務省は14日、国と地方を合わせた長期債務（借金）の残高が、2015年度末に1035兆円に達するとの見通しを発表した。14年度末の見込みに比べて約26兆円増える。国内総生産（GDP）の約2倍という高水準が続き、国民1人あたり約815万円の借金を抱える計算になる。

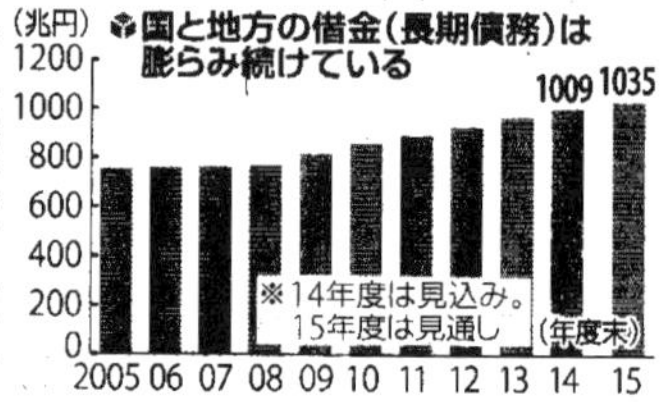

高齢化に伴う社会保障費の増加で、債務残高は09年度末以降、毎年30兆～40兆円ずつ増えてきた。15年度は税収増と歳出の抑制で新たな国債の発行が6年ぶりに40兆円を下回るため、債務残高の伸びは縮小する。債務残高の内訳は、国が28兆円増の837兆円、地方が2兆円減の199兆円。

15年度に発行する国債（借り換え分などを含む）は、14年度当初の計画から11兆5147億円減り、170兆241億円となる。当初計画ベースでは2年ぶりに減少する。

（2015年1月14日　読売新聞夕刊）

※ 平成31年度末では、1122兆円程度に増加している。

上、国の専属事務に属すると解されている。もっとも、外国の地方公共団体との文化交流や姉妹都市協定締結などは許される。

② **条例の制定**　条例とは、地方公共団体が制定する自主法で、普通地方公共団体の議会によって制定される。

条例は、法律の範囲内で地方公共団体の事務に関する事項について規定され、その民主的側面から法律に準ずることができ、財産権の規制や刑罰権を伴うものも認められると解される。→5

6　地方特別法

憲法95条　一の地方公共団体のみに適用される特別法は、法律の定めるところにより、その地方公共団体の住民の投票においてその過半数の同意を得なければ、国会は、これを制定することができない。

住民投票の趣意は、①憲法の理念である民主主義の理念を地方政治に徹底させること、②住民の政治参加により中央集権的統治の弊害を除去すること、③地方住民の生命・自由などの人権を守ることにある。

5

脱法ドラッグ2種 販売ダメ！

若者を中心に流行している脱法ドラッグ「メチロン」と「PMMA」について、東京都は25日、麻薬と同じ幻覚・興奮作用を引き起こすとして、都薬物乱用防止条例に基づく知事指定薬物に指定した。来月8日からこの成分を含む商品の製造・販売を禁止し、違反した場合は懲役や罰金などの罰則が適用される。

都条例で指定 来月8日から

都などによると、メチロンは国内で医薬品成分として販売規制されているが、インターネット上や雑貨店などで、アロマオイルなどの香料や防臭剤という名目で売られている。価格は1グラム1万円程度で、都では「COCOA Aroma」「Rose Water Flavour」など14種類の商品を確認している。

国立精神・神経センターなどの研究でも、メチロンは、摂取直後に比較すると合成麻薬MDMAよりも強力な興奮作用を引き起こし、依存性も高かった。専門家によると、過剰に摂取した場合は死亡に至る危険性もあるという。

（2006年8月26日　読売新聞）

6

賠償請求権、議会が放棄

住民訴訟 骨抜きの危機

汚職事件や不適正な支出で自治体に損害を与えたとして、住民が首長に賠償請求訴訟を起こした後に、議会が賠償請求権を放棄――。そんな事例が各地で起きている。「請求権は消滅した」と判断され、逆転敗訴した例も。「住民訴訟制度を骨抜きにしかねない」と関係者らは12月17日、東京・神保町の専修大学でシンポジウムを開く。（南日慶子、小山謙太郎）

山梨県旧玉穂町の町議会は今年2月の合併前、町が持つ、元町長に対する1億4千万円の賠償請求権を放棄する議案を賛成多数で可決した。

住民からは批判の声があがる。「町を歩けば、『お前たち何をしてんだ』と住民からしかられる。元町長への情で決めたが、反省している」と元町議会議長。

きっかけは汚職事件だった。元町長は99年に一審で有罪判決が確定。住民らが、町に損害賠償を支払うよう求めて甲府地裁に提訴。同地裁は05年、元町長に1億4千万円の損害賠償を命じた。

だが、元町長の支援者らの嘆願を受け、議員が請求権放棄を提案。議案可決後の今年7月、東京高裁で「請求権が消滅した」と、住民側が逆転敗訴した。

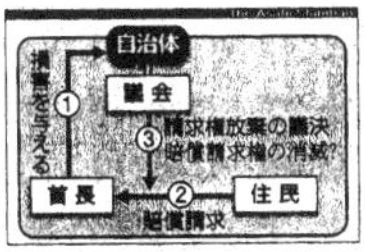

請求権放棄は本来、回収困難な債権を放棄する制度。住民訴訟で争っている権利を放棄してしまう例はまれだ。

元町長側の代理人は「議員には『ころいろ制度もあるが、やるなら覚悟がいる』とは説明した。あとは住民が選挙で判断すること」と話す。

住民側は「放棄は住民訴訟の意義に反する」と批判、最高裁に上告中。同様の議決は、他にも事例がある＝表。うち2件は、議決後に住民側の敗訴が確定した。

首長の不正に「情実議決」

市町名	住民訴訟の内容	住民訴訟の経緯
久喜市（埼玉）	適正な手続きを経ず土地区画整理組合に市職員2人を派遣して支払った給与と補助金計3710万円の返還を市長と組合に求めた訴訟	提訴（03年）→一審勝訴（06年3月）→請求権放棄（06年6月）→二審で審理中
旧玉穂町（山梨）	建設業者に町発注工事の予定価格を教えて落札価格をつり上げ、町に数億円の損害を与えたとされる元町長に対する賠償訴訟	提訴（00年）→一審勝訴（05年2月）→請求権放棄（06年2月）→二審逆転敗訴（06年7月）→上告中
旧安塚町（新潟）	スキー場を運営する第三セクターに町職員2人を派遣して支払った給与約1600万円の返還を町長に求めた訴訟	提訴（01年）→請求権放棄（02年12月）→三審とも敗訴（04年11月確定）
鋸南町（千葉）	納税貯蓄組合への事務費を超える補助金295万円の返還を町長に求めた訴訟。町長の補助金削減案を議会が否決していた	提訴(97年)→請求権放棄(98年4月)→一審勝訴(00年8月)→二、三審敗訴(04年10月確定)

（2006年11月20日　朝日新聞夕刊）

地方特別法の例としては、1949年の広島平和都市建設法のほか旧軍港都市転換法、国際港都建設法、国際文化観光都市建設法などがあるが、最近成立した例はない。

7 住民の権利

住民には、憲法上、地方公共団体の長、議会の選挙権（93条）が保障されていることはすでに述べたが、地方自治法上も条例の制定・改廃請求権（74条）、監査請求権（75条）、議会の解散請求権（76条）、議員・長・役員の解職請求権（80〜88条）など、住民の直接請求制度が広く認められている。

とくに、近時、特定の公共事業などの是非をめぐる住民投票を実施するための条例の制定を求める動きが目立つようになり、平成８年に新潟県巻町で原子力発電所建設の是非を問う日本初の住民投票が実施された。住民投票は住民が直接意思表明することができる有効な手段とされている（その後も原発や産業廃棄物処理場の建設を中止させた事例がある）が、有権者の五〇分の一以上の連署をもっても、議会には住民投票を実施する条例の制定を義務付けられていないし、住民投票の結果に法的拘束力がないなどの制度的問題も存在する。また、外交に関する事務など国の固有の権限に含まれる事項や、エネルギー問題等、一地域の住民の判断だけで決定すべきでない問題は住民投票の対象になじまないとの意見もある。

思うに、税金の無駄と思われる地方空港建設などの問題は、確かに、一地域の住民だけの問題とはいえないが、将来的には地方税の負担は住民に帰し、環境問題等の当事者であること、また、何よりも地域振興を名目に行われるのであるから住民投票の対象から除外すべきではないだろう。

また、アメリカの納税者訴訟をモデルにした地方自治法242条の住民監査請求や242条の２の住民訴訟は、住民であれば一人でも行うことができ、地方自治体の不正や不当な行為を防止したり改善する役割を果たしているといえる。しかし、2003年に住民訴訟を実質的に骨抜きにする地方自治法改正がなされた。

→6

憲法セクション14

第23章　憲法の保障

日本国憲法は、97条で憲法が尊重する基本的人権の本質の重要性を再び説き、98条で憲法を国の最高法規とし、99条で憲法尊重擁護義務を明記し、そのような崇高な憲法の改正手続について96条において厳しい条件を付加しつつも国民自身に任せ、これらを実効化するために81条で違憲立法審査権を裁判所に認めている。

1　最高法規

憲法97条　この憲法が日本国民に保障する基本的人権は、人類の多年にわたる自由獲得の努力の成果であつて、これらの権利は、過去幾多の試錬に堪へ、現在及び将来の国民に対し、侵すことのできない永久の権利として信託されたものである。
憲法98条　この憲法は、国の最高法規であつて、その条規に反する法律、命令、詔勅及び国務に関するその他の行為の全部又は一部は、その効力を有しない。
2　日本国が締結した条約及び確立された国際法規は、これを誠実に遵守することを必要とする。

憲法が「国の最高法規」とは、憲法が、法律、命令、規則、条例等の国内法形式の体系のうちで最高の上位規範であることを表明したものである。

この点、憲法と条約の効力をめぐっては、憲法優位説と条約優位説の二説があるが、憲法の国際協調主義や条約遵守規定から、当然に、条約優位が導き出されるわけではなく、憲法改正よりも容易な条約の締結で憲法の理念が変えられることは認められないし、そもそも、憲法が自らを否定するような条約締結権を認めているとも考えにくいので憲法優位説が是であろう。

2　憲法尊重擁護義務

憲法99条　天皇又は摂政及び国務大臣、国会議員、裁判官その他の公務員は、この憲法を尊重し擁護する義務を負ふ。

「憲法を尊重し擁護する義務」とは、憲法の規定や精神を忠実に遵守することであり、「尊重」と「擁護」とをとくに区別する必要はない。要は、憲法違反を厳に謹み憲法の実施を確保するための努力をしていこうということであろう。憲法99条の憲法尊重擁護義務の名宛人は、天皇・摂政・国務大臣・国会議員・裁判官・その他の公務員であって、「国民」ではない。その趣意は、現行憲法の規定はすべて主権者である国民に配慮して規定されており、国民にとって憲法が遵守されることは自己の生命、自由が保障される人権尊重に不可欠なことであり、換言すれば、主権者たる国民が自らに有利な憲法を尊重擁護することは当然なことだからであり、国民が憲法の規定や精神に無関心でいいということではない。

この点、明治憲法は、天皇主権の憲法であり、憲法を守ることは天皇を頂点とする統治機構に関与する人々に都合のよいものであった。それゆえ、明治憲法の上諭に「朕カ在廷ノ大臣ハ朕カ為ニ此ノ憲法ヲ施行スルノ責ニ任ス」、「臣民ハ此ノ憲法ニ対シ永遠ニ従順ノ義務ヲ負フヘシ」と規定されたのである。

3　憲 法 改 正

憲法96条　この憲法の改正は、各議院の総議員の三分の二以上の賛成で、国会が、これを発議し、国民に提案してその承認を経なければならない。この承認には、特別の国民投票又は国会の定める選挙の際行はれる投票において、その過半数の賛成を必要とする。

2　憲法改正について前項の承認を経たときは、天皇は、国民の名で、この憲法と一体を成すものとして、直ちにこれを公布する。

憲法改正とは、憲法自身の定める一定の手続に従って、憲法の条章に意識的な変更（修正・削除・追加）を加えることである。憲法の規定に変更を加える点で憲法変遷と異なり、合法的な手続に従う点で非合法的な政治変動（革命）とは異なる。

この点、憲法変遷とは、憲法の正文に明らかに違反・矛盾する国家行為を長期にわたり繰り返し行い、当該憲法の正文が改廃されたと同様な結果（憲法規範力・実効性の喪失）を生じさせることである。

憲法を改正するには総議員の三分の二以上の賛成による国会の発議が必要であり、国民には発議権はないが、国民投票による承認権が認められる。また、内閣に発議権があるかどうかについては見解が分かれる。

思うに、内閣の発案権を否定しても内閣総理大臣や国務大臣は国会議員として発案できるから否定する実益がないのであるが、一般の法律案と同じ運用を安易に認めると、官僚が認めた内容しか発議できないことになるおそれがあるので、国会のイニシアティブを期待したい。

また、日本国憲法は、改正手続の要件も厳しく、まだ一度も改正されたことがないのであるが、憲法自身が改正条項を設けているのであり、改正の議論自体をタブー視することは適当でない。

ただし、適正な改正手続によっても基本的人権の尊重、国民主権、平和主義の原則を否定するような改正は許されない。→1

4　違憲審査権

憲法81条　最高裁判所は、一切の法律、命令、規則又は処分が憲法に適合するかしないかを決定する権限を有する終審裁判所である。

（1）日本の違憲審査制のあり方

憲法81条は、基本的人権の尊重と憲法の最高法規性に実効性をもたせるために違憲審査権を裁判所に認めている。

違憲審査制とは、裁判所をして、国家がなす立法や処分などが憲法に適合するか否かを審査せしめ、違憲と判断された行為の効力を否定し、そのことを通じて憲法保障の実効性を確保する制度である。

違憲審査制は、通常、アメリカを代表例とする司法裁判所型とドイツを代表例とする憲法裁判型の二つに大別される。それぞれの性格として司法裁判所型は、伝統的な司法権概念により、具体的な争訟事件を前提として、その手続の中で、原則としてその訴訟の解決に必要な限りにおいてのみ違憲審査権を行使する制度であり、個人の権利保護を第一の目的とするため私権保障型ともされ、付随的違憲審査制と呼ばれる。憲法裁判所型は、通常の裁判所と区別した特別の憲法裁判所を設け、具体的な訴訟事件を離れて抽象的に法律その他の国家行為に違憲審査権を行使する制度であり、違憲の法を排除して、憲法を頂点とする法体系の整合性を確保しようとする憲法保障型とされ、抽象的違憲審査制と呼ばれる。

そして、日本における違憲審査制は、アメリカ型の付随的違憲審査制に属すると解されている[1]。

しかし、81条を、アメリカ型付随的違憲審査制そのものととらえると、当然にその効力は、個別的効力ということになり、アメリカのように先例拘束性のない日本においては、下級審レヴェルにおいて異なった憲法判断が行われるという法的不安定な状態を認めなければならないし、かりに下級審レヴェルにおける憲法判断に混乱がなく、最高裁判所の大法廷において違憲判断がなされた場合についても、違憲とされた法令の規定は、その訴訟事件については適用されないとしても、その法令は、依然として存在し続ける。また、日本においては、判例を変更することは一般に可能であると考えられるので、最高裁判所が、法令の合憲性について憲法判断をしても、その判例が、変更される可能性は否定できない。

実際の運用をみても、薬事法距離制限規定違憲判決[2]の場合のように、国会

（1） 例えば、最大判昭和23年7月8日刑集2巻8号801頁は「本条（81条）は、米国憲法の解決として樹立せられた違憲審査権を明文をもって規定したものである」とし、最大判昭和27年10月8日民集6巻9号783頁（警察予備隊違憲訴訟）は「現行の制度の下では、特定の者の具体的な法律関係につき紛争の存する場合にのみ裁判所にその判断を求めることができるのであり、裁判所が具体的事件を離れて抽象的に法律命令等の合憲性を判断できるとの見解には、憲法上及び法令上、何らの根拠も存しない」としている。

がただちに問題となった規定を削除する改正を行った例もあるが、尊属殺重罰規定違憲判決[3]の場合のように平成７年改正による刑法200条削除まで、実に20年以上放置されていた例もあり、最高裁判所における違憲という憲法判断についてでさえ、その効力は機能しているとはいい難いのである。

つまり、アメリカのように先例拘束性のないわが国において、アメリカ型の付随的違憲審査制をそのまま適用することは、下級審レヴェルにおける憲法判断の混乱、最高裁における判決についての効果の不明確性などの多くの問題を抱え、実質的に機能しているとはいい難いし、私見は、そもそも、憲法81条は、単なる確認規定でなく、創造的規定と考えるので、違憲審査制に通常の司法権を超えた抽象的審査権を機能させて、本来のあるべき違憲審査制にすべきと考える。

もっとも、現行憲法においても立法論として抽象的違憲審査制を盛り込むことは可能であるとする説もあるし、いわゆるアメリカ型、ドイツ型といったように区別される司法制度も、互いの特徴を、その制度において取り入れているという、カペレッティによる司法審査における「合一化傾向」の指摘もある。

（２）　違憲審査権の対象

違憲審査権の対象は、「一切の法律、命令、規則又は処分」である。条約に違憲審査権が及ぶとする肯定説と及ばないとする否定説があるが、条約が憲法

（２）　薬事法距離制限規定事件（最大判昭和50年４月30日民集29巻４号572頁）　薬局の開設に適正配置を要求する旧薬事法６条２項および広島県条例の規制の合憲性が争われた事件。薬局の距離制限は、消極目的の規制であり、消極目的の規制については、規制の必要性、合理性の審査と、よりゆるやかな規制手段で同じ目的が達成できるかの検討が必要で、薬局の開設の自由→不良医薬品の供給の危険性という因果関係は認められず、規制の必要性と合理性の存在は認められず、立法目的は認められず、立法目的はよりゆるやかな手段で十分達成できるとし、適正配置規制を違憲とした。

（３）　尊属殺人重罰規定違憲判決（最大判昭和48年４月４日刑集27巻３号265頁）　普通殺人に比べて尊属殺人刑の加重の程度が極端であって、立法目的達成に手段として不合理であるとして、重罰を科すことが憲法14条違反にならないかが争われた。最高裁判所は、尊属に対する尊重報恩という道徳を保護するという立法目的は合理的であるが、刑の加重の程度が極端であって立法目的達成の手段として不合理であるとし、刑法200条を違憲無効とした。

81条に審査の対象として規定されていないこと、条約は国内法ではなく国家間の合意により成立した国際法であることなどから審査権は及ばないと解される。ただし、条約を実効化するための国内法は、当然、審査の対象になる。

また、付随的違憲審査制では、新たな立法に違憲の疑いがあっても、抽象的審査はできないので、具体的な争訟でないと（事件が発生しないと）違憲審査をすることはできない。具体的には、平和主義に反する法律が制定されても、何らかの事件発生にその法律が関係しない限りは裁判所はその法律を審査することはできないのである。

（3）　違憲審査の方法

違憲審査の方法には、法令の規定そのものを違憲と判断する法令違憲の判断と法令自体は合憲で、当該適用の限度で違憲であるとする適用違憲の判断がある。

また、アメリカ型の審査制の下では、憲法上の争点に触れないで事件を解決しうる場合には、憲法判断を回避するのが原則である。

（4）　違憲判決の効力

違憲判決が下された場合、その法令についての違憲審査権の効力を、当該事件に限る個別的効力と法令そのものを無効とする一般的効力が考えられる。この点、日本での違憲判決の効力は個別的効力とされ、その後に、法を改正・廃止等をするかは、形式的には国会の判断に任され、法的な強制力は伴わない。→［2］　［3］

［1］

憲法改正「環境権から」

官房長官　参院選の争点　否定的

菅官房長官は10日午前のBS朝日の番組で、憲法改正について、「まず欠けている大事なところから入っていくべきだ」と述べた。具体例としては、環境権など新たな人権の追加や公金による私学助成を禁止した89条の見直しを挙げた。

そのうえで、「（衆参両院で）3分の2（以上の賛成）という大きなハードルがあり、なかなか簡単にはできない」と語った。

来夏の参院選で憲法改正を個別テーマに絞って国民に問う可能性については、「なかなか難しい。自民党はずっと憲法改正を公約に掲げてきており、改めてということはない。経済再生が最優先だ」と述べ、否定的な見方を示した。

（2015年１月10日　読売新聞夕刊）

2 最高裁判所における法令違憲

尊属殺重罰規定

最大判昭和48年４月４日　　刑集第27巻３号265頁

刑法200条の尊属殺人罪は、憲法14条１項に違反する。

薬局距離制限規定

最大判昭和50年４月30日　　民集第29巻４号572頁

薬事法６条２項、４項は、憲法22条１項に違反する。

衆議院議員定数配分規定

最大判昭和51年４月14日　　民集第30巻３号223頁

公職選挙法13条、同法別表第一（選挙区及び議員定数の定め）は、憲法14条１項等に違反する。　　※法令は違憲だが、選挙自体は有効とした（事情判決）

衆議院議員定数配分規定

最大判昭和60年７月17日　　民集第39巻５号1100頁

公職選挙法13条の選挙区及び議員定数の定めは、憲法14条１項に違反する。

※法令は　違憲だが、選挙自体は有効とした（事情判決）

森林法共有林分割制限規定

最大判昭和62年４月22日　　民集第41巻３号408頁

森林法第186条（持分価額で過半数がない共有者の分割請求権を否定する規定)は憲法29条の財産権に違反する。

郵便法免責規定

最大判平成14年９月11日　　民集第56巻7号1439頁

郵便法68条及び73条の規定のうち書留郵便物と特別送達郵便物について郵便の業務に従事する者の故意又は過失によって損害が生じた場合に、国家賠償法に基づく国の損害賠償責任を免除しいている部分等は憲法17条に違反する。

在外邦人選挙権制限規定

最大判平成17年９月14日　　民集第59巻７号2087頁

公職選挙法附則８項の規定のうち、在外邦人の選挙権を比例代表選出議員の選挙に限定する部分は、憲法15条１項、３項、43条１項、44条ただし書に違反する。

※立法の不作為を理由とする最高裁違憲判決は初めて。

非嫡出子の国籍取得制限規定

最大判平成20年６月４日　　集民第228号101頁

国籍法3条１項が、日本国民である父と日本国民でない母との間に出生した後に父から認知された子について、父母の婚姻により嫡出子たる身分を取得した場合に限り届出による日本国籍の取得を認めていることによって、認知されたにとどまる子と準正のあった子との間に日本国籍の取得に関する区別を生じさせていることは、憲法14条１項に違反する。

非嫡出子の法定相続分規定

最大決平成25年９月４日　　民集第67巻６号1320頁

民法900条４号ただし書前段の非嫡出子の相続格差規定は、遅くとも平成13年７月当時において、憲法14条１項に違反していた。

再婚禁止期間規定

最大判平成27年12月16日　　民集第69巻８号2427頁

民法733条１項の規定のうち100日を超えて再婚禁止期間を設ける部分は、平成20年当時において、憲法14条１項、24条２項に違反するに至っていた。

3

婚外子差別は違憲

民法の相続規定裁判
最高裁が初の判断
全員一致

遺産相続の際、結婚していない男女間に生まれた子（婚外子）の取り分を、結婚した男女の子（婚内子）の半分とする民法の規定について、最高裁大法廷（裁判長・竹崎博允《ひろのぶ》長官）は4日、「法の下の平等を定めた憲法に違反する」との初判断を示した。裁判官14人の決定で、全員一致の意見。最高裁が法律を違憲としたのは9例目となる。▼2面=残る懸念、14面=社説、37面=決定要旨、38面=「私の価値取り戻した」

最高裁の婚外子裁判で違憲判断を勝ち取り、喜ぶ弁護士と支援者ら=4日午後3時8分、東京都千代田区

菅義偉官房長官は決定後の記者会見で「立法的な手当ては当然だろう」と、早期の民法改正を検討する意向を示した。ただ、自民党内などには「家族制度が壊れる」などの反対論も根強く、秋の臨時国会で実現するかどうかが焦点になる。

問題となっていたのは、民法900条4号ただし書きの規定。大法廷は1995年7月、「婚内子の立場を尊重しつつ、2分の1の取り分を認めて婚外子を保護するものだ」として、「合憲」と判断していた。

今回の大法廷決定は、戦後の家族の形や国民意識が多様化し、諸外国でも差別撤廃が実現していることなどを総合的に考慮。「子が自ら選択・修正できない事柄を理由として、その子に不利益を及ぼすのは許されないとの考えが確立されてきた」と指摘し、裁判の対象の相続が発生した2001年7月には、すでに違憲だったと結論づけた。

一方、当時から12年が経過し、相続が決着済みの事案に違憲判断の効力を及ぼすのは「法的安定性を著しく害する」と指摘。混乱回避のため、01年7月から今回の決定までに相続が発生し、裁判や当事者同士の合意で決着済みの相続は覆らないとする判断を示した。

争われたのは、東京都の男性（01年7月に死亡）と和歌山県の男性（同11月に死亡）の遺産分割。裁判官15人のうち、元法務省民事局長の寺田逸郎氏が審理参加を辞退した。大法廷は決定で審理を高裁に差し戻し、今後、高裁で取り分を同等とする決定が出される見通しだ。

■決定の骨子

◆戦後、日本では家族の形や結婚、家族に対する意識が多様化し、海外でも1960年代から相続差別廃止が進んだ。子が自ら選び正せない事柄を理由に不利益を及ぼすことは許されない、との考えが確立されてきている

◆民法の婚外子の相続規定は、遅くとも本件裁判の相続が始まった2001年7月当時、法の下の平等を定めた憲法に違反していた。しかし法的安定性から01年7月〜本決定の間に相続が開始され、遺産分割協議などで確定的となった他の相続に違憲判断は影響しない

国会、速やかに法改正を

《解説》「家」を中心に据えた明治民法の公布以来、115年間続いた規定を違憲とした今回の大法廷決定は、歴史的な司法判断だ。

だが、遅すぎたとの印象は否めない。大法廷が規定を合憲とする決定を出したのは1995年。当時、すでに諸外国では差別撤廃が主流だった。国内でも民法改正が議論され、差別解消の機運は高まっていた。なのに国会に対応を委ね、規定に合憲のお墨付きを与えたのが95年決定だった。

その国会は、合憲判断にあぐらをかいて法改正を怠った。歴代政権も差別解消の法案を提出せずにきた。大法廷が今回、「存在自体が婚外子差別を生じさせかねない」と指弾した規定が18年間も延命したのは、司法、行政、立法すべての怠慢と言わざるを得ない。

主要国では相続差別の撤廃がほぼ実現し、今回、大法廷が重ねて合憲判断を出す余地はなかった。外堀を埋められた末の結論だった。違憲判断で規定は空文化した。国会はせめて、一日も早い法改正に努めるべきだ。（田村剛）

（2013年9月5日　朝日新聞）

緊急寄稿

コロナ禍と法

1　コロナ禍に見えてくる問題

コロナ禍を経験中の現在だからこそ、見えてくる法の在り方に関わる問題があるのではないだろうか。

例えば、日本においては、マスクの着用は、現在は、マナーの問題であるが、多くの国では、罰金等の罰則を定め法的な規制を行っている。

また、国によっては、飲食店の営業禁止やロックダウン（都市封鎖）を、要請ではなく強制とし、ワクチン接種についても、接種自体の義務付けやワクチン接種証明の提示を義務化することにより、医療上の理由等がなければ、事実上、強制している。さらには、民間企業のテレワークについてまで、対応可能な業種の企業というような要件があるにしろ、義務付けた国もある。

これらは、正に、コロナ禍の行動制限等を行うにあたって、マナーに任せるか法規制によるかという法の在り方の問題である。

次に、コロナ禍の行動制限等は、憲法22条の移動の自由や営業の自由に、ワクチン接種の選択ついても、憲法13条の思想・良心の自由等に関わる問題であり、そもそも、安易に規制が許されるものではない。しかし、コロナ禍のような、平時と違う状況では、社会秩序の維持や公共の福祉等を理由として、緊急事態の法規制が許されるとも考えられる。

すなわち、この問題は、日本国憲法に直接の規定がない国家緊急権に関わることであり、憲法に明記すべきかどうかは、憲法改正に関わる問題でもある。

そして、緊急事態に法律に不備等があった場合に、何らの対応もできないことは現実的でなく、行政による適切な対応が望まれる。この点、実は、日本では、そもそも、平時においても、法律ではない、政令や行政のみの判断により行政の多くが機能している。

確かに、行政が判断して迅速に対応すべき内容もあろうが、緊急事態の対応の在り方や大枠、具体的な権利制限の内容や期間、そして、罰則等は、法律に基づき行われる必要がある。

思うに、緊急事態がどのような場合でどのような手続きで判断されるのかは法律で、最終的に法律を発動するかどうかの判断は行政によって迅速になされるべきであろう。

この点、新型インフルエンザ等対策特別措置法は、その内容の多くを政令に委ねている。

そして、コロナ禍の国民の行動規制の多くは、政令ですらない、政府や地方自治体の法規でない行政の判断により行われて、問題が指摘される内容も見受けられる。[1]

行政による迅速な決定は不可欠であるが、国民の権利の制限に直結する内容に関しては民主的統制がなされなければならない。思うに、議論の時間があったにもかかわらず、国会や地方議会は蚊帳の外で、民主的手続きが疎かな現状は問題であろう。

すなわち、コロナ禍の行政のあり方は、行政の判断でどこまで決定できるのかということを考える契機になり、コロナ禍での民主的手続きの保障の視点をも内包する、行政基準の法律化という従来からの課題に繋がることになる。

以下、①マナーか法規制か、②国家緊急権の法整備、③行政基準の法律化というコロナ禍で浮かび上がった3つの問題について考察したい。

2　マナーか法規制か

法には、国家による強制があり、法を守らない者は、時として、刑罰が科せられる。一方で、マナーを守らない者に対しては、社会的非難があったとしても、法でない以上、刑罰という制裁は科せられない。

法的強制でなく、マナーや自粛に期待する、現段階での日本の方法では、刑罰ではなく、国民の自主性や営業時間短縮や休業などの要請に対する協力金の制度で対応することになる。

この点、マスクの着用については、日本においては、罰則がなくても、多くの国民が守っているが、トラブルが発生していることも事実であるし、例えば、米軍基地から外出する米兵に強制をできない現状が感染を拡大させている一因であったことは否定できない。

また、犯罪行為の防止を、マナーのみで解決するのは、現実的でないし、緊急事態中に協力金をもらわないのであれば、酒類の提供をしてもいいとしてしまうことは、新型コロナウイルスの蔓延防止にならないだけでなく、要請を守っている飲食店にとっても、営業時間短縮や休業は、経済活動に直結するだけに「正直者が馬鹿をみる」ことになり、納得がいかないだろうし、社会の在り方としても問題である。

では、マナーであるのか法であるのかの線引きは、どのように決めるのか。思うに、時代の変化や国民の意識等で変わってくるものであり、客観的な線引きは不可能で、最終的には、国民が民主的手続きにより決めることになる。但

1

まん延防止

協力金見直しを発表

経済再生相　認証店を引き上げ

山際経済再生相は11日の記者会見で、「まん延防止等重点措置」の適用下で、営業時間短縮の要請に応じた飲食店に支給する協力金について、認証店より非認証店の方が高い制度を見直すと発表した。

＜本文記事1面＞

現在は、認証店は午後9時までの時短で酒類提供も認められ、協力金は1日あたり2万5000～7万5000円だ。これに対し、営業時間が午後8時までで酒類を提供できない非認証店は3万～10万円と、高く設定されていた。今後は、認証店が非認証店と同様に午後8時までの時短で酒類提供しない営業をする場合、協力金を非認証店と同額に引き上げる。

重点措置が適用された沖縄県では、認証の返上を申し出る店が相次ぎ、全国知事会も制度の見直しを求めていた。山際氏は、見直しの理由について「せっかく認証をとったが、非認証にするという声が相当数あることを踏まえた」と説明した。

（2022年１月11日　読売新聞夕刊）

2

（埼玉県HPより）

し、第９章で学んだように路上喫煙を罰則付きで規制する条例に象徴される、「マナーからルールへの」流れは今後も続いていくと思われるし、罰則がない、マナーの啓蒙目的や人権尊重確認のような条例も見受けられる。[2]

3　国家緊急権の法整備

国家緊急権とは、「戦時や大規模な自然災害等の非常事態において、国家の存立を維持するために、国家権力が、平時の法秩序を一時的に停止、制限して非常措置をとる権限」をいう。これは、結果的に法秩序が崩壊してしまうことを事前に防止し、事後に是正するための緊急的、一時的な措置であり、法秩序の維持の一形態であるとも考えられる。

しかし、緊急事態時における国家的危機の克服のためとはいえ、国家の目的である国民の自由や財産の制限等、結果的に国民の人権の制限に繋がる危険性もあり、過去には、国家による濫用の歴史があったことも否定できない。

そのため、権限行使は、厳格な要件の下に法律に従ってのみ行われなければならない。

①　**目的の正当性**　　その権限の行使が社会秩序の維持及び国民の権利・自由の擁護という正しい目的に限定され、適合しているか。

②　**濫用の禁止**　　その権限の行使が、緊急事態に対処するための一時的かつ必要最小限度のものであるか。

③　**適用の必要性**　　緊急事態が、平時の通常の手段では対処できない事態であり、かつ、それが客観的に明らかである場合であるか。

④　**事後的検証**　　緊急事態の終了後、国家緊急権に基づき講ぜられた措置等について、議会が、目的、必要性等を検証し、場合によっては、裁判所において法的にも検証がなされなければならい。

⑤　**事後的補償・救済**　　国民が被った不利益についての事後的補償の範囲や救済について事前に法律で定められているか。

この点、日本国憲法には、直接的に国家緊急権を定めた条文はないため、憲法改正の理由としても、緊急事態条項の明記が挙げられる。

もちろん、現状でも、自衛隊法78条の防衛出動や大規模地震対策特別措置法や原子力災害対策特別措置法等の緊急事態に関する法律は存在するし、感染症法及び検疫法に感染症として指定されていなかった新型コロナウイルス感染症については、政令で指定することで法適用を可能としたように緊急事態の法整備が何もなされていないわけではない。

しかし、罰則を伴い得る、人権の制限に繋がる国家緊急権の発動については、より明確な法制化が必要であろう。思うに、国家が、人権や公益を守るためという大義があるからこそ、実定法の規定のない超法規的処置を発動するよりも、平時に議論された法律が適用されることの方が、結果的に、人権侵害が抑制できるのであろう。

私の研究テーマである、平時に緊急時の法整備をすべしという「法的危機管理論」は、正に、コロナ禍にも当てはまる。

4　行政基準の法律化

日本国憲法は、権力の濫用を防ぎ、国民の権利と自由を保障するために、「三権分立」の原則を定め、行政は、原則として、法律に基づき執行されなければならない。そして、憲法41条は、国会を「唯一の立法機関」とする一方で、憲法73条6号で内閣に「この憲法及び法律の規定を実施するために、政令を制定すること」を認めている。また、憲法81条や98条には、政令以外にも、府省令等も含めた行政機関が定立した法規である命令が規定されている。

伝統的に「行政立法」といわれる、これらの行政が定立する規範は、現在では、「行政基準」、「行政準則」という用語で説明され、国民の権利義務に直接影響するかどうかを基準に、法規としての性質を持つ外部法である「法規命令」と、法規としての性質を持たない内部法としての「行政規則」に大別される。

法規命令は、①行政機関が制定する、②法律の委任が必要な、③国民を拘束する、④裁判規範性がある、⑤公表の必要のある、⑥事前手続きが必要な、⑦外部法的性格を持つ法規である。具体的には、内閣が制定する政令、内閣総理大臣が制定する内閣府令、各省大臣が主任の行政事務について制定する省令、府省の外局の長が制定する庁令や外局規則、会計検査院や人事院等の内閣から独立の行政機関が制定する独立機関の規則等の命令である。命令は、第３章の法の分類で学んだように、「委任命令」と「執行命令」に分類される。

行政規則は、伝統的には、①行政機関が制定する、②法律の委任が必要ない、③国民を拘束しない（国民の権利義務に直接関係しない）、④裁判規範性がない、⑤公表の必要のない、⑥事前手続きが必要ない、⑦内部法的性格を持つ、⑧法規でない規範であるとされ、行政の上級機関が下級機関に発する訓令や通達等が、その代表的なものである。

行政規則の種類を整理すると、①事務組織に関する規定等の行政組織に関する定め、②法律の解釈の基準である解釈基準、③行政裁量の行使の基準である裁量基準、④行政指導を行う際の基準である指導要綱などの行政指導指針、⑤補助金・融資の基準である給付基準、⑥国立大学等の営造物管理規則等の特別の関係における定め等がある。

そして、行政基準の役割は、①広範かつ変遷する社会に、行政が、迅速に対応していくにあたり、法律の成立や改正を待っていたら、個別の事案に対応できない場合があること、②専門的・技術的な事項に関しての細部についての規定に有効なこと、③政治的中立性が重要視されるような事案が存在すること等を理由として拡大している。①、②については、正に、このコロナ禍に当てはまるであろう。

判例は、従来の行政基準の分類という枠組みで、行政規則は、法規でない以上、国民や裁判所を拘束するものでないという解釈を維持しつつも、争訟の裁断は可能として、場合よっては、行政規則の違法性を判断してきた。しかし、救済の途があるにしても、課税や許認可等は、直接的に国民の生活に関わるもので、行政規則が国民を拘束する法規に分類されなくても、法規命令と同じように、国民に対して周知や公平性の担保はなされ、行政による適切な運用がなければならないことはいうまでもない。

それゆえ、法規命令と行政規則の区別の不明確性や相対化が指摘され、司法による救済のみならず、行政手続法等の立法的な手段をもって、手続的統制や国民参加による民主的チェックで権力濫用の防止や国民救済がなされるように、多くの行政規則が行政命令に準ずるように扱われるようになってきている。

具体的には、行政手続法は、2014（平成26）年改正で、法律に基づく行政指導を受けた事業者が、行政指導が法律の要件に適合しないと思う場合に、行政に再考を求める申出を行える36条の２により、法律上の手続として行政指導の中止等を求めることができるようになった。

また、制度的統制としては、災害対策基本法109条は１項で「国会が閉会中又は衆議院が解散中であり、かつ、臨時会の召集を決定し、又は参議院の緊急集会を求めてその措置をまついとまがないとき」に内閣に緊急措置の政令の制定を認めているが、４項で「内閣は、第１項の規定により政令を制定したときは、直ちに、国会の臨時会の召集を決定し、又は参議院の緊急集会を求め、かつ、そのとつた措置をなお継続すべき場合には、その政令に代わる法律が制定される措置をとり、その他の場合には、その政令を制定したことについて承認を求めなければならない」と国会の事後的承認を求めている。

国民参加的側面としては、日本農林規格等に関する法律４条１項は「都道府県又は利害関係人は、農林水産省令で定めるところにより、原案を添えて、日本農林規格を制定すべきことを農林水産大臣に申し出ることができる」と日本農林規格の制定申出権を規定している。

その他にも、法規命令等の制定に審議会への諮問が法的に要求されていることも多く、例えば、国民の生活に直結する最低賃金に関し、最低賃金法20条が「厚生労働省に中央最低賃金審議会を、都道府県労働局に地方最低賃金審議会を置く」と最低賃金審議会の設置を法定しているのみならず、同法25条５項で「最低賃金の決定又はその改正若しくは廃止の決定について調査審議を行う場合においては、厚生労働省令で定めるところにより、関係労働者及び関係使用者の意見を聴くものとする」と公聴の機会も定めている。コロナ禍の新型インフルエンザ等対策有識者会議等の役割がそれに当たろう。

このように、行政基準についての伝統的な分類を理解しつつ、法律等が既に行政規則の外部化等に対応していることは明らかで、行政基準の法規命令と行政規則の差異が、国民の権利保障という視点では、益々、少なくなり、純然たる内部規律以外については、「相対化」から「合一化」へと推移していくものと考えられる。

しかし、そもそもの問題として、白紙委任や必要性のない再委任等はあってはならないように、行政の法律によるコントロールは、行政基準の手続的統制や民主的要素の拡大をもっても、その重要性に変わりはなく、コロナ禍であっても、安易な行政基準の定立が容認されるわけではない。行政基準の必要性や役割を理解しつつも、きちんと法的に統制することで、法律による行政という憲法の精神が護られなければならない。行政基準の法律化は、これからの法の在り方のひとつの道筋であろう。

また、コロナ禍になされた行政基準等については、今後、司法による判断がなされるケースも出てこよう。

5　コロナ禍後の法

本稿を執筆している現時点において、コロナ禍の終息は見通せない。

新型コロナウイルスのオミクロン株等の新株については、未だ明らかではない点が多く、コロナ後どころか、withコロナの在り方ですら明確な道筋は見いだせないのが現実である。

つまり、非確定な状況で、何らかの具体的な道筋を定めて行かざるを得ないのであるが、今後起こりうる状況に即した柔軟な対応が必要である一方で、国民の権利・義務に関する内容に関しては、憲法の尊重は、勿論、民主的手続きの保障が不可欠である。

そのように考えると、コロナ禍もコロナ禍後も、社会における法の役割や重要性は、コロナ禍前と代わるところはなく、むしろ、コロナ禍を契機として、法の在り方を見直し、議論すべき問題も見えてこよう。

2022年２月執筆

索　　引

ア行

カ行

サ行

タ行

ナ行

ハ行

マ行

ヤ行

ラ行

著者略歴

三浦　一郎　（みうら　いちろう）

1966年　横浜生まれ
1991年　日本大学法学部卒業
1996年　早稲田大学大学院法学研究科修士課程修了
現　在　鎌倉女子大学講師、関東学院大学講師、日本大学講師
　　　　（日本国憲法、法学を担当）
研究テーマ　生命倫理と自己決定権、憲法訴訟、法的危機管理論、統治構造論、政治改革、港湾と法等
著　書『憲法と行政救済法』（共著　成文堂　2002年）
　　　『新版・現代の法学・憲法』（共著　北樹出版　2004年）
　　　『地方自治と自治行政』（共著　成文堂　2005年）
　　　『プライム法学・憲法』（共著　敬文堂　2007年）
　　　『交通とビジネス』（共著　成山堂書店　2007年）
　　　『研究者たちの港湾と貿易』（共著　成山堂書店　2009年）
　　　『人権保障と行政救済法』（共著　成文堂　2010年）
　　　『海と空の港大事典』（共編著　成山堂書店　2011年）
　　　『法学・憲法への招待』（共著　敬文堂　2014年）
　　　『行政救済法論』（共著　成文堂　2015年）
　　　『人権保障と国家機能の再考』（共著　成文堂　2020年）
　　　『公法・人権理論の再構成　後藤光男先生古希祝賀』
　　　　（共著　成文堂　2021年）
　　　『現代行政法25講』（共著　成文堂　2022年）

リアルタイム　法 学・憲 法（改訂 6 版）

2002年4月15日　初版第1刷発行
2003年5月15日　初版第3刷発行
2004年4月15日　増補改訂版第1刷発行
2006年4月15日　増補改訂版第2刷発行
2008年4月1日　改訂3版第1刷発行
2012年4月1日　改訂3版第4刷発行
2015年4月1日　改訂4版第1刷発行
2018年4月20日　改訂4版第4刷発行
2019年4月1日　改訂5版第1刷発行
2021年4月1日　改訂5版第4刷発行
2022年4月1日　改訂6版第1刷発行
2022年9月1日　改訂6版第2刷発行

著　者　　三　浦　一　郎
発行者　　木　村　慎　也

・定価はカバーに表示　　　　印刷／製本　モリモト印刷

発行所　株式会社　北　樹　出　版

〒153-0061　東京都目黒区中目黒 1 - 2 - 6
電話（03）3715-1525（代表）　FAX（03）5720-1488

ISBN978-4-7793-0686-0
（落丁・乱丁の場合はお取り替えします）